한말 울진결세항쟁과 정미의병

전 세 중

문현
MUN HYUN

우리가 기리는 님은

전 세 중

이 땅 돌멩이 하나라도 사랑스럽다
이 땅 풀 한 포기라도 자랑스럽다

아아, 우리가 기리는 님은
을사년 일제의 벼락어둠 드리울 때
울진 불영사에서 의병햇불 높이 들어
앞장서 일본군과 맞서 싸웠다

백성들이 총칼에 억눌려 있을 때
바닷물 다하도록 몸을 씻고 정신을 씻어
민족의 정기와 혼을 바로 세웠다

님이 흘린 붉은 피와 뜨거운 땀방울이여
무슨 말로 깊이 헤아릴 수 있으랴

고구려가 맥궁의 활을 메고
요하를 내달려 무단강을 건너
영락의 깃발로 대륙의 길 열듯이
님은 조국과 민족의 길을 여셨다

그러나 오늘도 갈라진 산하여
먼 산의 고요한 솔바람 소리 듣듯
우리 님의 순열한 말씀에 귀 기울여라

해가 하나이듯, 달이 하나이듯
통일의 소망이 한 개의 촛불이 되어
민족을 비추어라, 세상을 비추어라
지금도 들려오는 님의 목소리를.

먼저 "한말 울진결세항쟁과 의병전쟁" 출간을 치하합니다.

울진의 충의(忠義) 정신을 새롭게 들여다볼 수 있는 상세한 기술(記述)은 충의 얼의 단면을 응축한 자료로서 매우 뜻깊게 생각하며 경의를 표합니다.

무릇 역사를 연구하는 목적은 온고지신(溫故知新)의 지혜와 슬기를 익히고 자아 정체성을 견지함에 있다고 하겠습니다. 만물의 영장이라는 인간으로서 역사를 탐구하고 현재를 기록하여 다음 세대에 유전(遺傳)하는 것은 당세의 사명이며 의무입니다. 또한 사람만이 이러한 능력과 의지를 가질 수 있는 것이므로 기록의 문화는 민족의 문명 지수로 평가되고 있습니다.

울진의 역사서인 군지는 1631년에 박성오 현령이 울진에 전해오던 읍지를 모아(取邑誌) 새로 생성된 향토사를 증보하여 만휴당(萬休堂) 임유후(任有後)선생이 후 발문한 군사(郡史)가 지금 울진군지(蔚珍郡誌)의 시원입니다. 그 이후 순기(약 2~30년) 마다 증보 편찬하여 이어지고 있습니다. 그 중 충의(忠義)의 기사(記事)는 고려 말부터 기록으로 전하고 있으나 각 인사들의 행적을 간략하게 기록하였고 근대에 들어와 일제에 항거한 사건들은 1971년, 1984년 군지에 게재하기 시작하였으며 2001년에 증보하면서 편집의 틀을 갱신, 한글화하고 향토사록으로서 새롭게 모습을 갖추게 되었습니다.

지역인의 충의 기사로 고려 신종 때 하층민의 봉기사건(노예해방)으로 주동자가 있었고 조선 초기 복벽운동에도 단종 복위운동에도 그리고 임진 왜란 때 주민의병항쟁, 병자호란 때 청태종 저격기도가 있습니다. 이러한 충의 정신이 향토 '얼'이 되어 3.1독립만세운동을 비롯하여 일제강점기까지 꾸준히 항거하는 충절인 들로 많이 이어졌습니다.

　　이러한 사실들을 군지에서 상세하게 다 담아내지 못하였고 또한 누락되고 미흡한 부분도 있습니다.

　　이번에 출간하는 "한말 울진결세항쟁과 정미의병"에서의 기술은 울진군지에서 다 못 다룬 부분들을 객관적인 문헌을 찾아 거증하고 또 상세히 기술함으로서 울진의 충의정신의 "얼"을 밝힌 응축된 결실이라 향토사 조명에 큰 울림을 주었습니다. 특히 울진결세항쟁이 을사의병을 이어받고 정미의병으로 이어졌다는 점을 밝힌 것은 울진의 의병항쟁사의 진실과 위상을 새롭게 드러내 주었을 뿐 아니라 매우 중요한 역사적 고찰을 한 것으로 높이 평가합니다. 1907년 결세환급요구 항쟁기사는 장석태, 전배근, 장진수, 최경호의 주동으로 항거한 농민의 항쟁으로 의병을 결성하여 투쟁한 사실을 논증함으로써 농민운동이 아니라 의병항쟁으로 정리한 바는 그 의의가 크다 하겠습니다.

　　군지(2001년 편찬)에 소략 게재 되었으나 전세중 선생의 이와 같은 노력과 정성은 애향심의 발로이며 또한 효의 귀감이라 하겠습니다. 본고에서 다루어진 충의 인사 중 전배근 의병장은 전세중 선생의 증조부로서 출생지인 울진군 죽변면 봉평리에 기념비를 세워 세인의 귀감이 되고 있습니다.

　본 논고를 통하여 향후 군지 발간 시에 의병항거 기사의 편집 보증의 자료가 되리라 믿으며 그간의 노고에 경의를 드리며 전세중 선생의 청이 있어 간략히 글을 지어 남깁니다.

2017년 10월 24일

제9대 울진문화원장　윤 대 웅

이 땅 돌멩이 하나라도 사랑스럽다
이 땅 풀 한 포기라도 자랑스럽다

〈 … 중략 … 〉

해가 하나이듯, 달이 하나이듯
통일의 소망이 한 개의 촛불이 되어
민족을 비추어라, 세상을 비추어라
지금도 들려오는 님의 목소리를.

전세중, 「우리가 기리는 님은」 중에서

위 시는 여러 마디의 말들이 필요치 않을 만큼 애국, 애족의 간절함이 극명히 표현된 전세중 작가의 시입니다. 울진인들의 정신을 한마디로 말 한다면 불의를 보고 참지 못하는 불굴의 정신이라 할 수 있습니다.

국보 제242호인 울진봉평리 신라비문에서 밝혀졌듯이 왕경인과의 차별대우에 항거하여 신라왕에게 맨 주먹으로 도전했던 울진인, 고려복벽운동이나 단종 복위 운동, 청태종 암살 기도사건, 3.1만세 운동 등은 울진인들의 불굴의 정신을 잘 입증한다고 하겠습니다. 의병사 또한 마찬가지입니다. 외세의 분탕질로 쓰러져가는 조국의 산하를 그대로 볼 수 없어 괭이와 쇠스랑을 무기삼아 일제의 조총을 상대했던 의병들의 살인성인의 정신은 그

야말로 숭고한 애국정신의 발로라 아니 할 수 없습니다.

짓밟히고 억눌림으로 점철된 울진의 역사가운데 울진의 의병사에 대한 내용은 다소 미흡한 점이 있었으나 이번 전세중 선생의 울진결세항쟁과 정미의병에 대한 고찰은 지금까지 아쉬웠던 많은 부분이 해소되는 기회가 되었습니다.

더구나 지금까지 울진의병 관련 인물들은 울진에서 독자적으로 의병을 창의 한 것이 아니라 다른 지역에서 창의된 의병군에 합세하는 내용으로 알려져 왔었습니다. 그러나 이번 전세중 선생의 심도 있는 연구를 통해 전배근 의병장의 눈부신 활동과 울진인들이 독자적으로 울진에서 의병을 창의하였다는 사실은 '울진 의병사'에 큰 성과를 거양(擧揚)한 것으로 사료됩니다.

바쁜 일상 중에서도 향토사에 깊은 관심을 가지고 꾸준히 연구에 정진하시는 전세중 선생님의 열정을 높이 평가하며 앞으로도 더욱 깊이 있는 연구와 활동을 기대합니다.

2019년 3월 11일

제10대 울진문화원장 김 성 준

1907년 울진에서 일제의 불합리한 결세징수에 대항하여 '결세항쟁'을 전개하였다고 밝힌 『한말 울진결세항쟁과 정미의병』의 발간을 5만 군민과 함께 축하드립니다. 울진은 옛 부터 충절의 기상이 면면히 흐르는 고장입니다.

그 정신이 오롯이 이 땅에 남아 있음을 이 옥고의 탈고로 볼 수 있게 한 점은 무한한 영광이며 우리군의 자랑이 아닐 수 없습니다.

책에서 밝힌 결세 반환 요구는 자작농 소작농이 이해관계를 같이 함으로써 납세자의 광범한 호응을 얻을 수 있었고, 납세자의 광범한 연대는 의병전쟁이 활발하게 전개되는 배경이 될 수 있었다고 하였습니다. 내용으로 볼 때 전세중 선생이 구국독립운동의 또 다른 갈래를 찾아 우리에게 전하고 있음을 알 수 있습니다.

이러한 울진에서 결세항쟁은 지역에서 활동한 신돌석, 성익현 등 여러 의병들에게 영향을 미쳤으며 계층 간 운동세력간의 연대를 이룰 수 있어 울진에서 그 근간을 두고 항일투쟁을 전개해나갈 수 있는 토양을 만들었다고 봅니다. 울진 의병사를 조명한 이 책은 울진에서 결세항쟁이 의병전쟁과 결합하고 독립회복을 추구하는 항일투쟁으로서의 성격을 띠게 되었다고 합니다.

울진결세항쟁은 불영사에서의 을사의병을 이어받았고, 군대 강제해산 시 정미의병으로 이어지는 것으로, 울진의병항쟁사에서 중요한 위치를 차지하고 있다 할 것입니다.

  그동안 울진의병사는 울진군지와 울진의 독립운동사에 기록되어 있으나 상세히 다루지는 못하고 있습니다. 그러나 이번에 출간되는 책은 그동안 울진의병 기사에서 부족한 점을 상당부분 보충했다는데 그 의의가 크다고 봅니다. 1907년 울진결세항쟁 주동자는 장석태, 전배근, 장진수, 최경호로 밝히고 있으며 주동자활동은 울진 불영사 을사의병에서 정미의병으로 이어지는 것으로써 항일로 일관하는 의병항쟁의 한 줄거리로 보고 있습니다. 이런 점에서 저자의 말대로 울진결세항쟁은 농민운동이 아니라 의병 활동이었다고 볼 수 있겠습니다.

  책에서 새롭게 제기한 성익현, 정경태 부대 창의지는 울진군 서면 하원이라고 밝힌 점도 눈여겨 볼 대목입니다. 하원에 위치한 울진 불영사를 활용하였고, 본진은 서면 하원 두고 의병연락사무소는 구만동에 두었다고 주장하고 있습니다. 이렇게 춘천 출신의 성익현, 정경태가 결세항쟁지역인 울진을 의병 활동의 근거지로 삼아 활동함으로써 울진, 평해, 삼척, 봉화지역에서 의병 활동이 활발하게 전개되는 계기가 되었다고 규명하고 있습니다.

  전세중 선생의 이번 연구물 출간을 다시 한번 축하드리면서, 이를 계기로 지역의 울진의병사연구가 더욱 활발하게 진행되어 울진의 향토사연구가 진일보할 수 있기를 기대합니다.

2019년 3월 5일
울진군수   전 찬 걸

'한말 울진결세항쟁과 정미의병' 출간을 뜻깊게 생각하며 집필기간동안의 노고에 진심으로 머리 숙여 감사드립니다.

먼저 '과거가 없는 현재는 없다'고 하는데 우리사회는 지난 역사를 쉽게 잊고 기억하지 않는 분위기 속에서 우리 대한민국의 자랑스러운 역사이고 오늘날 나라를 되찾고 물질적으로 풍요롭게 살아갈 수 있는 토대가 된 울진의병사를 다루는 책을 출간해 주심에 다시 한 번 감사를 드립니다.

매년 여름마다 울진지역 사람을 모아서 블라디보스토크 여행을 갑니다. 동양의 유럽이라는 생각으로 갔던 블라디보스토크가 독립운동의 전진기지였다는 사실을 안 순간 가슴이 찡했던 기억이 있습니다.

안중근 의사가 이토 히로부미를 저격하기 전 머물렀던 곳이고 이상설, 최재형 선생을 비롯한 독립운동가들이 주로 활동했던 곳이며, 1937년 혁명광장에서 조선인 17만명을 중앙아시아 지역으로 강제 이주시키기 전까지는 고려인촌이 형성되어 독립운동을 하던 곳이었습니다. 이처럼 우리가 기억하지 못하고 잘 알지 못했던 곳곳에서도 나라의 독립을 위해서 싸웠던 분들이 계셨습니다.

우리 울진에서도 나라의 독립을 되찾기 위해서 노력한 의병의 역사를 찾고 현재를 살아가는 우리들이 그러한 부분을 기억하게 되고 또, 후손들도 알 수 있도록 책으로 출간하여서 기록으로 남긴다는 것은 매우 뜻깊은 일입니다.

요즘 국제 뉴스를 통해 전쟁과 내전으로 나라를 잃고 난민생활을 하는 많은 국가의 사람들을 보면서 국가의 소중함을 더욱 더 생각하는 시점에 전세중 작가님의 울진의병사 기록은 우리에게 많은 것을 시사하고 있습니다.

이와 같은 노력과 정성은 애향심이 있기에 가능한 일이고 숨겨지고 사라져버릴 수도 있는 역사를 찾아내고 기록하고자 하는 역사관이 있기에 가능한 일이라고 생각됩니다.

그리고 더 감사한 것은 작가님도 서두에 밝혔듯이 남겨진 자료가 부족하였지만 포기하지 않고 문헌을 찾아서 객관적으로 기록하고 또 이해하기 쉽게 기술함으로서 울진의 의병사를 좀 더 쉽게 접할 수 있게 되었다는 사실입니다.

다시 한 번 책 발간을 위해 노력해주신 전세중 작가님께 진심으로 감사드리고, 현재를 살아가는 우리들은 전 재산을 바치고 소중한 목숨까지도 희생해가면서 나라를 되찾겠다는 싸웠던 의병들의 숭고한 정신을 한시도 잊어서는 안 될 것입니다.

2019년 3월 6일
울진군의회 의장 장 시 원

한말 일제는 한국경제를 장악하기 위하여 구화를 정리하고 신화를 유통시키고자 하였다. 불합리한 화폐정리 과정에서 1907년 울진에서는 결세항쟁이 있었다. 주동자는 장석태(張錫泰 또는 張錫太), 전배근(田培根), 장진수(張鎭守 또는 張鎭洙), 최경호(崔慶鎬)이다. 주동자 4인중에서 전배근은 나의 증조부님이다. 그런 연유로 의병전쟁사에 관심을 가지게 되었고, 울진의병사에 대한 글을 써야겠다는 마음을 오래전부터 간직하게 되었다.

그러나 막상 글을 쓰려고 하니 남겨진 자료가 부족하였고, 손에 잡힐만한 뚜렷한 글감이 보이지 않았다. 그렇게 고심하고 있던 중에 이영호의 박사학위 논문 「1894~1910년 지세제도 연구」를 접할 수 있게 되었고, 결세의 문제로 울진군수 · 평해군수 · 세무관 · 세무주사가 탁지부에 보고한 지령급보고를 서울대규장각에서 확인할 수 있었다.

이영호는 울진결세항쟁을 거론하고, 납세자의 광범한 연대는 의병전쟁이 활발하게 전개되는 배경이 될 수 있었다면서, 화폐문제에서 비롯된 농민의 저항이 의병전쟁으로 전환한 사례를 경상도 울진의병에서 찾아볼 수 있었다고 언급했다. 그동안 학계에 알려지지 않았던 울진결세항쟁을 처음으로 거론한 셈이다. 지령급보고는 울진결세항쟁 과정을 생생하게 구체적으로 기록하고 있었으므로 울진의병사에 대한 중요한 자료로 판단되어 책을 펴내기로 결심하였다.

울진에서는 을미의병·을사의병·정미의병이 활발하게 전개되었다. 이를 잘 정리한 것이 『울진의 독립운동사』이다. 그러나 『울진의 독립운동사』에서 울진결세항쟁을 자세히 다루지는 못하였다. 울진결세항쟁을 다룬 이렇다 할 논문이나 단행본 책자가 발표된 적은 없었다. 또 정미의병이 일어났을 때 춘천출신 성익현 정경태 부대가 울진에서 의병 활동을 치열하게 전개하였지만, 그렇게 된 원인이 어디에 있었는가에 대해 연구한 결과물이 없었다. 그리하여 지령급보고를 위주로 한 울진의병사를 정리하여 대외적으로 알릴 필요가 있다는 생각이 들었다.

3년 전부터 울진의병에 관련한 자료를 모으면서 집필하고 있던 중, 2018년 11월 17일 경북독립운동기념관에서 실시한 경북독립운동사 관련 연구공모 발표회에 참가하게 되었다. 주제는 「한말 울진결세항쟁이 의병전쟁에 미친 영향」이었다. 논문은 크게 2가지 차원에서 검토되었다. 하나는 1907년 울진에서 일어난 결세항쟁의 주동자 활동이 농민운동인가, 아니면 의병 활동으로 볼 것인가. 또 한 가지는 남토전 1만 9천 냥의 반환을 요구하는 결세항쟁이 정미의병에 어떠한 영향을 미쳤는가에 대한 것이었다.

남토전 1만 9천여 냥 반환 요구는 농민 수백 명의 결속을 가져왔고, 1907년 군대강제해산 시 정미의병으로 이어짐으로써 울진결세항쟁은 농민운동이 아니라 의병항쟁이었다는 것이다. 춘천출신인 성익현·정경태는 군대해산이 이루어지자 결세항쟁지인 울진을 의병 활동 근거지로 삼아 활동함으로써 울진·평해·삼척·봉화 등지에서 활발한 의병 활동이 전개되는 계기가 되었다.

논문발표에서 또 하나의 성과는 성익현 부대의 창의지는 울진군 서면 하원이었다는 점이다. 울진에서 의병 활동이 활발하게 전개되었지만, 그동안 창의지가 어디인지 명확하게 제시한 자료가 없었던 게 사실이다. 성익현은 1907년 음력 7월 23일(양력 8.31) 울진군 서면 하원에서 창의하여 그곳에 본진을 두고 의병연락사무소는 구만동에 두었다. 성익현 부대는 정경태, 변학기, 최종환, 정성진 등과 의병 500여 명으로 이루어진 연합부대의 형태로서 하원에 위치한 울진 불영사를 활용하였을 것이다. 성익현 부대가 울진을 근거지로 활동할 수 있었던 것은 결세항쟁 주동자 장석태, 전배근, 장진수, 최경호의 활약에 힘입어 항일투쟁이 자생할 수 있는 인적 물적 양질의 토양이 울진에 마련되어 있었기 때문이었다.

이런 점으로 미루어 볼 때 울진결세항쟁을 논하지 않고서는 울진지역 정미의병을 논할 수는 없다할 것이며, 울진 불영사 을사의병을 논하면서 일제의 불합리한 결세집행에 항거한 울진결세항쟁을 논하지 않을 수 없는 것이다. 울진결세항쟁은 울진 불영사 을사의병에서 항일로 일관하는 한 줄거리인 것이다.

책을 내기까지 힘들었던 부분이 있었다. 1908년 5월에 있었던 봉화지역 서벽·내성전투에서는 사건의 전말을 전개하는데 상당한 고심을 하였다. 2번을 다시 작성하는 번거로움을 거쳤다. 일제 군경보고서와 재판기록에 중점을 둠으로써 당시 자료에 충실하고자 하였다.

　이번에 출간하는 책은 경북 독립운동기념관 연구논문 공모회에 발표된 논문을 바탕으로 하였다. 책이 나오기까지 지령급보고를 국역을 해준 전관수 한학자(漢學者) 님에게 감사를 드립니다. 지금은 고인이 되었지만, 서문에 윤대웅 전 울진문화원장님, 발문에 김성준 울진문화원장님, 축간사에 전찬걸 울진군수님, 장시원 군의장님, 그리고 관심을 가져준 김도형 교수님, 연구논문 발표 시 좌장을 맡은 김희곤, 권영배 교수님, 토론에 참석한 강윤정, 한준호 연구원님에게 감사를 드립니다.

2019년 6월 20일

전 세 중

차례

지령급보고

출처: 서울대규장각 한국학연구원

I

연구의 배경

    일제는 한국을 식민지 재정으로 전환시키기 위하여 화폐정리사업을 실시하였다. 일제에 의한 화폐정리 과정에서 전라도 경상도 등지에서 광범한 항세운동이 일어났는데, 부당한 결세 징수에 대한 결세항쟁이 1907년 울진에서도 있었다. 1907년 5월 장석태·전배근·장진수는 일제가 함부로 더 걷어간 결세 1만 9천여 냥 반환을 요구하는 청원서를 탁지부대신에게 보냈다. 이러한 세금 반환 요구는 울진 의병사에서 어떤 의미를 주고 있는가.

    결세항쟁 주동자는 장석태(張錫泰 또는 張錫太), 전배근(田培根), 장진수(張鎭守 또는 張鎭洙), 최경호(崔慶鎬)[1]이다. 주동자 4인 중에서 전배근·장진수·최경호는 을사늑약 시 울진불영사에서 의병을 일으킨 울진 인사들이었고,[2] 그들은 1907년 한국군강제해산 이후에도 항일투쟁을 이어갔다.

---

1) 탁지부대신에게 보낸 청원서와 1907년 8월 29일자 《황성신문》에는 張錫泰 張鎭守로 적혀있다. 그러나 1984년 발간 된 울진군지는 '세무주사 원경상의 비행과 민중의 분노'에서 장진수(張鎭守)를 張鎭洙로 장석태(張錫泰)를 張錫太로 적고 있는 것으로 보아 동일 인물로 보인다. 본고에서는 기존자료에 적힌 대로 혼용하여 사용한다.

2) 1905년 을사늑약 시 울진불영사에서 의병을 일으킨 울진인사로는 전배근·장진수·최경호·전세호·김용욱·전매정·주낙조·박병률 등이었다. 『울진군지』 상권, 2001, 416쪽 참조.

그런데 1984년 발간 된 울진군지에서는 1907년 울진결세항쟁을 '세무주사 원경상의 비행과 민중의 분노'[3]라는 제목으로 간략하게 소개하고 있었지만, 세무주사와 우편취급소장, 울진 평해군에 있던 일본 순사까지 포항으로 도주하여 행정이 마비되고, 우편이 막히는 사태가 수일간 지속된 의병항쟁을 단순히 세무주사의 비행과 민중의 분노로서만 보아야 하는가.

다행히 2001년 발간된 울진군지 상권에서는 결세항쟁을 '한말 울진의 의병항쟁' 편에서 농민항쟁과 의병항쟁을 나누어 설명하고 있었다.[4] 하지만 결세항쟁이란 한 사건을 두고 농민항쟁과 의병항쟁으로 나누어 논의 되고 있는 것은 사건의 연속성을 가늠하기 힘들고 독자들의 이해가 쉽지 않을 것이다. 또 한 가지는 울진의병사 기술상의 문제다. 2001년에 발간된 울진 군지 상권 제3편 제3장에서 '한말 울진의 의병항쟁' 편에서 기술한 것을 같은 주제로 제2편 제2절에서 '일제의 침략과 항일운동' 이란 제목에서 울진의 병항쟁을 다른 시각에서 다룸으로 인하여 혼란을 초래하였다.

울진의 결세항쟁은 구전으로 전해진 것도 아니고, 한 개인의 기록물이 아닌 서울대 규장각에 소장되어 있는 바와 같이, 울진군수, 강릉세무서 세무관, 세무주사가 탁지부대신에게 보고하고 이에 대해 탁지부에서 지령한 지령급보고 에서도 나타나듯이 결세 항쟁은 의병항쟁으로 이어졌다는 것에서 그 줄거리를 찾을 수 있었다.

이영호는 울진결세항쟁을 거론하고, 납세자의 광범한 연대는 의병전쟁이 활발하게 전개되는 배경이 될 수 있었다면서, 화폐문제에서 비롯된 농민의 저항이 의병전쟁으로 전환한 사례를 경상도 울진의병에서 찾아볼 수 있었다고 했다.[5]

---

3) 『울진군지』, 1984, 520 - 521쪽.
4) 『울진군지』상권, 2001, 401 - 423쪽.
5) 이영호(李榮昊), 「1894~1910년 지세제도 연구」, 서울대학교 박사학위 논문,

심철기는 의병운동은 저항의식의 연속성과 참여세력 지역의 연속성속에
서 추구되고 만들어진 방략으로서, 원주 농민항쟁으로 형성된 저항세력이
을미, 을사, 정미의병운동에 영향을 미쳤다고 분석했다.[6]

구완회는 제천의병의 봉기와 호좌의진의 출범 과정과 유격전 등의 활동
과 지역사회의 동요를 분석하여 제천지역 의병의 전말을 밝혔다.[7]

김헌주는 1907년 8월경에 일제의 대한제국 식민지화에 대항하여 전국적
으로 일어났던 후기의병의 사회적 성격을 규명하였다. 후기의병의 각 주체
들의 참여목적과 지향에 대해서, 의병부대가 지역주민들과의 관계, 언론의
의병보도 양상이 변해가는 과정과 일본 군경의 무력진압에 의해 의병이 사
회적으로 고립되어 가는 과정을 분석했다.[8]

김혜정은 균세운동은 일본의 엽전 수탈이라는 경제적 침략에 저항한 납
세통용지방민들의 항일운동이었다. 균세운동이 성공할 수 있었던 가장 큰
원인은 엽전통용지방민들이 힘을 규합하여 저항하였기 때문이라고 했다.[9]

본고에서는 1905년 을사늑약 시 울진 불영사에서 을사의병을 일으킨 울
진인사들의 활약상과 결세항쟁 주동자의 연관간계, 그리고 울진에서 일어
난 결세항쟁을 농민운동으로 볼 것인가, 아니면 의병 활동으로 울진의병사
에 포함시켜야 할 것인지, 결세항쟁이 군대강제해산 이후 울진에서 활동한
성익현, 정경태 의진에게 어떤 영향을 미쳤는지 짚어볼 것이다. 당시 울진
군수와 강릉세무관, 울진파주 세무주사가 탁지부에 보고한 지령급보고를

1992, 208쪽.
6) 심철기, 「한말 원주의병의 발전과정과 운동방략」, 연세대 박사학위 논문, 2014.
7) 구완회, 「韓末의 堤川義兵 - 湖左義陣 硏究 -」, 집문당, 1997.
8) 김헌주, 「후기의병의 사회적 성격에 관한 연구」, 고려대학교 박사학위 논문,
   2017.
9) 김혜정, 「구한말 일제의 엽전정리와 한국민의 저항」, 서강대학교 석사학위 논문,
   1987.

위주로 하여 결세항쟁 전개과정을 살펴보면서 울진의병사를 정립하는데 있어 그 방향을 제시하고자 한다.

Ⅱ

울진 을사의병의 배경과 전개과정

1. 울진의 재지사족(在地士族)

울진은 조선 초기부터 울진현과 평해군으로 나뉘어져 강원도 관할 아래 있었다. 조선초기부터 울진과 평해는 중요한 군사적 요충지로 인식되었으나 임진왜란 이후 왜구의 침입이 없어지자 오지였던 이 지역에 대한 중앙정부의 관심도 줄어들게 되었다. 갑오개혁에 의해 1895년 23부제가 시행되면서 울진현은 울진군으로 승격되어 평해군과 함께 강릉부에 속하게 되었고, 이어진 을미개혁에 의해 1896년 13도제가 실시되면서 강원도에 속하게 되었다. 1914년 3월 지방제 개정으로 평해군은 울진군에 통폐합되었다.[1]

울진은 조선초기부터 사족의 재지적기반이 허약한 곳이었다. 동해안의 바닷가에 위치한 산간지대였으므로 농토도 적고 척박하였다. 특히 양란직후 사족의 경제력은 매우 곤궁하여 학문에 전념할 수 없는 상황이었다. 또 행정구역상으로 강원도의 최남단이었기 때문에 지리적으로 매우 오지였을 뿐만 아니라, 경제적인 기반도 미약했다. 그러므로 관서나 기호지역의 유학계를 지배하고 있던 기호학파와 연결되기도 쉽지 않았던 것으로 보인다.

---

1) 울진군은 강원도 관할에서 1963년 경상북도에 편입되었다.

조선시대 서원의 설립목적이 인재의 양성에 있었고, 부차적으로 사현(祠賢)의 기능을 가지고 있었다. 1765년(영조 41년)에 편찬된 여지도서에 의하면, 울진에는 현 남쪽 10리에 매월당 김시습(金時習)을 주향으로 하고 참판 임유후(任有後)와 판서 오도일(吳道一)을 추배한 동봉서원이 있고, 평해에는 상현사와 충열사가 있다고 하였다.[2]

서원지총서에 의하면, 울진에는 병인년에 건립된 구암서원에 김시습을 배향하였고, 고산서원에는 임유후와 오도일을 배향하였다고 기록하였다. 또 향현사에는 남사고(南師古)와 주경안(朱景顔)을 배향하였으며, 몽양재에는 효자 전이석(田爾錫)과 생원 주필대(朱必大), 몽천정사에는 생원 윤시형(尹時衡), 구장정사에는 진사 전구원(田九畹), 초평영당에는 우암 송시열(宋時烈)을 배향하였다고 기록하고 있다. 한편 평해에는 갑자년에 건립된 명계서원에 황응청(黃應淸)과 황여일(黃汝一)을 배향하였고, 향현사에는 정담(鄭湛), 명고리사에는 탁계 김담(金潭) 동명 장효갑(張孝甲), 매헌 장온(張蘊)을 배향하였다고 기록하고 있다.[3]

여기서 연대가 나타나는 것을 보면, 몽양재는 숙종 38년(1712년) 처음으로 재사하였고. 명계서원은 1654년(효종 5년)건립, 향현사는 1671년(현종 12년)건립, 고산서원은 1679년(숙종 5년)건립, 구암서원은 1686년(숙종 12년)건립, 향사우는 1685년(숙종 11년)에 건립하였다.[4]

울진현과 평해군은 숙종 대에 비로소 서원이 건립될 정도로 재지사족의 형성이 어려웠다. 특히 울진에 노론의 영수 우암 송시열을 모신 초평영당(草坪影堂)이 건립된 것은 주목된다. 건립위치는 울진군 봉평(鳳坪, 일명 샛들)이다. 봉평을 당시 초평이라 하였고,[5] 『관동지』 권 9, 『울진읍지』, 단묘

---

2) 『울진군지』 상권, 2001, 277쪽.
3) 『울진군지』 상권, 2001, 278쪽.
4) 『울진군지』 상권, 2001, 278쪽 참조.

에 "초평영당이 현 북쪽 10리에 있다" 하였다.[6] 마을 유래에 의하면 1684년 (숙종 10년) 전백현(田佰賢)이 마을 이름을 초평(草坪)이라 하였다고 울진군지는 기록하고 있다.[7] 그로부터 100여 년이 지나 초평영당을 건립하였다. 그런데 누가 어떤 예산으로 초평영당을 현재의 봉평에 건립되었는지에 대한 내용이 군지에 나타나지 않아 아쉬운 점은 있다.[8] 초평영당이 건립된 것은 재지적기반이 허약했던 울진지역에 노론이 영향력을 확대하고 있다는 것을 말해준다. 당시 전국을 주도하던 노론 집권세력이 남인지역에 대한 영향력을 확대하기 위해 지속적으로 노력을 기울이고 있었고, 그 결과 재지적기반이 미약했던 사족들이 그 영향 속으로 흡수되어 갔던 것이다.[9]

한편 서원의 서당적기능이 퇴화에 대신하여 17세기경부터는 향촌서당이 활발하게 설립되기 시작하였다. 향촌사회에 근거를 둔 사족과 백성들이 면·동·리를 기본단위로 하여 초중등단계의 사설 교육기관으로서 서당을 광범위하게 설립하였다.

구한말에 있어서 향촌서당은 전국적으로 분포되어 있었고 그 수가

---

5) 담양전씨(潭陽田氏) 갈령파(葛嶺派)는 울진 신화리에서 1570년경부터 봉평에 세거해 온 것으로 보인다. 또 울진군지에서 전백현(田佰賢)의 봉평 입주 년대를 숙종 10년이라면서 1714년이라 기록되어 있으나, 숙종 10년은 1684년이다. 『울진군지』 상권, 2001, 1028쪽 참조.
6) 『울진군지』 상권, 2001, 279쪽.
7) 전백현은 1654년 울진 봉평에서 태어나 1714년에 죽었다. 『담양전씨대동보』 1권 2015, 357쪽.
8) 옥계서원은 영조 16년에 울진읍내리 옥계동에 창건하여 우암선생진상을 봉안하였다. 그 후 정조 원년(1777년)에 초평에 이건하여 영당이라 하다가 순조 29년에 선생신판을 봉안하였고 옥계서원이라 편액하였으며 순조 32년 용장에 이건하여 김상정(金相定)을 본원에 종향하고 철종 8년에 전선(田銑)을 별묘에 추철하였으나 고종 5년(1868년)에 철폐되었고 1872년에 유허비를 세웠다가 4년 후에 북면 고목리 기곡에 이수하고 강당을 겸축하였다. 『울진군지』 상권, 2001, 557쪽.
9) 김희곤 외, 『울진의 독립운동사』, 울진문화원, 2011, 39쪽.

25,000에 달하였다고 한 점을 감안하면, 17세기 이후 향촌서당의 일반적 추세로 보아 부락마다 하나씩 서당이 있었을 것이다.[10] 그렇지만 울진과 평해는 서당에 대한 명칭과 배향인물만 알 수 있을 뿐이고, 구체적인 운영 자료는 부족한 편이다.

울진에 건립된 서당은『서원지총서』권1, 강원도, 울진조에 진사 전구원(田九畹)을 모신 구장서당(龜藏書堂)이 나온다. 이 서당은『증보문헌비고』에는 구장정사(龜藏精舍)라고 하였다.

평해에는 소곡동에 황명하(黃命河)가 설립한 소곡서당(蘇谷書堂)이 있다. 당시 조정의 실력자였던 동리(東里) 이은상(李殷相)의 도움과 수령의 지원을 얻어 1677년(숙종 3년)에 8간의 서당을 건립하였다. 그 후 6년 뒤인 1683년 울진현령으로 좌천되어 왔던 오도일(吳道一)의 지원으로 그 규모가 확대되었다. 울진현령은 울진과 평해의 문풍쇠잔과 인재고갈을 타개하려는 명분을 내세우고 훈사절목과 향약을 재정하였다. 특히 훈장 선출은 공론에 의한다고 하여 향촌민들의 의사반영을 약속하였지만 직분에 태만히 한자는 중벌을 내릴 수 있는 조항을 삽입하여 사실상 수령의 통제 하에 두었다.[11]

울진은 조선시대에 들어 문과 급제자를 단 한 사람도 내지 못하였다.[12] 중앙정계에 진출하지 못함으로써 사족의 제지적 기반이 허약해 질 수밖에 없었다.

울진인재가 조선조정에 등용되지 못한 원인을『울진군지』(1984년)에서는 복벽(復辟)운동의 영향이라고 기록하고 있다. 고려가 망한 이후 공양왕이 삼척군 근덕면 궁촌리 고돌치에 유폐되었다. 의분을 참지 못한 장천영(張天

---

10) 渡部 學,『근세조선교육사연구』, 1969, 185쪽.
11) 정순우,「18세기 서당연구」, 한국정신문화연구원 박사학위 논문, 1985, 21 - 31쪽;『울진군지』상, 2001, 281쪽 - 283쪽.
12) 國朝文科榜目, 典故大方 참조.

永), 임제(林悌), 최복하(崔卜河), 전생(田生) 등이 공모하여 왕자 차남 왕석 (王奭)과 더불어 공양왕을 복벽시키려고 수천 명의 동지들과 의거를 일으키려다가 사전에 발각되어 대부분 사형을 당하였다. 이로부터 울진을 반역지역으로 지정하여 군을 현으로 강등시키고 울진출신을 등용시키지 않았다. 세종 조에 이르러 반역향에서 풀려나 인재등용이 완화되었으나 지방적 사상을 의심하여 고위직에 등용하지 않았다고 한다.

그런데 이러한 중대한 정치적 사건이 조선왕조실록에는 단 한 줄이라도 수록되어있지 않았다는 점에서 이론(異論)의 여지가 있고, 조선 초기의 복벽운동을 조선 후기까지 전반에 걸쳐 울진인재 등용문제에 적용한다는 것은 설득력이 떨어진다.

그래서 울진인재가 조선 조정에 등용되지 못한 데에는 수전(水田)의 크기와 생산력의 정도에서 찾아야할 것 같다. 울진은 오지인데다 농경지가 적고 척박하여 경제적으로 공부에 전념할 수 없었기 때문이었다. 과거를 보려면 한양에 가야 하는데 8일에서 12일이 걸렸으므로 여정에 들어가는 비용부담도 만만치 않았을 것이다. 울진은 생활정도가 최저하며 부자라 불리는 자 불과 5, 6인이나 재산소유 겨우 수백 석을 넘는 자 없다[13]고 한데에서도 알수 있다. 또 한 가지는 조선조정의 울진에 대한 관심도이다. 조선초기부터 울진은 중요한 군사적 요충지로 인식되었으나 임진왜란 이후 왜구의 침입이 없어지자 오지였던 이 지역에 대한 관심도 줄어들게 되었다.[14] 벼슬길은 멀고 혼사는 주로 울진지역 안에서 이루어졌으니 사족의 성장이 미약할 수밖에 없었다.

반면, 평해는 울진과 사정이 달랐다. 평해의 대표적 사족가문은 평해황씨와 평해손씨이다. 평해황씨는 고려 말에 상경종사 하였다가 조선조에 들어

---

13) 유한용, 『강원도 울진군 여지약론』, 1908 참조.
14) 김희곤 외, 『울진의 독립운동사』, 울진문화원, 2011. 37쪽.

와 개국공신을 배출하였고, 평해손씨도 조선 초에 급제자를 냄으로써 사족가문으로 성장할 수 있었다. 이리하여 평해의 대표적 사족가문으로 성장했던 평해황씨는 영해 영덕 영양 안동 등 경북 북부지역의 재지사족 가문과 연결 될 수 있었다.[15]

영해의 대표적 사족가문은 소위 5대성으로 불린 영양남씨 대흥백씨 안동권씨 재령이씨 무안박씨이다. 이들 가문은 조선전기 영해에 입향 한 이래 16세기 후반에 이르러 재지사족 가문으로 성장하였고, 임진왜란을 거치면서 다수의 중앙관료와 학자를 배출하였다. 이와 함께 안동 등 경상도 내륙지방과 연결되어 교유 · 혼인 · 학파관계로 연계되는 남인계열의 사족가문을 형성함으로서 소위 소안동을 자처하였다. 따라서 평해의 평해황씨는 남인으로써 영해뿐만 아니라 안동지역의 사족가문들과 혼반과 사우관계를 형성하고 있었다.[16]

영남의 남인들은 숙종 때인 경신대출척 이후 중앙정계진출이 철저히 봉쇄되면서 사족으로의 재지적기반이 매우 허약해졌다. 나아가 조선 후기에 이르러서는 소위 신반(新班)으로 불리는 향리세력에 의해 향권(鄕權)도 축소되어 갔다.[17]

울진의 대표적 성씨는 울진과 평해 두 지역을 구분하여 살펴볼 수 있다. 울진의 경우, 울진향교[18]를 출입하는 대표적 문중은 담양전씨(潭陽田氏) ·

---

15) 김희곤 외, 위의 책, 2011, 40쪽.
16) 김희곤 외, 위의 책, 2011, 40쪽.
17) 김희곤 외, 위의 책, 2011, 40쪽.
18) 『세종실록』 지리지에 의하면, 울진은 세종 이전에 향교가 설치된 것으로 보인다. 세종 12년 정월 이조에서 五百戶 이상 各官의 예에 따라 敎導와 훈도를 두도록 하였는데, 울진현은 五百二戶이므로 교도를 두자고 상서함으로써 울진현에 교도가 두어졌던 사실이 있다. 이는 세종 이전에 울진에 향교가 설립되었다는 증거이다. 그러나 울진향교 기록에 의하면 울진향교는 1484년(성

파평윤씨(坡平尹氏)·영양남씨(英陽南氏)·강릉최씨(江陵崔氏)·신안주씨(新安朱氏)·울진임씨(蔚珍林氏)·울진장씨(蔚珍張氏) 등이었다. 평해지역의 경우, 평해향교를 출입하던 대표적 문중은 평해황씨(平海黃氏)·순흥안씨(順興安氏)·평해손씨(平海孫氏)·김녕김씨(金寧金氏)·김해김씨(金海金氏)·봉화정씨(奉化鄭氏)·영양남씨(英陽南氏) 등이었다.[19]

울진의 대표적인 사족가문은 담양전씨와 신안주씨를 꼽을 수 있고, 평해의 경우에는 평해황씨를 꼽을 수 있다. 평해의 평해황씨는 일찍부터 혼인학파관계로 안동지역의 사족가문과 연결된 남인계열이었다. 울진의 경우에는 19세기에 들어와 평해의 사족과 교유하여 유대관계를 다지면서 다수의 유생들이 남인계열 학자들의 문하에서 수학하였다.[20]

한말 울진지역의 유생들은 퇴계학맥을 계승한 경우도 있고, 노론계열의 면암 최익현(崔益鉉), 간재(艮齋)전우(田愚) 등의 문하에서 수학한 경우도 있다. 특히 1910년 울진읍 정림리 소행재는 간재 전우의 문도들이 공부하는 강학소가 설립되어 울진지역 노론계열의 중심지가 되었다.[21]

한말 울진을 대표하는 유생은 주진수(朱鎭洙)와 황만영(黃萬英)·전영경(田永璟)·최익한(崔益翰)을 꼽을 수 있다.

주진수는 울진군 죽변면 매정 출신이다. 1907년 10월 울진에 사립 만흥

종 15) 울진군 울진읍 읍내리 월변동에 건립된 후 1697년(숙종 23) 고성리 성저동으로 옮겼다가 1872년(고종 9)에 다시 읍내리 옥계동으로 이축하였다. 한국전쟁 때 대성전 및 서재를 제외한 나머지 건물이 전소된 뒤 1980년에 명륜당을 중건하여 현재에 이른다. 그런데 왜 이전하였는지 예산은 얼마 들었는지에 대한 자료가 없다는 것은 기록을 제대로 하지 않았기 때문이다.
19) 『울진향교』, 『경북향교지』, 영남대 민족문화연구소; 김희곤 외, 『울진의 독립운동사』, 울진문화원, 2011, 41쪽.
20) 김희곤 외, 『울진의 독립운동사』, 울진문화원, 2011, 41쪽.
21) 『울진군지』 상, 2001, 277쪽.

학교를 설립하였다. 이는 관동학회와 신민회의 신교육운동의 일환으로 설립된 것이다. 주진수는 강원도 신민회 대표로서 독립군 기지건설을 추진하는 과정에서 황만영을 통하여 안동의 김상룡(李相龍)·김동삼(金東三)·유인식(柳寅植)·김대락(金大洛)등을 동참시켰다. 그러나 1911년 초 105인 사건으로 양기탁·류동열·윤치호·안태국·이동휘 등과 함께 체포되어 경성지방법원에서 징역 2년을 선고 받아 경성감옥에서 옥고를 치렀다. 1912년 9월 27일 출옥하여 독립운동기지가 건설되고 있는 만주 유하현으로 망명하였다. 그는 유하현 삼원포에서 이시영·이동녕·김동삼 등과 함께 경학사·신흥강습소 등 독립운동기지건설에 힘을 쏟았다. 이후 1919년 대한민국임시정부 특파원 전영화 및 황만영·윤인보·신상무·안기완·이순등과 미국차관 3백만 불의 도입문제와 순회강연 계획 등을 논의하고, 만주를 다니며 순회강연을 하였다. 1926년 4월 그는 길림에서 고려혁명당에 참여하여 중앙위원으로 선임되었고, 정의부의 행정기관으로서 당을 이끌었다. 그러나 민족주의와 공산주의의 이념차이로 고려혁명당은 분열되었다. 이후 그의 행적은 알 수 없다.[22]

황만영은 기성면 사동리 출신이다. 그는 1907년 8월 이후 울진지역에서 활동하던 성익현을 후원하여 군자금 800냥을 지원하였으며, 신민회가 결성되자 주진수와 함께 회원으로 가입하여 기성면 사동리에 대흥학교를 세우고 인제양성에 힘을 쏟았다. 신민회의 독립군 기지건설에 참여하기 위해 만주로 망명하는 황만영 가문은 안동의 이상룡·김대락 가문과 연비관계로 결속되어 있었다. 그는 이시영을 도와 신흥학교의 재정을 담당하였으며, 1913년에는 노령으로 이동하여 대한국민의회에 참여하였다. 그는 군자금

---

22) 국가보훈처, 『독립유공자공훈록』 제4권, 917쪽; 독립운동사편찬위원회, 『독립운동사자료집』 제10집, 11·1105·1109·1112쪽; 김희곤 외, 『울진의 독립운동사』 울진문화원, 2011, 338쪽.

모집을 위해 국내에 파견되었다가, 만주로 돌아가지 못하고, 1927년 12월 창립한 신간회 울진지회 회장으로 활동하였다.[23]

전영경은 경북 울진(蔚珍) 정림리에서 출생하였으나, 함남 원산으로 이사하였다. 1919년 3.1독립운동이 일어나자 함남 원산(元山)에서 일어난 만세운동에 참여하였다가 피체되어 3개월 동안 옥고를 치르고 고향으로 돌아왔다. 1919년 고향에서 울진청년회(蔚珍靑年會)를 조직하여 전영직이 회장을 맡고 그는 총무로 선임되어 활동하였다. 동회는 매월 한 차례씩 월례회를 개최하고 기관지로 《울진청년회보》를 간행하였다. 또한 전영직(田永稷)·임원화(林元華)·장인환(張仁煥) 등과 함께 1922년 4월 17일 울진강습소를 설치하여 청소년들에게 항일민족교육을 실시하였다. 이 강습소는 1925년 울진 제동학교(濟東學校)로 승격되어 민족교육의 요람으로 성장하였다. 그는 1923년 7월 임시정부에서 독립운동 자금을 모집하기 위하여 파견된 안희제(安熙濟)를 도와 군자금 330원을 모금하여 임시정부에 송금하였으며 1924년 조선형평사(朝鮮衡平社) 울진지회에 가입하여 활동하였다. 이후 1926년 만주에서 고려혁명당(高麗革命黨)에 가입하여 항일독립운동을 펴다가 1927년 3월 일경에 피체되어 1928년 10월 5일 신의주 지방법원에서 징역 1년 6월형을 언도받았으나 1년 1월 15일 형으로 감형되어 옥고를 치렀다. 1933년 3월 29일 북면 덕구리에서 울진 적색농민조합이 결성하였다. 이 단체는 독서회 야학 등을 통해 농민층의 계급적 각성을 촉구하고 청소년의 의식교양에 목표를 두었다. 하지만 1934년 2월 일제에 의해 조직이 드러나면서 100여 명이 체포되었다. 그 가운데 14명이 옥고를 치렀다. 전영경도 일경에 피체되어 함흥지방법원에서 징역 3년형을 언도받고 옥고를 치렀다.[24]

---

23) 국가보훈처, 『독립유공자공훈록』 제13권, 781쪽; 독립운동사편찬위원회, 『독립운동사자료집』 제9집, 369쪽; 김대락, 『백하일기』.
24) 김희곤 외, 『울진의 독립운동사』, 울진문화원, 2011, 388쪽.

최익한은 울진군 북면 나곡2리 출신이다. 그의 집안은 대대로 서울에서 살았으나, 1855년(철종 6)에 울진으로 내려왔다. 그의 부친 대에는 천석꾼 정도로 경제적으로 부유하였다. 그는 어려서 한학을 익혔으며, 13살 때 경북 봉화에서 개최된 시화전에 참가하여 장원을 차지하기도 하였다. 15세 때 곽 종석(郭鍾錫)의 문하에 들어가 5년간 성리학을 탐구하였다. 이때의 공부가 그에게는 훗날 국학연구의 밑거름이 되었을 것이다. 1919년 8월 김성일과 함께 경북 영주군에서 군자금 1600원을 모금하여 임시정부로 보낸 사건으로 1921년 경성복심법원에서 징역 4년형을 선고받았고, 3년 만에 감형되어 1924년 석방되었다.[25] 그는 출옥 후 바로 일본으로 건너갔다. 경성중학교에 입학했지만 투옥되어 그만둔 공부를 계속하려는 의지로 보인다. 와세다대학 정경학부에 입학하고 사회주의 사상단체인 일월회에 가입하였다. 일월회는 조선인으로 구성된 사회주의 사상단체인 북성회에서 활동하던 안광천 이여 성 등이 1925년 동경에서 결성한 사회주의 단체였다.[26] 1927년 4월 동경에 서 제3차 조선공산당에 참여하여 일본부 조직부장을 맡았다.[27] 그 뒤 선전 부장으로 있다가 귀국하여 조선공산당 활동을 전개하였다. 1928년 2월에 조 선공산당이 일제 경찰에 발각되어 관련자들과 함께 피체되었다.[28]

그는 1930년 8월에 경성지방법원에서 징역 6년을 선고받고 서대문형무소 에 수감되었다. 1932년 7월에 대전형무소로 이감 도중 대전역에서 "조선공 산당 만세", "조선민족 해방만세", "조선민족 독립만세"를 외치며 만세시위 를 주도한 혐의로 징역 1년을 추가 받아 7년 동안 옥고를 치렀다.[29] 최익한

---

25)《동아일보》, 1921년 6월 26일.
26) 박종린, 『1920년대 사회주의사상의 수용과 일월회』, 『한국근현대사연구』 40, 한국근대사학회, 2007, 47 - 48쪽.
27) 김준엽·김창순, 『한국공산주의운동사』 3, 청계연구소, 1988, 209쪽.
28)《중외일보》, 1928년 2월 4일.
29)《동아일보》, 1933년 1월 27일.

이 옥고를 치르고 있을 무렵, 1934년 2월에 그의 장남 재소(在韶)와 차남 학소(學韶)가 울진에서 전개된 혁명적 대중운동을 펼치다가 피체되어 각각 징역 2년 6월형과 3년형을 선고받고 투옥되었다. 세 부자가 민족운동을 전개하다가 한꺼번에 옥살이를 하였다. 최익한은 1936년 1월 8일에 서대문형무소에서 만기 출옥하였다. 그런데 함흥형무소에서 옥고를 치루고 있던 장남 재소는 1937년 3월에 일제의 잔혹한 고문 휴유증으로 옥사하고 말았다. 학소는 1943년 3월 다시 창유계 사건으로 검거되었으나 도중에 탈옥하였다.

출옥한 후 최익한은 울진의 가족을 데리고 서울로 이사하였다. 그는 일제의 감시가 삼엄하였기 때문에 학문 활동에 전념하였다. 조선일보사 향토문화조사위원, 동아일보사 논설사원으로 활동하였다. 신문이 폐간된 뒤에는 『춘추』지에 글을 싣기도 했다. 후일 우리나라 구제제도를 역사적 종합적으로 평가한 『조선사회정책사』(1947년)를 발간하였다. 해방이 되자 최익한은 다시 활동을 재개하였다. 조선건국준비위원회 조사부장으로 선임되기도 하고, 조선인민공화국의 법제국장으로 활동하였다.[30] 1948년 4월 남북의 분단을 막기 위해 남쪽의 김구 김규식, 북쪽의 김일성 김두봉이 참여한 가운데 평양에서 열린 남북연석회의에 참가하기 위해 가족을 데리고 북한으로 올라갔다. 그해 해주에서 열린 남조선인민대표자 회의에서 최고인민회의 대의원으로 선출되었다. 그는 학문에 열중하면서 주로 역사와 문화 관련된 글을 쓰거나 강의를 하였다. 김일성대학에서도 강의를 한 것으로 전해진다. 그는 국학연구에 매진하여 『실학파와 정다산』이라는 저작을 출간하였다. 1950년대 후반 그의 활동은 알려지지 않고 있다.[31]

울진사람들의 항일투쟁은 쉼 없이 이어졌다. 독립운동에 활동한 분야는

---

30) 송건호 외, 『해방전후사의 인식』 1, 한길사, 368 - 379쪽.

31) 최익한 지음, 송찬섭 엮음, 『실학파와 정다산』, 서해문집, 2011, 1617, 16 - 17쪽; 『울진군지』 상권, 2001년, 453 - 455쪽.

다양하면서도 독특한 점도 있었다. 항일 투쟁도 마땅히 의병이 그 첫머리를 장식했다. 한 가지 특별한 사실은 울진에 숱한 의병부대들이 공략한 지점이었다는 것이다. 그것은 일본인이 침략하기 시작하면서 1980년대부터 일본 어부들이 잠수기를 동원하여 동해 앞 바다를 휘젓기 시작하였고, 나아가 그들의 전초기지를 이곳에 만들어 갔기 때문이다. 그리하여 일찍부터 다툼이 일어났고, 여러 곳으로부터 의병부대가 밀려와 일본인들을 공격하는 일이 거듭된 것이다. 1896년에는 울진과 평해에 유진소가 설치되었다. 울진유진장에 주병헌(朱炳憲), 평해유진장에 장필한(張弼漢)이 활약하였다.

1906년에는 김현규 부대가 불영계곡에 주둔하였고, 이현규 부대는 죽변에 있던 해군망루를 공격하여 수비병을 사살하는 전과를 올렸다. 또 신돌석이 이끈 영릉의진은 울진과 삼척을 넘나들며 대표적인 활동을 펼쳤다. 1907년 울진군에서는 징세부정을 응징하려는 의병들이 투쟁에 나서고 있었다. 주동자는 장석태·전배근·장진수·최경호이다. 이들의 응징활동은 춘천출신 성익현·정경태 부대가 울진을 근거지로 의병 활동을 펼치는데 결정적 계기를 제공하였다. 의병 활동에 용이한 인적·물적 토양이 마련되어있었기 때문이다. 울진출신 의병으로 대표적 인물이 여럿 나타난다. 울진면 출신으로는 전재호·김용욱·전배근·최경호·장진수·이고포 등이 있고, 남태영·박춘근·백수영·사문성 등은 서면출신이다. 이밖에 북면출신 이윤명, 온정면출신 한영육의 활동도 두드러진다.

이즈음 울진에서 구국계몽운동이 일어났다. 전통적인 학문이 아니라 새로운 서양학문을 받아들여 사람을 기르고, 민족자본을 키워 침략국가의 손아귀에 드는 것을 막자는 것이었다. 그 대표적인물이 주진수와 황만영이다. 1908년 주진수는 울진 원남에 만흥학교를, 황만영은 기성면 사동에 대흥학교를 열어 신교육을 펼쳐나갔다.

1910년 나라가 망하자 신민회 만주망명에 앞장선 사람이 주진수이고, 평해 사동의 해월헌 종택 황병일(黃炳日)과 문중대표 황만영을 비롯한 평해 사동의 황씨 문중이다. 이들의 망명은 안동문화권과 함께 움직였다. 이외에 집단으로 망명한 직산리 경주이씨 이규동(李圭東) 일가도 있었다. 이들은 1911년 경학사와 신흥강습소(신흥무관학교로 발전)를 세워 독립군을 길렀다. 울진인으로 신흥무관학교를 졸업한 인물로는 이규동·최해(崔海)·최경호(崔京浩)가 있다. 이 가운데 최해는 북로군정서의 교관으로 파견되어, 청산리 전투에 기여하였다. 또한 곽무(郭武)는 부민단과 한족회 간부로 부민단을 이끌다 간도참변 때 순국하였다. 비록 실행에 옮기지는 못했지만 을사 5적과 정미 7적을 응징하고자 27결사대 손창준(孫昌俊)·주병웅(朱炳雄) 의거는 조직원들이 국내로 진입하여 벌인 의열투쟁이란 점에서 주목할 만하다.

1919년 독립만세운동은 원남면 매화장날에, 북면 흥부장터에서 펼쳐졌다. 장식(張植)이 독립선언서를 가져와 계기를 만들고, 북면 고목리 전병겸(田炳謙)을 비롯한 감리교회 사람들, 청년 유림이 참가하였다. 기소되어 재판을 받은 사람이 24명이었다. 나라밖에서 독립운동을 전개한 울진인은 장세용(張世湧)·최해·전영경·이규동·주진수가 있었다. 최해는 고려혁명군에서 주진수와 전영경은 고려혁명당에서 활동하였다. 이규동은 정의부에서 활약하면서 민족유일당운동을 펼쳤고, 장세용은 조선혁명군 간부로 활약하였다. 또한 최익한은 일본에서 사회주의 운동을 펼쳤다.

울진에서 사회주의를 표방한 민족해방운동으로는 울진공작당과 적색농민조합이 있었고, 비밀결사체로는 창유계(暢幽契)가 대표적이다. 창유계는 겉으로 평범한 전통사회의 조직인 '계'를 내세웠지만 실제로는 대중투쟁을 목표로 삼았다. 이를 주도한 인물은 남원수(南源壽)·전원강(田元江)·남왈기(南曰紀)·최학소(崔學韶) 등이었다. 1943년 3월 임시정부와 연결된 남원수가 만주로 향하다가 일제경찰에 붙잡히면서 모두 102명이 검거되고, 이 가운데 41명이 구속되는 참혹한 일이 발생하였다. 울진사회가 지독한 늪에

빠졌던 순간이었다.

울진사람들이 우리나라 독립운동에 얼마만큼 기여하였는지 수치를 보자. 2019년 3월 현재 정부가 독립유공자로 포상한 인물은 모두 15,511명인데, 그 가운데 울진사람들은 81명이나 되고, 이 수치는 전국 시, 군 평균의 2배나 된다.[32]

한말 의병지도부 총 430명의 의병장과 부장이 어떤 직업이었는지 신분조사를 했다. 신분조사에서 유생층이 24.7%, 농업 19.2%, 군인 16.4%, 무직·화적 11.7%, 포군 5.1%, 광부 4.7%, 군수·면장 2.4%, 상인 2.4%, 기타 9.8%로써 유생층이 의병장이 제일 많은 것으로 나타났다.[33] 다른 선행연구에서는 의병 참여층의 비중을 분석하였는데, 농민이 78.7%로 절대 다수를 차지하였고 상민, 무직, 어민 등은 각각 3%, 1% 내외의 비율로 존재했다.[34]

위의 두 선행연구를 종합해보면, 의병장과 부장급의 의병지도부는 유생 출신이 많았고, 전체적인 의병 참여층은 농민이 많았던 것으로 해석된다.

한말 울진향교를 출입한 유생이 얼마인지는 문헌상 기록은 없지만 300명으로 추정하고 있다.[35] 울진 유생들도 여러 방면에서 독립운동을 전개하였다. 그렇다면 울진에서 의병에 가담한 유생은 얼마나 될까. 추정하건데, 울진유생이 의병에 가담한 비율은 극히 미미할 것 같다. 그 원인은 사족의 기반이 허약하여 유생출신 의병 지도자가 나타나지 않았기 때문이다.

32) 국가보훈처 공훈전자사료관 참조.
33) 김주헌, 「후기 의병의 사회적 성격에 관한 연구」, 고려대 박사학위 논문, 2017, 25 - 26쪽.
34) 김순덕, 「경기지방 의병운동 연구(1904~1911)」, 한양대학교 박사학위 논문, 2002, 226쪽.
35) 울진향교, 전교 윤근오(尹根晤, 1942년생, 현재 77세), 원로 전병강(田炳壃, 1933년생, 현재 86세)의 증언이다.

2. 울진불영사에서 을사의병 전개과정

전국적으로 소강상태에 들었던 의병항쟁은 1904년 러일전쟁을 계기로 다시 폭발하였다. 특히 1905년 보호조약 이후에는 국권회복이라는 명확한 목표 하에 치열하게 전개되었다.

1905년 을사늑약 시 울진에서는 울진불영사를 근거지로 하여 의병 활동이 있었다. 결세항쟁의 주동자인 전배근·최경호·장진수가 을사의병 시 어떤 활동을 하였는지 살펴볼 필요가 있다. 1906년 이후 신돌석 부대와 성익현·정경태 부대가 동해안 일원에서 활동하면서 울진과 평해는 의병전쟁의 중심지역이 되었다.

울진에서는 을사늑약이 체결되자 1905년 12월 7일 울진인사들, 전배근(田培根)·장진수(張鎭洙)·최경호(崔慶鎬)·전세호(田世浩 또는 田在浩)·김용욱(金容旭)·전매정(全梅亭)·주낙조(朱洛朝)·박병률(朴炳律)과 영양 이하현(李夏玄 또는 李鉉圭), 영해인 한언찬(韓彦瓚), 대구인 박화중(朴和仲) 등은 흥부시장에 모여 의병을 일으키기로 의논하였다.[36]

1906년 2월 19일 경상도 영양에서 창의한 이현규(또는 이하현) 부대가 울진으로 들어와 불영사에 주둔하였다.[37] 김현규(金顯奎 혹은 金炯奎)가 강원도 남부의 각 군을 돌며 의병의 필요성을 유세하는 도중 1906년 2월 울진에 도착하여 의병을 모집하니 3월 5일에는 군사 100여명이 되었다.[38] 여기에 전배근·전재호·김용욱·최경호·장진수·주낙조·전매정·박병률을 비롯한 울진인사들이 참여하였다. 그리고 강원도 삼척군에서 활약하던 김하규(金河奎, 48세)와 강릉에서 활약하던 황청일(黃淸一, 58세)이 김현규

---

36) 『울진군지』 상권, 2001년, 415쪽; 『울진군지』, 1984, 487쪽 참조.
37) 《황성신문》 1906년 4월 13일.
38) 《황성신문》 1906년 4월 13일.

울진 불영사 전경

의 의병에 호응하여 20여 명의 포군을 거느리고 합세하였다.[39]

한편, 김현규는 부대를 편성하고 먼저 불영사에 임시사령부를 군대를 훈련하였으며 울진·평해의 관포 군사와 무기 등 모집하였다. 인근의 영양, 봉화의 의병과 포군도 합세하여 그 규모가 500여 명이나 되었다.[40]

---

39) 『독립운동사자료집』 별집 1, 「의병항쟁재판기록」 231쪽; 권영배, 1995, 격문류를 통해 본 구한말의 의병항쟁의 성격』, 경북대학교 박사학위 논문 참조; 『울진군지』 상권, 2001년, 416쪽.

40) 1984년 발간된 울진군지 487 - 489쪽 의병편제에 의하면 '강원도 의병 총참모장 이강년' 이란 역사성이 없는 호칭이다. 『창의사실기』와 『운강선생창의일록』에도 나타나지 않기 때문이다. 또 신돌석은 선봉대장으로 기록되어있으나 신돌석이 영해에서 1906년 4월 6일(음력 3월 13일) 의병을 일으키기 전에 울진의병에 먼저 참여한 것이 되어 의병편제는 신빙성이 없어 보인다. 영해의병대장, 영해의병아장이란 직책이 있는 것은 영해의병이 주축을 이룬 것으로써 의병대장 김현규가 김해 출신이라기보다는 영양 혹은 영해 출신일 수도 있겠으나, 영해출신 신돌석에게 울진 불영사 창의에 중점을 둔 것으로 보여

蔚珍義兵　蔚珍郡境內에셔二月
十九日에何許之徒가稱云義兵호고
自慶尙道로來호야突入邑中호야放
砲之際에邑底之民이聞聲而出호야
并力拒之則厥徒가四散호야近北面
竹邊浦에來到호야日本人古賀亦次
處에火砲一柄과韓貨六十兩을奪去
호얏스며同月二十一日에該郡守가
三陟墓所에奉審次로離發하얏다가
二十七日의還郡호지라該徒가聞其
空官호고五十餘名이本郡佛影寺에
來到호야猴戶驅迫에納之徒黨호고
威脅平民에編於軍伍호야日益添黨
에以致滋蔓호며今月初五日에郡民
及官屬百餘名을募集호야該黨處
所로指揮進之호며其所謂大將金顯
奎者と素稱壯士에威勇이絶人호者
라砲軍으로潛謀호고就宿호時를乘
호야即時砲殺호얏스나其餘徒黨이
稱以軍粮호고人民間에穀芭百餘石
을搶奪喜으로民情이大端嗷嗷호다
고該郡守가報告호얏더라

울진의병 《황성신문》, 1906년 4월 13일

한편으로는 서면 삼근리 창고에 쌓여있던 봉화 토호 강재산의 소작미 100석을 희사 받아 군량으로 확보하였고, 울진 읍남 윤참봉, 불영사주지 운경대사의 군량미 기증이 있었다.[41]

1906년 2월 19일 이현규는 울진 근북면에 거주하고 있던 일본인 고하(古賀)로부터 총 한 자루와 한화 60냥을 탈취하는 등 울진에서 군사와 무기를 모집하였고,[42] 1906년 3월 이현규는 의병 50명을 거느리고 매화리를 출발하여 죽변에 있는 해안 망루를 기습하여 격파하고 수비병 3명을 사살하였다.

의병이 결성된다는 소식을 들은 울진군수 윤우영(尹宇榮)은 그냥 있을 수는 없었다. 울진군수의 요청에 따라 원주진위대에서는 정교 정달수와 함께 진위대 병졸 4명과 단양병참부대 병졸 10명을 파견하고 있었다.[43]

그러나 김현규가 불영사에 유진하고 있을 때 의병진의 주도권을 둘러싼

진다.

41) 『울진군지』 1984년, 489쪽, 『울진군지』 상권, 2001년, 302쪽.
42) 《황성신문》 1906년 4월 13일.
43) 《황성신문》, 1906년 4월 13일.

김형규 의병장 묘소이다. 울진군 금강송면 하원리 산 30-1번지. 울진군 서면이 2015년에 금강송면으로 행정명칭이 바뀌었다

갈등과 대립으로 아장 주낙조에게 살해당하였다. 대장 김현규는 아장 주락조가 군량미를 임의로 부당 유출하여 지방물의를 일으키고 창의 명분을 추락시킨다 하여 수차에 걸쳐 경고를 하였으나 도리어 막내에 지방적 파벌을 조성하였다. 조사결과 군량미가 부당 유출되었음이 드러나자 아장 주낙조를 감금하고, 군법에 회부하여 처형하기로 하였다. 이를 알아차린 주낙조가 옥문지기 최인석을 매수하여 큰방 윗목에 담뱃대를 물고 졸고 있는 김장군을 문틈으로 총을 쏴 넘어뜨림으로써 대장 김현규는 죽고 말았다.[44]

그런데 1906년 4월 13일자 황성신문에서 의병대장 김현규의 죽음에 울진군수 윤우영이 계책을 세워 포살하였다는 보고이다. "이번 달 5일 군민과 관속 100여 명을 모집하여 해당 처소로 지휘하여 보냈다. 그 대장 김현규라 하는 자는 본래 장사로 칭해졌으며 의용이 다른 사람보다 뛰어난 사람이어

---

44) 『울진군지』, 1984년, 488쪽; 『울진군지』 상권, 2001년, 302쪽.

서 포군과 몰래 모의하고 잠든 때를 타서 즉시 포살하였다."는 보고에서 울진군수가 울진 불영사 의병진을 와해시키기 위해 김현규의 죽음에 어떤 작용을 한 것이 된다. 군수가 지척에서 의병진이 결성되고 있는 것을 두고만 볼 수는 없었을 것이다.

그렇다면 김현규는 언제 죽음을 맞이했을까. 그는 1906년 3월 5일 이후인 중순경에 살해된 것으로 보인다. 1906년 4월 13일자 황성신문에서 군수가 "이번 달 5일 군민과 관속 100여 명을 모집하여 해당 처소로 지휘하여 보냈다."고 하였는데, 이번 달은 1906년 3월 5일을 말하는 것이며, 1907년 10월 27일자 대한매일신보에서 "주낙조가 작년 3월경에 의병진에게 피착되어 무한고초를 격고 간신히 도피하였더니" 하였는데, 작년 3월경은 1906년 3월이기 때문이다. 이는 주낙조가 1906년 3월 울진 불영사에서 군량미를 부당 유출시켜 지방적 파벌을 조성하게 되고, 의병진에게 잡혀 감금되었다가 김현규를 살해하고 간신히 도피한 것을 말하는 것이다.

사건을 정리해 보면, 군수가 1906년 3월 5일 군민과 관속 100여 명을 울진 불영사에 몰래 들여보내고, 주낙조가 임의로 군량미 부당 유출로 인한 분란이 일어나면서 곧이어 김현규가 살해된 것이다. 울진군수 윤우영의 의병진 와해공작이 어느 정도 성공한 셈이다.

후일 주낙조는 의병관련 혐의로 강릉 순검에게 체포되어 춘천을 거쳐, 서울의 평리원으로 압송 구속 되었는데, 부인 사조이의 구명활동으로 석방되었다.[45]

---

45) 울진군 사는 주낙조 씨가 작년 3월경에 의병진에게 피착하여 무한 고초를 겪고 간신히 도피하였더니 올해 정월 3일에 의병관련 혐의로 강릉 순검에게 잡혀 의병으로 엮여 많은 악형을 받았다. 마지막에도 범죄의 실상이 밝혀지지 못하고, 춘천으로 옮겨져서 범법한 바가 없다고 하여 7월에 서울의 평리원으로 압송 구속하였다. 그 부인 사조이가 따라다니며 강릉 춘천으로 서울로 따라 들어와 평리원 아래 음식장사 이상진 집에서 고용되어 매일 식사를

신돌석 장군 영정

1906년 4월 전배근, 장진수, 최경호는 창의군을 인솔하여 삼척으로 진군하면서 능촌에서 유진 중 일병과 교전이 있었으나 아군 측의 피해는 없었다. 삼척군수 정운석(鄭雲錫)은 삼척읍으로 진군하는 의병선봉군을 영접하기 위하여 읍 외 십리지점인 오분이 까지 출영하였다. 여기서 중군장 최경호는 삼척 군아에서 러시아식 오연발 단총 1정을 인수하였다. 이 무기는 1904년 러일해전 시 러시아 군함이 고포(姑浦) 앞바다에서 파손되어 구명 상륙한 노병으로부터 입수한 것이라 한다.[46] 일군은 한국 정부군을 강박하여 본의 아닌 연합으로 삼척 오십천 능촌에서 의병을 포위 공격하자 중군장 최경호가 생포되어 춘천감영에 구금되고 의병측도 희생자가 다수 있었다.[47] 다행히 최경호는 얼마 지난 후에 석방되었다.

한편, 1906년 4월 6일(음 3.13) 신돌석은 영해 도곡에서 100명으로 영릉의병장이라는 기치를 걸고 창의하였다. 신돌석이 의병을 일으킨 장소는 그의 집에서 100m쯤 떨어진 주점인 김춘공의 집 앞이었다. 술집 앞에서 일으

얻어 그 남편을 공급하고 평리원에 누차 호소할 뿐 아니라 매일 법관가와 법정에 가서 사면을 외치더니 어제 주씨가 놓여났다.《대한매일신문》, 1907년 10월 27일;『울진군지』상권, 2001년, 416쪽.
46) 『울진군지』, 1984년, 489쪽.
47) 『울진군지』상권, 2001년, 417쪽.

킨 의병이라면, 술집에서 거사의 모의가 이루어졌을 것이고, 이것은 신돌석 의진의 성격을 상징적으로 말해주고 있는 것이다. 이렇게 신돌석은 영릉 의병장이 되었다. 신돌석이 의병을 일으켰을 당시의 규모에 대해서는 100여 명, 혹은 300명이란 얘기가 전해진다. 《황성신문》이 100명이라고 한 점으로 미루어 최소한 100명 이상, 200~300명의 의병부대가 편성되었음을 알 수 있다. 당시 일본 군경이나 신문, 정보기록, 판결문에는 300명 정도로 기록되어 있는 것이 그러하다. 신돌석이 직접 지휘한 인원은 적게는 수십 명에서 많게는 300명 정도였다.

이렇게 주점 앞에서 탄생한 영릉의진은 1906년 4월부터 5월 하순까지 일월산을 중심으로 영양, 청송, 진보 등지에서 병력과 군수품을 모집하면서 일본군에 항전하였다. 이 기간 중 신돌석 부대는 1906년 4월 29일 영양읍 점령,[48] 4월 30일 청송군아 점령, 5월 8일 울진의 일본인 공격, 5월 하순 진보군 우편소 송부와 호송 헌병 2명을 사살하는 활동을 벌였다.

다음은 동해안 지역에서 일본인 어업침탈에 대한 의병 활동이다. 울진 죽변을 비롯한 동해안 지역에서는 일본의 어업침탈이 일찍부터 일어나고 있었고, 이 때문에 일반 농어민의 반일의식이 꽤 높았던 것으로 보인다. 1889년 조일통상장정의 체결로 일본 어민의 조선연해 출어가 합법적인 보장을 받게 되었으며, 이후 일본 어민의 어로활동은 더욱 활발해 졌다. 어로 기술면에서나 시설면에서 조선어민보다 훨씬 앞서 있었던 일본 어민들은 기계화된 어로법을 도입하여 조선연해에 몰려들었다. 이들은 이미 잠수기가 달린 어선을 동원하여 미역, 전복, 해삼등을 채취하였다. 전복 채취 잠수기를 사용하는 일본인들은 조선인에 비해 10배 이상의 수확을 올렸다.[49] 때문에 한·일 어부들의 충돌은 갈수록 높아질 수밖에 없었다.

---

48) 《황성신문》 1905년 5월 14일.
49) 朴九秉, 『한국수산업발달사』, 1966, 268쪽.

신돌석 장군 생가지 영덕군 축산면 도곡2리 528-1번지. 대지 규모는 245평방미터(74평)이다.

이런 분위기속에서 1896년 울진유진소[50] 의병들이 1896년 3월 13일 장기현 출신의 토교좌구마 등 23명이 탄 일본어선이 죽변항에 나타나자 일본인에게 총격을 가하여 일본 어민 15명을 사살하였다.[51] 이 사건에 대해 일본공사는 〈울진지방에서의 일본인 15명 피살사건에 대한 진상규명과 가해자 엄벌요구〉를 외무대신 앞으로 보냈는데, 사건의 전말을 다음과 같이 설명하고 있다.

---

50) 울진지역에서는 울진유진소와 평해유진소가 의병항쟁을 전개하고 있었다. 울진유진소는 주병헌, 전치일, 막료 이성린 안용철, 장병하, 최재린, 박춘근 등과 더불어 설치하였고, 유진장은 주병헌이었다. 평해유진소는 유진장 장필한과 막료 황경희, 안위, 정수 등이 조직하였다. 남석화 『울진군지』, 1939; 『울진군지』, 1984년.

51) 『구한말외교문서』 日案 3; 『울진군지』, 1984.

죽변항 등대 전경

토교좌구마가 촌상다시외 22명과 함께 잠수기계선 2척에 승선하여 지난 3월 6일 부산포를 출발, 동월 12일 강원도 울진 죽변만에 도착하였습니다. 다음날 13일 죽변동에 상륙하여 동 책임자의 허락을 받아 죽변만 변용추갑에 가건물을 짓고 쌀, 소금, 장작 등을 상륙하려 할 때 갑자기 가건물 뒤편 대나무밭 쪽에서 곤봉, 창, 총 등을 가진 300명 정도의 폭도의 습격을 받았습니다. 마침내 토교좌구마 이하 별지에 기재한 15명은 폭도들에게 피살되었고, 산촌삼태랑 이하 9명은 옷을 입은 채 바다에 뛰어들어 앞바다에 정박 중인 기계선으로 헤엄쳐가 간신히 부산포까지 피해온 실정입니다.[52]

죽변에 온 일본인 가운데 1명인 산촌삼태랑(山村三太郎)이 부산으로 도주하여 일본 군함에 보고하자, 3월 22일 군함 1척이 죽변 앞바다를 봉쇄, 함포를 발사하고 한 부대는 상륙하였다. 대부분의 주민들은 피난을 가고 일본군은 후당동에서 전복기(田復基), 주계조(朱啓朝), 전정기(田井基), 강국한(姜國漢), 전연심(田淵心), 전영식(田永植) 등 6명을 잡아 사체를 탐색 발굴하여

---

52) 『주한일본공사관기록』 9, 국사편찬위원회, 1989. 울진지방에서의 일본인 15명 피살사건에 대한 진상규명과 가해자 엄벌요구(1896년 4월 4일).

군함에 싣고 퇴각하였다. 이 사건으로 인해 당시 일본공사가 조선정부에 강력히 항의하는 사태가 일어나기도 하였다.[53]

평해유진소는 설치 당시 향인과 아전사이에 알력이 있어 향인만으로 조직되었다. 유진소는 1896년 후포항에 잠입한 일본어부 8명을 사살하였다.[54]

그 뒤 러일전쟁이 일어나자 울진지역은 더욱 긴장감이 높아졌다. 죽변에 일본 해군 망루가 세워졌고, 1905년 5월 28일 울진 고포 앞바다에서 일본과 러시아 군함이 출현하여 전투를 벌였다. 이 싸움은 일본의 승리로 끝났고, 러시아인 80여 명이 포로로 붙잡혔다. 그리고 수뢰포 하나가 풍파에 표류하여 고포 바닷가에 밀려왔는데 사람들이 기이한 물건이라 다투어 놀다가 약전(藥箭)을 건드려 폭발하는 바람에 죽은 사람이 35명이나 되었다.[55]

일제의 군사적 도발을 등에 업은 민간인들의 침탈도 한층 거세졌다. 1904년 4월 21일 영덕군 남면 원천리 어민 김갑중이 바다에 나가 고기잡이를 하던 중에 일본어선을 만나 어물(魚物)을 빼앗기고 상해를 당하였다. 그 다음날 일본어선 3척이 본진에 들어오자 두민(頭民) 최경칠, 박성근, 우명근 등이 이들을 공격하다가 오히려 무장한 일인들로부터 큰 피해를 입은 사건이 발생하였다.[56]

1905년 5월 15일 일본인 10여 명이 울진군 근남, 근북면 등 연해 수십 곳에 출몰하여, 바닷가 높은 바위에 횟가루를 칠하고 깃발을 세웠다. 그리고는 "이를 뽑으면 일본 형벌로 다스린다" 고 크게 써놓았다. 그 이유를 물으니 '이곳은 우리 땅이니 너희들이 관여할 바가 아니다' 고 하였다.[57] 뿐만 아

53) 『울진군지』, 1984년.
54) 『울진군지』, 1984년.
55) 《황성신문》, 1905년 6월 15일.
56) 『각사등록』 16, 광무 8년 7월 4일(경상도 편 6, 682쪽).
57) 《황성신문》, 1905년 6월 21일.

니라 1905년 12월 23일에는 근북면 죽변에 설치한 망루에 주둔하고 있던 일본 해군이 철수하자 고가라는 일본상인이 울진관아에 와서 "죽변에 있는 망루의 땅을 망루와 함께 자신이 샀으니 그 사실을 공문을 발급하라"고 요구하는 일도 있었다.58) 이런 과정에서 형성된 반일의식은 바로 의병항쟁으로 연결되었다.

1905년 러일전쟁에서 일본이 승리하고, 11월 을사늑약으로 외교권을 빼앗기자, 1906년 2월에는 조선통감이 파견되었다. 대한제국은 반 식민 상태에 놓였고, 일제의 어업침탈도 본격적으로 추진되었다. 통감부는 급기야 관리를 일본에 파견하여 일본 어민들에게 단체이주를 장려하고 나섰다. 그 결과 1910 이전에 이미 5,000여 명의 일본 어민들이 한국으로 이주하였다. 따라서 한국 어민들은 많은 피해를 입게 되었고, 그에 따른 분쟁이 도처에서 발생하기에 이르렀다.59)

신돌석이 1903년 부산항에서 일본인 배를 부수고 일본인을 죽였다는 이야기는 그의 심경을 잘 대변해 준다. 울진지역은 일본이 이주 정착 과정에서 보여준 노골적인 침탈행위로 반일감정이 더욱 커지고 있는 상태였다. 이러한 상황에서 의병부대가 울진의 일본인 거주지를 주요 공격 대상으로 삼은 것은 어찌 보면 당연한 일이었다.

신돌석 의병부대는 1906년 6월 초순 울진읍내에 진격하여 군아(郡衙)와 군기고를 부수고 군기(軍器)를 획득하였다.

비도 300여 명이 울진군에 돌입하여 무기고를 부수고 군수물자를 탈취하며, 민호에 방화하여 수십 채가 불에 탔는데 의병들은 영양 안동 등지에서 추격당하고 있는 남은 무리라고 한다.

《황성신문》, 1906년 6월 15일.

---

58) 《황성신문》, 1906년 2월 24일.
59) 김희곤 외, 『울진의 독립운동사』, 울진문화원, 2011. 66쪽.

●蔚珍匪徒　蔚珍郡守가內部에報
告호되匪徒三百餘名이突入本郡호
야軍器庫를打破호고所存軍物을搶
奪호며民戶에放火호야數十戶가被
燒호얏는딕此徒는英陽安東等地에
셔被逐호餘黨이라더라

울진비도《황성신문》, 1906년 6월 15일

황성신문의 보도는 당시 울진을 공격한 규모가 300여 명이고, 관아가 의병의 손아귀에 들어갔으며, 무기고를 열어 상당한 무기를 장악했음을 알려준다. 이 300명의 의병이 신돌석휘하의 영릉의진 이라는 증거는 없다. 2차 공략처럼 일단 영릉 의진과 삼척을 비롯한 주변의 다른 의진이 연합하여 공격한 것으로 이해할 수 있다.[60]

울진관아에서 무기를 확보한 신돌석 부대는 본래의 목적지인 장호관 공략길에 올랐다. 신장군실기에 장흥관을 공격하여 배 9척을 격파하였다고 기록하고 있다. 신돌석 의진 중군장 김용욱은 장호관을 기습하여 일본인의 집 40호를 불태우고 적을 사살하며 물리쳤다.[61] 1893년 11월에 일본인 어부들이 이곳 장호에 나타나 잠수기 어선까지 동원하여 어업활동을 하자 조선인 어부들이 이에 맞서 공격하기도 하였다.[62] 그 뒤 일본인의 정착이 늘어나면서 일제강점 뒤 장호리에는 일본 주재소와 경방단장이 설치되었고, 일본인이 경영하는 2층집 여관과 전복 통조림 공장 두 곳이 들어섰다고 한다.[63]

신돌석 의진이 공격대상으로 삼은 최종목표가 바로 장호관이었다는 사실을 말해준다. 북상을 시도한지 세 번째 만에 비로소 목표지점 공략에 성공

---

60) 김희곤, 『신돌석 백년만의 귀향』, 푸른역사, 2001, 88쪽.

61) 『울진군지』, 1984년, 489쪽.

62) 『통리기무아문일기』 38책, 고종 30년 12월 3일.

63) 이해영 증언(장호동 거주, 2000년 현재 80세).

52　한말 울진결세항쟁과 정미의병

초기의병들의 모습이다. 의병항쟁은 1896년 봄에 이르러 전국적으로 확산되었다. 유림지역의 본거지이자 동학농민군 항쟁지역인 삼남 일대가 가장 격렬했다.

했던 것이다. 첫 번째는 울진군 남면까지 진출하는데 그쳤고, 두 번째는 일본군 관아 근처까지 공격하여 일본인들을 공격하였으며, 세 번째에 결국 일본 관아를 섬령하고 더욱 북상하여 삼척 남쪽 장호관까지 격파한 것이다.[64]

전국에서 의병항쟁이 치열하게 전개되자, 통감부는 대한제국정부에 의병 진압을 요구하고 나섰다. 황제는 의병 활동을 중지하라는 조칙을 내렸으나 의병들은 물러서지 않았다. 통감부는 1906년 6월 9일 의병 활동을 중지하라는 명령을 내리고, 군대를 파견하여 의병 소탕에 나섰다.[65]

6월 중순 동해안으로 대구와 원주진위대가 파견되었다. 대구진위대 정위(正尉) 박두영이 200명의 병사를 이끌고 영덕방면으로 향하였다. 원주진위대 참령 이승칠이 100명을 이끌고 남진하였다. 양 진위대는 평해 부근에서 활동하던 신돌석을 비롯한 1,000여 명의 의병들을 협공하였다.[66] 의병부대

64) 김희곤, 앞의 책, 90쪽.
65) 《황성신문》, 1906년 6월 11일.

를 쫓아내기는 하였지만 신돌석을 체포하는데 실패했다. 『조선폭도토벌지』에서는 "그저 구축해 버렸을 뿐, 그 수괴를 놓쳐버렸으므로 일시적 소강상태를 유지하였을 따름이었다"[67]고 기록하였다.

의병전쟁으로 민호가 화재로 소실되었다. 1906년 6월 초순 의병부대가 울진읍내에 진격하여 군아(郡衙)와 군기고를 부수고 군기(軍器)를 획득하였다. "비도 300여 명이 울진군에 돌입하여 무기고를 부수고 군수물자를 탈취하며, 민호에 방화하여 수십 채가 불에 탔는데" 라 하여 울진군수가 내부에 보고하였다. 그로부터 한 달이 지난 뒤, 강원도 지휘관 참령 이승철은 울진 지방에서 한번 의병소요가 지나가면 수천호가 혹심하게 화재를 당해 노약자들이 일정한 거처 없이 길거리에 떠돌아다녀 구호할 사람이 없으니 군수 윤우영씨를 급히 붙잡아 보내라고 군부로 급히 보고하였다.[68] 한 달 사이에 수십 호에서 수천 호로 갑자기 늘어난 것이다. 이것은 화재피해를 입은 숫자가 부풀려져 있는 것으로 보인다. 울진군수 윤우영이 다시 조사하였는데, "불에 탄 민가 24호는 다시 사용할 수 없어 몸 붙여 살 수 없는 정경은 차마 보기 힘든 참상이어서 구휼금을 넉넉하게 내려달라고 내부에 수정하여 보냈다." 고 보고하였다.[69] 그러나 화재로 소실된 민가 24호 전부를 의병의 소행으로 보기는 어렵다. 일본 군경이 방화했을 수도 있다. 일본군은 훨씬 전인 1896년 4월에도 안동지역의 민가 1천여 호를 불태웠다.[70] 그리고 의병과 접전하다가 자신들이 피해를 입으면 근처의 마을에 보복 방화하는 경우도 많았다. 전남 광주군 대치전투에서 패한 일제가 자은동 100여 호를

66) 《황성신문》, 1906년 6월 30일.
67) 『조선폭도토벌지』, 『독립운동사자료집』 3, 665쪽.
68) 《황성신문》, 1906년 7월 27일.
69) 《대한매일신보》, 1906년 8월 12일.
70) 홍순권, 『의병학살의 참상과 남한대토벌』, 30쪽.

●蔚珍義擾　日本統監府通信管理局長池田十三郎氏가度支部에通報ᄒᆞ기를一月二日午前四時三十分에義兵三百餘名이蔚珍郡의郵便局取扱所를襲擊ᄒᆞ야彈丸이雨下에所長以下四名이負傷ᄒᆞ야附近海岸으로避難ᄒᆞᆯ際에商船全羅丸船長의救助를被ᄒᆞ야釜山港에셔現今治療中이요取扱所의帳簿及用紙類를義兵이悉皆燒乘ᄒᆞ고貴重品은奪取登山後에萬歲를三唱以散ᄒᆞ얏다더라

울진의요(蔚珍義擾) 《황성신문》, 1907년 1월 14일.

불태운 사건이 대표적인 사례이다.[71]

　1907년 1월 2일, 이하현, 유시연, 성익현, 정경태 의진이 집합하여 신돌석 의병부대와 더불어 300여명 이끌고 울진읍을 공격하면서 분파소를 타파하였다. 우편취급소를 습격하여 공금 1천 800냥을 탈취하고 건물과 우편물을 파괴 소각하였다. 관아에 들어가 군수 윤영태를 포박하고, 산에 올라 만세를 삼창하였다. 이때 신돌석 의진 분진선봉장(分陣先鋒將) 전세호는 서문을 부수고 돌입하였다.[72] 탄환이 비 오듯 하였고, 우편취급소장을 포함하여 4명의 부상자가 있는 걸로 보아 당시 급박한 상황이었다.

　1월 2일 오전 4시 30분에 의병 300여명이 울진군의 우편취급소를 습격하여

71) 『全垂鏞傳』(기우만), 『호남의병장열전』.
72) 《대한매일신보》, 1907년 1월 11일. 의도박수;『울진군지』상권, 2001년, 409쪽; 『울진군지』1984년, 490쪽.

탄환이 비오 듯해 소장이하 4명이 부상하여 부근 해안으로 피난하고 상선 전라한 선장의 구조에 힘입어 부산항에서 현재 치료중이라 한다. 취급소의 장부 및 용지류를 의병이 다 태워버리고 귀중품은 탈취하여 산에 오른 후에 만세 삼창하고 흩어졌다고 한다.

《황성신문》, 1907년 1월 14일.

의병 40명이 총검을 휴대하고 울진읍을 재차 공격하였다. 울진군에 파견되어 머무르던 순사 2명과 순검 2인, 우편국 취급장 1인과 통역 1인, 우체부 1인은 도주하였다. 의병들은 분파소와 우편국에 돌입하여 문호를 파괴하고 각종 잡물과 의복, 침구 등 물건을 탈취하였다.

전배근·장진수·최경호는 일군과의 항쟁을 계속하면서 일본의 불합리한 화폐정리에 대해 이를 바로 잡고자 하였다. 1907년 3월 10일 강릉제무관보 정언일이 오는 가을부터 세금을 인하한다고 고시하자 이미 낸 세금 1만 9천여 냥을 반환하라며 결세항쟁을 전개하였다.

Ⅲ

일제의 화폐정리사업과 한국인의 저항

1. 일제의 화폐정리사업과 균세운동

을사늑약의 체결을 전후하여 일본은 한국에 대한 실질적인 지배를 강화하기 위하여 다각적인 정책을 추진하였다. 그 중에서도 큰 비중을 차지한 것의 하나가 재정에 관련된 것이었다. 일본은 1904년 8월 제1차 한일협약을 강요하여 고문정치를 실시하면서 일본인 재정고문을 초빙케 한바 있었다.

1904년 10월에 취임한 일본인 재정고문 목하전(財政顧問 目賀田)은 한국의 경제를 식민지 경제체제로 전환시키기 위해 구화(舊貨)인 엽전과 백동화를 정리하고 신화를 유통시키고자 했다.

재정고문으로 부임한 목하전은 먼저 화폐제도의 정리에 착수하였다. 화폐정리의 주안점은 금본위 화폐제도의 확립과 일본화폐의 통용, 백동화폐지, 엽전의 축소와 준보조화폐화 등이었다.[1]

화폐정리는 1905년 1월부터 본격화되었다. 일제는 1904년 11월 28일 전환국을 폐쇄하고, 1905년 1월 18일에는 1901년에 반포되었다가 곧 중지된 화폐조례를 1905년 6월 1일부터 시행할 것을 선포하였다.[2] 이와 동시에 형

---

1) 荒井賢太郎, 『한국재정시설요강』, 1910, 141 - 142쪽.
2) 『법령집』 4, 1905년 1월 18일, 칙령 제2호 화폐조례실시에 관한 건, 2쪽.

체(形體)와 량목(量目)이 동일한 일본화폐의 유통을 공인하였다. 그리고 일본 제일은행이 발행하는 은행권의 통용을 공인하여 본위화(本位貨)에 대신하는 태환권(兌換卷)의 효력을 지니게 하였다. 이러한 방침을 재정고문은 다음과 같이 정리하였다.[3]

1) 한국화폐의 기초 및 발행 화폐를 완전히 일본과 동일하게 할 것.
2) 한국화폐제도와 동일한 일본화폐의 유통을 인정할 것.
3) 본위화 및 태한권은 일본의 그것을 사용하던가 그렇지 않으면 일본 태한권을 기준으로 하여 일본 정부의 감독 및 보증하는 은행권을 사용할 것.
4) 보조화폐는 모두 한국정부가 발행할 것 등이다.

이러한 것은 엽전과 백동화의 유통지방 차이 또는 시세의 차이를 극복하여 화폐제도의 전국적 통일을 당면한 과제로 하는 한국화폐제도의 문제점을 이용하여, 이를 일본 화폐제도에 예속시키고자 한 점이다. 한국에 대한 일제의 금융지배를 가능케 함으로써 한국의 재정과 경제를 일본이 장악하려는 것이었다.

1905년 6월 1일부터 실시된 화폐정리사업은 한국인의 막대한 희생을 바탕으로 이루어졌다. 즉 일본은 신 구화 교환을 이용하여 한국민의 화폐 재산을 수탈하였던 것이다. 따라서 한국인이 크게 저항한 것은 필연적이었다.

1906년 10월 1일 관세관관제(管稅官官制)를 실시하고 탁지부대신 관활 하에 각 도에 세무감을, 도내 중요지역에는 세무관을 배치하였다, 그리고 그 하부기관으로 세무주사[4]를 각 군에 파견하여 구화징수에 주력하였다. 그런

---

3) 目賀田種太郎, 1905년 12월, 『한국재정정리보고』 제1회, 2의 3쪽; 이영호(李榮昊), 앞의 논문, 서울대 박사학위 논문, 195쪽.
4) 《황성신문》, 1906년 10월 2일. 세무주사는 일본인 재정고문 목하전의 시험을 거

데 실제로 지방에 파견된 세무 관리의 수는 세무감 13명, 세무관 36명, 세무주사가 144명이었다. 당시 군의 수가 300여개 이른 점으로 미루어 볼 때 모든 군에 세무주사가 파견된 것은 아니었다.[5] 울진, 평해 양군에는 세무주사 원경상이 파견되었다.

세무주사의 주요 임무는 엽전징수였다. 엽전은 구리(銅)의 함유량이 많아서 금속으로써 가치가 높았다. 더구나 1906년에는 국제적으로 구리 가격이 폭등하여 이를 수출할 경우 많은 이득을 볼 수 있었다. 결국 일제의 화폐개혁과 결세 차등 정책은 엽전을 회수하기 위한 수단에 불과했던 것이다. 일제는 엽전 통용지역이던 전라, 경상도에서 신화폐의 납세를 허락하지 않고, 오직 엽전만을 강제 징수했다.[6]

세무주사들의 강제적인 징수로 인하여 엽전의 회수액은 날로 증가하였다. 1905년부터 매월 각 항구에서 수출된 엽전은 1906년 10월 이후 즉, 세무주사들이 엽전을 징수하기 시작한 이후부터 엽전의 수출액은 대폭 증가하였다. 회수된 엽전은 바로 각 항구로 보내져 일본으로 수출되었던 것이다.[7]

당시 한국의 화폐유통 상황은 크게 백동화통용지방과 엽전통용지방으로 확연히 구분되고 있었다. 백동화가 유통되었던 지역은 서울을 중심으로 경기도 강원도 충청도 황해도 평안도 지역이었고, 엽전이 유통되었던 지역은 경상도 전라도 함경도 제주 등지였다. 그리고 전라북도와 강원도의 일부지역은 백동화와 엽전이 함께 유통되기도 하였다. 울진, 평해는 엽전유통지역이었다.

처 임용되었다.
5) 『매천야록』, 국사편찬위원회, 1955, 389쪽 참조.
6) 《황성신문》, 1906년 4월 6일.
7) 김혜정, 『구한말 일제의 엽전정리와 한국민의 저항』, 서강대학교 석사학위 논문, 1987, 15쪽.

강원도의 양양, 강릉, 삼척, 울진, 평해, 정선, 흡곡 7군은 오로지 엽전을 사용하고 백동화는 엽전을 본위로 매매 교환하며 기타 19군은 오로지 백동화를 사용하며 엽전은 주고받지 않아 불편이 매우 심하고(중략)

《황성신문》, 1906년 12월 26일

그러나 결세의 엽전징수는 실제 엽전이 통용되는 지역에만 국한된 것이 아니었다. 목하전의 권한 아래 있던 탁지부는 엽전통용지방의 각 관찰사 군수들로 하여금 엽전만을 징수하는 한편, 엽전이 통용되는 군이 아님에도 불구하고 엽전통용군이라 하여 강제로 징수하는 등, 엽전 80냥을 징수하는데 주력하였다.

화폐정리사업을 담당했던 일본인 재정고문 목하전은 엽전과 신화의 환율을 교묘히 이용하여 결세로 엽전 80냥을 징수하였다. 구화 10냥은 신화 1환에 해당되고 있었다. 엽전 80냥을 징수하기 위하여 엽전통용지방의 신화결세액을 다른 지방보다 4환이 더 높은 12환으로 정하였다. 즉 엽전통용지방인 전라도를 비롯한 경상도 함경도는 12환이었고, 그 외의 백동화통용지방은 8환이었다. 이에 대항하여 일어난 운동이 균세(均稅) 운동이었다. 균세 운동은 한마디로 엽전통용지방에서도 백동화 통용지역과 같이 신 화폐 8환으로 납세하자는 운동이었다.[8]

백동화는 1905년 7월 1일부터 교환되었다.[9] 백동화의 교환비율은 구화 2원(10냥)에 신화 1환이었다. 2 : 1의 비율로 책정한 것이다. 구백동화의 정화는 이와 같이 2 : 1로 교환되었지만, 실질 가치가 떨어지는 부정한 백동화는 5:1의 비율로 매수하고 조악한 것은 교환 청구자의 반환요구가 있더라도 이를 무시하고 절단하여 환수하도록 하였다.[10] 백동화는 교환소의 교환과

---

8) 김혜정, 앞의 논문, 19쪽.
9) 『법령집』 4, 1905년 1월 18일 칙령 제4호 구화폐정기교환에 관한 건, 3-4쪽.
10) 『법령집』 4, 1905년 6월 24일 탁지부령 제1호 구백동화 교환에 관한 건,

국고수납에 의하여 1907년 하반기에는 거의 환수되었고, 금융기관이나 교환조합의 매수에 의하여 1909년 말에 이르러 완전히 환수되었다.

엽전의 교환은 주로 납세에 의존하였다. 엽전이 유통되던 지방은 신화폐로 납세하는 경우에는 엽전 10냥(2원)에 신화 1환 50전의 비례로 납세하게 하였다.[11] 백동화의 교환비율(백동화 10냥에 신화 1환)과 비교하면 엽전의 가치를 15할(150%)로 인정한 것이다. 다만 납세할 경우 엽전 10냥 즉 1000매 이상은 수세하지 않고 우편관서에서 신화로 교환하여 납부하게 하였다. 그런데 엽전으로 수세할 경우 많은 양을 엽전을 일일이 점검하기 어려워 1/10을 샘플로 하여 점검하였는데, 그 양이 부족할 경우에는 나머지도 모두 부족한 것으로 간주하여 적용하고, 남으면 1/10의 샘플만을 인정하여 반환하고 나머지는 과부족이 없는 것으로 추정하는 방식을 사용하였다.[12]

그런데 엽전의 교환비율을 둘러싸고는 이해관계가 상충되고 있었다. 엽전의 시세는 15할보다 상회하여 20할에까지 이르러, 엽전 10냥에 신화 2환으로 교환되는 실정이었다.[13] 엽전의 가치는 동(銅)의 시가와 국내의 수요에 따라 계속 변동되었다. 1907년 가을 미곡 매수자금이 한창 필요하였을 때에는 엽전과 신화의 교환비율이 24~25할까지 상승하였다. 일제는 엽전시세의 이러한 변동을 해결하기 위하여 엽전의 위치를 보조화로 삼고, 그 가치를 공정할 필요를 느꼈다.[14] 1908년 6월 26일 엽전통용가격을 20할로 공정하고 동시에 그 통용한도를 1환(500매)으로 규정한 것은 이를 위한 조치였다.[15] 엽전의 가격을 신화에 대하여 확립함으로써 신화의 위치가 확고하

260-261쪽.

11) 『순창군훈령총담』(규27478), 광무 9년 7월 4일 관찰부 제45호 훈령.

12) 度支部各部院等公文來去文(탁지부 편, 규17877) 제12책, 광무 11년 1월 15일 탁지부대신의 통신관리국장에 대한 公函.

13) 『재무주보』 제10호, 세무, 1907년 4월 15일, 稅率ニ關スル件, 114쪽.

14) 대구재무감독국, 『융희 2년 재무일반』, 329 - 332.

여지고 엽전은 보조화로 전락하였다.[16]

엽전정리와 동시에 일제는 신화를 보급하여 모든 경제적 행위를 수행함으로써 한국 화폐제도를 일제에 예속시키게 되었다. 신화의 보급은 구화 즉 백동화와 엽전의 회수가 이루어짐으로서 가능해지게 되었다.

이상과 같은 일제의 화폐정리에 대하여 한국민의 반발이 강하게 일어났다. 1905년 7월 3일부터 평양의 상인들이 철시하였고, 종로상인들은 7월 5일 경성상업회의소를 결성하여 현금의 대부를 요구하면서 철시투쟁을 전개하였다.[17] 상인들은 화폐교환으로 말미암아 금융공황에 직면하였다.[18] 화폐정리로 말미암아 한국 상인들의 자본상항이 적나라하게 드러나고 이를 계기로 일본 금융기관에 예속되지 않을 수 없게 되었다.

일제에 의한 화폐제도의 개정은 농민층에게도 큰 타격을 가하고 있었다. 화폐교환이 주로 지세수취를 통하여 수행되고 있었기 때문에 결가의 납부를 둘러싼 갈등과 저항이 보다 극명하게 일어나고 있었다. 지세수취를 통하여 구 화폐를 환수하는 과정에서 결가의 불균등현상이 빚어졌고, 이것이 농민들의 치열한 반발로 이어졌던 것이다. 농민들은 일제에 의한 화폐정리에도 반발을 보이고 있었지만 그것이 납세자와 직결됨으로써 더욱 적극적으로 반대운동을 전개하였다.

이렇게 일제에 의한 화폐정리는 결가의 불균등현상을 초래하였다. 그것은 구화가운데 백동화와 엽전의 시세차이로 나타나는 것과 백동화와 엽전을 신화로 교환하여 납부하는 과정에서 나타나는 것, 두 가지 양상으로 표

---

15) 법령집 6, 1908년 6월 26일 칙령 제41호 엽전통용가격에 관한 건, 114 - 115쪽.
16) 『융희2년 재무일반』 335쪽; 이영호(李榮昊), 앞의 논문, 198쪽.
17) 《황성신문》, 11, 광무 9년 7월 6일 잡보; 『화폐제도』; 김재순, 1990 앞의 글, 156 - 162쪽.
18) 《황성신문》, 12, 광무 9년 11월 16일 잡보 錢荒民死, 250쪽; 11월 17일 잡보 錢荒人死, 254쪽; 이영호, 앞의 논문, 198쪽.

출되었다. 백동화와 엽전의 시세차이는 백동화유통지방과 엽전유통지방이 인접한 지방에서 문제되었다. 백동화유통지방이 확산되고 엽전유통지방이 축소되는 과정에서, 엽전유통지방에서 백동화가 유통되기 시작하여 백동화로 납부하게 되면서 문제가 발생하였다.

광무개혁기에 남발된 백동화는 엽전과 시세차이를 보이고 있어서 납세상의 가계(加計)문제가 심각한 문제로 대두되었다. 엽백가계(葉白加計)는 금지하고 납세자가 납부하는 대로 수납하도록 지시되었지만, 엽백가계는 관행화 되었고,[19] 이 문제가 결가제의 원활한 시행에 큰 장애가 되었다. 1903년부터 전라북도지방에서 엽백가계 대한 농민들의 항의가 시작되었다. 고산군에서는 농민들의 결세를 백동화로 징수할 것을 호소하였다.[20] 임피군에서는 관찰부의 지시에 따라 결가를 50냥은 엽전으로 납부하고 30냥은 백전으로 납부하였는데, 1904년 음력 11월 20일 채희삼(蔡希三) 등이 통문을 돌려 "결전(結錢)은 모두 백동화로 수봉하고 백답(白畓)결세는 정지하되 일제히 관정에 호소하여 만약 듣지 않으면 스스로 작청에 앉아 세정을 수봉하여 스스로 상납할 것이다." 라고 하면서 봉기하여 이서들과 충돌을 빚은 사건이 일어났다.[21]

그러나 통감부에서는 엽전유통지방과 백동화유통지방을 엄격하게 구분하여 불균형한 지세부과의 상황을 그대로 유지하려는 입장을 취하였다. 그러

19) 『황성신문』 2, 광무 3년 5월 4일 논설, 13쪽; 광무 3년 9월 28일 잡보 白銅不用, 514 - 515쪽; 이영호, 앞의 논문, 199쪽.
20) 『훈령존안』(탁지부 편) 광무 7년 1월 17일 훈령 관찰사; 이영호(李榮昊), 앞의 논문, 199쪽.
21) 『外部전라남북도來去案』(외부 편, 규17982의3), 광무 9년 1월 18일 전라북도 임피군수의 외부대신에 대한보고; 청원서(외부 편), 전라북도옥구항거전시어 채춘연의 訴狀: 沃溝港報편(외부 편), 광무 9년 1월 16일 옥구감리의 외부대신에 대한보고; 이영호(李榮昊), 앞의 논문, 199쪽.

나 10월의 지방제도 개정과정에서 인접한 다른 군으로 편입한 지역이 나타나면서, 엽전과 백동화 가운데 어떤 화폐로 납세할 것인가 하는 점이 문제로 제기되었다. 이러한 예를 경상북도 금산군과 전라북도 익산군에서 찾아볼 수 있다. 경상북도 금산군에서는 충북 황간군에서 일부의 면이 이속되었는데 황간군의 지세는 1결에 6환 67전이고 김산군은 10환 이었다. 충북에서는 백동화가 유통되고 경북에서는 엽전이 유통되어 같은 액수의 백동화와 엽전을 신화로 환산하는 과정에서 그와 같은 차액이 생긴 것이다. 이 문제로 200여 명의 농민이 금산군 읍내에서 집회를 개최하여 항의하였다.[22] 또한 엽전유통지역인 6개면이 1906년 10월의 군, 구역 변경과정에서 백동화유통지역인 익산군에 편입되자, 농민들은 백동화유통지방으로 인정하여 신화 8환의 납세를 허용할 것을 요구하였다.[23] 이렇게 백동화유통지방이 점차 엽전유통지방을 잠식해 들어가는 상황이었기 때문에 이러한 문제가 계속 제기되었다.

그런데 더 크게 제기된 문제는 구화를 신화로 환산한 경우였다. 구화와 신화의 교환과정에서 나타나는 문제는 엽전유통지방에서 제기되었다. 엽전유통지방에서는 기본적으로 엽전과 신화를 임의로 수취하게 되어 있었지만, 시세의 차이로 인한 이익의 확보를 위하여 이해당사자 사이에 대립이 발생

---

22) 『地方情況ニ關スル繼』 정부재정고문본부편(규20743), 1907년 3월 9일 대구지부재무관의 재정고문에 대한보고, '貨幣換算 과세에 관한 건' ; 이영호(李榮昊), 앞의 논문, 200쪽.

23) 『지령급보고』 탁지부 편(규18018), 제14책, 광무 11년 3월 30일 전라북도익산군수의 보고서 및 4월 11일 지령; 제 13책 광무 11년 5월 3일 전라북도전주세무관의 제 30호 보고서 및 5월 16일 지령; 제 16책, 광무11년 5월 전라북도 익산군 신촌6면민인등의 청원서; 제13책, 광무 11년 7월 30일 전라북도 전주세무관의 제 49호 보고서 및 부대문서 '결세납입에 대하여 신화 급 구백동화에 관한 건' (10월 18일)참조.

하였다. 신화로 환산하면 공식적으로 결당 백동화 80냥은 신화 8환이고, 엽전 80냥은 신화 12환이 되어 엽전유통지방은 백동화유통지방에 비하여 50%를 더 납세하는 결과가 되었다.[24] 이미 지적한 바와 같이 엽전과 신화의 교환비율은 엽전 10냥에 신화 1환 50전이었지만, 시세는 신화 2환으로 교환되어 20할에 이르렀던 것이다. 엽전과 신화의 교환을 20할로 법적으로 규정한 것은 1908년 7월 1일부터였기 때문에, 엽전과 신화의 교환비율의 문제가 크게 제기된 것은 1905년 화폐정리를 시작한 이래 균세가 이루어진 1908년 여름에 이르기까지였다. 따라서 이 시기에는 엽전으로 납세하는 것보다는 신화로 교환하여 납세한다면, 결당 엽전 80냥의 결가는 신화로는 12환이었고 교환시세는 16환이어서 엽전으로는 20냥, 신화로는 4환의 이익을 남길 수 있었다. 뿐만 아니라 백동화유통지방과 마찬가지로 결당 신화 8환을 납세하면 더 큰 이익을 남길 수 있는 것이었다.

신구화의 교환과정에서 이익을 얻기 위하여 농민으로부터 수세에 관계하는 면장 영수원 임원 세무주사 등이 상호 갈등을 빚었고, 여기에 구래의 지세수취구조상에서 수세에 관계하던 군수나 이서 등이 가담하여 이익을 남기려 하였다.

엽전유통지방인 강원도 평해 및 울진을 관장하는 세무주사와 그 아래의 면장, 영수원 임원, 등이 엽전으로 수세한 뒤 이를 신화로 교환 납부한 뒤 이익을 챙기고 있었다. 세무주사로부터 그 아래의 면장 영수원, 임원, 농민 등이 모두 엽전을 신화로 교환하여 납부하고자 하였다. 평해군수 박제범은 각 면장과 결탁하여 일본상인에게서 4,000여 환을 무래(貿來)하여 면장으로 하여금 울진취급소에 선납하게 한 뒤, 민간에서 엽전으로 징수하여 이익을 남겼고,[25] 세무주사 원경상은 엽전으로 강징한 뒤 신화로 교환하여 차익을

---

24) 『재무주보』 제46호, 토지조사위원회, '한국의 지세(결세)에 대하여', 668쪽; 이영호(李榮昊), 앞의 논문, 200쪽.

남겼다.[26)]

신구화의 시세차이로 인한 지세의 불균등현상은 엽전유통지방인 경상도와 전라도 지방에서 심하였고, 농민들의 저항도 이 지역에서 많이 일어났다.

경상도 인동의 경우 사족(士族)들이 각호마다 집회에 참가하라는 통문을 발하여 수천 명을 이끌고 1906년 3월 7일 관아에 난입하여 결가를 72냥으로 정할 것을 요구하였다. 군수가 부득이 결가를 8냥을 줄이자 다시 10냥의 감액을 요구하고 그리고 또다시 2냥의 감액을 요구하여 60냥으로 정하게 하였다.[27)] 결가 60냥은 신화 12환을 엽전 10냥에 2환씩의 시세를 적용하여 환산한 것이었다. 그러나 원래 결가 80냥을 신화로 환산한 것이었는데 이를 역으로 신화를 엽전으로 환산하여 원 결가 80냥을 60냥으로 줄이는 것은 문제가 있었다. 정부에서도 결당 신화 12냥으로 봉납하고 엽전으로 납부를 원하면 80냥으로 시행하라고 훈령하였다.[28)]

선산에서는 1906년 음력 2월초 이민우(李敏友)등이 결가의 인하를 요구하면서 각 면에 통문을 발하여, 2월 10일 해평(海平) 장터에서 향회가 개최되었다. 결세를 엽전 80냥 대신에 신화 12환으로 걷도록 관찰부의 훈령이 내렸는데 군수가 훈령을 은닉하고 엽전으로 징수하여 농민의 손해가 막심하다는 것이었다. 향회에 모인 존위(尊位) 지사인(知事人)은 수백 명에 달하였

25) 『제무주보』 제 28호, 보고급통계, 1907년 8월 1일 강릉관내시찰보고, 1516쪽; 『지령급보고』 제6책, 광무 11년, 3월 2일, 울진派駐세무주사의 제1호 보고서; 『지령급보고』 제14책, 광무 11년 2월 28일, 강원도 평해군수의 제 1호 보고서.

26) 『지령급보고』 제6책, 광무 11년 6월 17일, 강릉세무소 세무관의 제41호 보고서; 이영호(李榮昊), 앞의 논문, 201쪽.

27) 『各道府郡보고서』(의정부 편), 광무 10년 3월 9일, 경상북도관찰사의 보고서.

28) 『보고훈령존안』(경상도 편), 광무 10년 3월 3일, 훈령 인동; 이영호(李榮昊), 앞의 논문, 202쪽.

고, 결세문세에 대해서 등소하기로 계획되었다. 이에 대해서 선산군에서 강력대처하자 각 면의 원로들이 다시 통문을 발하여 가가호호에 1인씩 집합하여 11일 선산군 남문 밖에서 '루교도회(樓橋都會)'가 만여 명의 향민이 참석한 가운데 열렸다. 여기서 등장이 작성되었고, 등장의 내용은 매결 60냥으로 상정할 것을 요구하는 것이었다. 농민들은 60냥을 고집하여 이미 납부한 80냥 가운데 20냥의 반환까지 요구하면서 관아를 파괴하였다. 선산군 일진회원은 150명 정도였는데 일진회원 조용국이 적극 가담하여 주동적인 역할을 담당하였다.[29] 이러한 사태에 대하여 관찰부에서는 결전은 매결 신화 12환으로 봉납하고 엽전으로 납부를 원하면 80냥으로 시행하라고 훈령하였다.[30]

　김해에서도 세금반환문제로 농민들의 저항운동이 일어났다. 1907년 3월 9일 각동 지사인이 엽전과 신화의 교환과정에서 발생한 잉여부분을 돌려줄 것을 요구하는 집회를 개최하였다. 군수가 주동자를 체포하자 14일 새벽 진례, 율리, 녹산 3면민인 수백 명이 머리에 흰 수건을 두르고 손에는 짧은 막대기를 들고 읍내로 들어와 주동자를 구출하고 관아로 몰려가 군수를 공박하였다. 농민들은 세무서기와 교원, 순검의 가옥을 비롯하여 읍내의 가옥들도 습격 파괴하였다. 우편취급소장이 부산이사청에 급보하여 일본순사 16명과 수비대 20명, 그리고 헌병 5명이 15일 도착하였지만, 농민들이 사방에서 운집하여 통제할 수 없었다.[31] 주목되는 것은 저항의 과정에서 향중

29) 선산민요는 司法이報 갑, 제113책, 광무 10년 4월 12일, 경상북도재판소판사의 법부대신에 대한 질문서, 판결선고서, 광무 10년 3월 9일, 경상북도관찰사의 보고서를 종합하였다.
30) 『報告訓令存案』 광무 10년 3월 3일, 훈령 선산, 훈령 인동; 이영호(李榮昊), 앞의 논문, 202쪽.
31) 『밀양세무관보고』(탁지부 편), 광무 11년 3월 19일, 경상남도밀양세무관의 탁지부대신에 대한 제13호 보고서.

이 공진회를 창설하고자 하는 움직임을 보였다는 점이다.[32] 이러한 움직임은 남해의 창선서도 나타났다. 남해군 창선도민 정익환이 도민 천여 명을 동원, 세력 있는 단체를 조직하여 납세를 거부할 뜻으로 활동하고 있었다. 19세기에는 조세문제에서 비롯된 농민항쟁에서 향회가 중요한 역할을 담당하였던 것으로 이해된다.[33]

엽전과 신화의 교환과정에서 나타나는 차익을 둘러싼 갈등은 전라도에서 매우 심하였다. 김제군의 경우 1개년 지세가 68, 669환 38전 8리로서 그것을 법정 교환비율인 15활로 하여 엽전을 수납하여도 45, 779관(貫) 592문(文)에 상당하였다. 이것을 20활로 지폐와 교환하면 91,559환 18전 4리가 되어 그 차액 22, 889환 79전 6리의 부당이득을 군수가 챙기고 있는 셈이었다.[34] 1907년 3월 23일 김제 군민 박준옥, 이정범 등이 1906년조 결세 신화 12환이 백동화유통지방의 8환에 비하여 불균하다고 하면서 김제군에 정소하고 민요를 일으킨 것은 이러한 배경에서 나온 것이었다. 고부에서 순검이 파견되어 박준옥을 체포하여 압송하자 25일 농민이 순사숙소에 투석하고, 순사가 발포하여 5명이 사망한 사건이 일어났다.[35]

태인에서도 세를 균등하게 해달라는 항의가 일어났다. 처음에는 3, 4명이 태인군에 정소하였으나 군수가 이를 무시하자 각 면의 농민들이 일제히 모

---

32) 『밀양세무관보고』 광무 11년 3월 29일, 경상남도 밀양세무관의 제14호 보고서. 공진회는 1904년 말 일진회에 대항하기 위하여 이준이 창립한 계몽단체였다.(광무 8년 12월 19일, 잡보 공진청원, 390쪽).

33) 『地方情況ニ關スル綴』, 1907년 3월 25일, 통감부통신관리국장의 한국정부재정고문에 대한보고.

34) 『地方情況ニ關スル綴』, 1907년 3월 14일, 통감부통신관리국장의 정부재정고문에 대한 통첩; 이영호(李榮昊), 앞의 논문, 203쪽.

35) 『지령급보고』 제13책, 광무 11년 3월 30일, 전라북도전주세무관의 제25호 보고서2; 이영호 (李榮昊), 앞의 논문, 203쪽.

였고 군수가 이들을 해산한 뒤 주동자를 체포하자, 농민들은 다시 읍내에 모여 두목의 석방을 요청하였고 여기서 일본 순검이 발포하여 4명이 사망하고 3명이 중상당하는 사건이 일어났다. 농민들은 "호소하는 인민을 일인에게 사주하여 포살하게 하니 대한의 인민은 원통함이 있어도 호소할 곳이 없다. 이제 안민의 길은 죽은 사람의 원한을 풀고 그 세를 균등하게 하는데 있다."라고 항의하였다.[36]

정부에서는 백동화유통지방과 엽전유통지방사이의 세액의 불균형을 인정하고 있었지만, 1907도에는 예산편성이 되어 있었기 때문에 이를 수정할 수 없고, 1908년도에는 새로운 대책을 세울 것이라는 입장을 취하였다. 그러나 1908년 봄에도 다시 예산이 이미 정하여져서 개정이 어렵다고 하면서 개정 이전까지는 예전대로 납세할 것을 지시하고 있었다.[37] 1908년 봄 전라도와 경상도지방 농민들의 대대적인 균세운동은 이러한 배경 하에서 일어났다.

균세운동은 처음에는 주로 80냥의 결가를 백동화유통지방과 마찬가지로 엽전유통지방에도 8환으로 균등하게 시행할 것을 요구하는 청원운동으로 전개되었으나, 후에는 12환 가운데 4환의 납세를 거부하고 임의로 8환으로 납세하는 일종의 항세운동으로 전환되었다.[38] '양남결세금8환균정차청원전말' (兩南結稅金八圜均定次請願顚末)을 중심으로 균세운동의 전말을 살펴본다.[39]

36) 『지령급보고』 제16책, 광무 11년 4월, 전라북도 태인군 산내면 봉임생, 이영열, 조병희 등의 탁지부대신에 대한 상서; 만세보 하, 광무 11년, 4월 5일, 잡보 태인민요전말, 279쪽; 이영호 (李榮昊), 앞의 논문, 204쪽.

37) 『재무주보』 제48호, 사세사무, 1908년 3월 16일, 용엽군 결가에 관한 건, 766-777쪽.

38) 김혜정, 「구한말 일제의 엽전정리와 한국민의 균세운동」, 『동아연구』 17, 서강대, 1989 참조.

39) 『中樞院來文』(의정부 편), 융희 2년 5월 25일, 중추원의장김윤식의 내각총리대신이완용에 대한 제2호 조회와 부속문서 '兩南結稅金八圜 均定次請願顚末 ; 이영호, 앞의 논문, 205 - 206쪽 참조.

* 1895년도 결세는 결당 엽전 30냥씩 마련하고 1900년도는 동화 50냥씩, 1902년도는 동화 80냥씩 마련하였는데, 양남의 관리는 이전대로 엽전으로 수봉한 뒤 동화로 교환하여 국고에 납부함으로써 이익을 취하였다.

* 1905년도 각도 세금을 신화 8환씩 마련하는데 전라남북도와 경상남북도는 용엽군(用葉郡)이라 하여 12환으로 정하였다.

* 1906년 2월 21일 장성군 민인 8525명이 군에 호소하고, 4월 13일 30군 대표 송영순 등이 연명으로 관찰부에 정소하고, 10월 27일 또다시 관찰부에 정소하고, 12월 18일 남도재정상고문 정상아이(井上雅二)가 엽전유통지방에 세율정책에 차등이 있으나 재정정리과정에서 장차 시정될 것이라고 하였다.

* 1906년 12월 송영순 등이 전라남북도 각군에 통문을 발하였다.[40) 그 내용은 신화로 납세하면서 세액에 차등을 두었는데 원래 양남(兩南)에서도 동화로 납세하던 것을 관리들이 이익을 위하여 엽전으로 강제징수 하였고 이를 위하여 동화의 유통을 막았기 때문이므로 4환의 추가 징수는 그 당시의 관리들에게서 징수해야 될 것이고, 더구나 이제는 신화를 유통하여 구엽전은 보조화로 남아있을 뿐인데 용엽군을 빙자하여 가세하는 것은 부당하다는 것이었다.

* 1907년 음력 2월 광주세무관 이용규가 발통한 죄목으로 송영순을 체포하였다. 그러나 재정고문 정상(井上)이 송영순을 석방하였고, 2월 2일 송영순의 통문을 가지고 탁지부에 교섭하여 4환의 가징은 부당하다고 하였다.

* 음력 3월 4일 탁지부에서 13도에 훈령을 내려 엽전유통지방의 12환 징수가 용엽군과 차등이 있는 것은 유통화폐의 차이에서 비롯된 자연스

---

40) 『지령급보고』 제15책, 광무 11년 4월 1일, 전라남도세무서리광주세무관의 탁지부대신에 대한 제19호 보고서 및 부속문서 '통문.'

러운 결과이다. 이것은 잠시 그렇게 하는 것이고 곧 시정할 방침으로 내년부터 균평케 할 것이라고 하였다.

* 3월 초순 광주세무관 이용규가 민간에 발문하여 세정(税政)을 방해한 혐의로 송영순의 체포를 요청하였다.

* 음력 7월 19일 송영순과 변승기가 지방위원들에게 세정 불균함을 호소하여 동의를 얻고, 각 군 대표 147인을 합동하여 탁지부에 5차 정소하고,[41] 고문실에 2차 공함(公函)하였다.

* 3월 18일 《대한매일신보》에 '이엽가렴'(以葉加斂)이란 제목의 논설이 실렸는데 관리의 엽전강징(葉錢强徵)과 결가의 차등을 비판하는 기사였다.

* 음력 5월 송영순이 자신에 대한 체포령을 듣고 자수하면서 4환을 귀정(歸正)할 것을 요구하자 광주경청(光州警廳)에서 무죄 방면하였다.

* 음력 7월 19일 송영순과 변승기가 지방위원들에게 세정 불균함을 호소하여 동의를 얻고, 상경하여 각 군 대표 147인을 합동하여 탁지부에 5차 정소하고, 고문실에 2차 공함(公函)하였다.

* 10월 24일 《대한매일신보》의 '호남결세최중한 정황'이란 논설에서 세정 불균등으로 말미암아 군, 읍, 면, 촌이 소연하고 작뇨하며 상부에 호소하는 등 세정이 정체된 사정을 지적하였다.

* 양력 11월 18일 송영순·변승기 등이 중추원에 헌의하고, 충추원에서 8환으로 균정할 것을 내각에 건의하였다.[42] 이달에 송영순, 변승기 등은 내각과 통감부와 대한협회에 사정을 전달하였다.

* 1908년 3월 24일 송영순·변승기·박해룡·조옥승, 등이 전라남북도와

---

41) 『지령급보고』 제12책에는 융희 원년 9월, 송영순 등의 탁지부에 대한 청원서가 수록되어 있다.

42) 『中樞院來文』, 융희 원년 11월 27일, 중추의장서정순의 내각총리대신이완용에 대한 제10호 조회.

경상남북도 각 군 각리에 포고하여 그동안의 청원사정과 탁지부훈령의 시정약속을 들어, 1907년 결세를 매결 8환만 납세하고 4환은 불납하여 정부의 시정조치를 기다리기로 하고, 관리의 강제징수에 대해 항거하도록 하였다.

* 4월 4일 목표농회에서 결세균설론을 펴면서 정부에 청원서를 제출하였는데 송영순 등의 입장에 찬동하는 내용이었다.

* 5월 25일 변승기가 중추원에 헌의하였다. 그 내용은 호남지방이 엽전의 강징으로 엽전유통지방이 되었고, 전북 7, 8개 군은 다행히 백동화유통 지방이 되었는데 그 접경지역은 같은 촌리에서도 결세의 액수에 차이가 있는 모순이 나타나고 있으며, 이러한 결세 불균등 현상이 민요를 야기하고 있고 작년 탁지부 훈령에 의하여 금년도 결세를 균평하게 한다 하였으나 약속을 지키지 않고 있고, 송영순의 헌의서에 대하여 4, 5개월이 지나도록 조치가 없음을 지적하는 것이었다.

이상의 일지에서 보듯이 전라도 지방에서의 균세운동이 매우 활발하게 전개되었고, 경상도 지방에서도 이에 호응하여 중추원에 헌의서를 올렸다. 경상북도 성주의 이희영과 선산의 우용택은 1907년 11월 전라도에서 송영순이 헌의서를 올리자 이에 뒤따라 경상도 지방에서도 엽전을 신화로 환산하여 납세액을 정하는 과정에서 12환으로 책정한 부당함을 호소하였다.[43] 이와 같은 지세불균등 현상으로 말미암아 영호남 각 군에서는 농민들의 정소와 민요가 끊이지 않았고, 그것은 균세운동의 형태로 나타났다. 균세운동의 주동자 송영순은 기정진의 문인으로서 을미의병에도 참가하였고 장성 향교의 재장(齋長)을 역임하였던 인물이었다. 변승기는 위정척사계열인 기

---

43) 『中樞院來文』, 융희 원년 11월 27일, 중추의장 서정순의 내각총리대신이완용에 대한 제12호 조회.

우만의 문인으로서《대한매일신보》의 기자로도 활동하고 호남학회의 발기인이 되기도 하였던 인물이었다. 장성군수를 김성규도 이러한 균세운동에 동참하고 있었다. 통문을 발기한 사람들은 향교를 중심으로 한 유향층 지주층이었다. 균세운동은 1907년 고종폐위와 군대해산 등을 계기로 폭발하고 있었던 의병전쟁의 배경으로 작용하고 있었다. 그러나 균세운동은 의병전쟁에 뛰어들지는 못했지만, 일제에 의한 화폐정리에 대하여 강한 불만을 품게 된 농민들이 적극 호응하였다. 특히 여기에는 유림층 지주층이 주도적으로 참여하고 있고, 언론기관과 계몽단체들도 적극 호응하고 있었다.[44]

여기서 주목해야 할 점은 영호남지방에서 광범위하게 일어난 균세운동은 정미의병으로는 이어지지 못했다는 것이다.

2. 항세운동의 전개와 의병전쟁

일제에 의한 지세수취기구 개편과정에서 나타난 광범한 항세운동의 양상에 대하여 살펴보았다. 여기서는 항세운동이 의병전쟁으로 전환되는 양상을 살펴보기로 한다.

지세수취기구의 개편에 대한 반발은 이로 말미암은 지세수취권을 상실하게 된 이서층의 선동과 일제 재정정책에 불만을 품은 납세자 결민의 동조는 항세운동으로 발전하였다. 납세자와 이서층의 항세운동은 내용상 반일운동의 성격을 지니고 있었고 민족적위기에 대한 전면적 반일운동인 의병전쟁으로 합류하게 되었다.

그리하여 일제에 의한 지세수취기구 개편에 대한 한국민의 반발은 일찍이 시작되었다. 을사늑약이 강요된 직후 대구에서는 일본 재무관의 세전독

---

44) 이영호(李榮昊), 앞의 논문, 207쪽.

납(稅錢督納)에 대하여 수서기(首書記)가 일인에게 납부하기를 거부하자 일인이 수서기를 때려죽이는 행패를 부렸고, 이에 복수하고자 수서기의 아들 5명이 일인의 배를 난자한 사건이 일어났다. 이 사건을 처리하기 위하여 경성에서 일본 헌병 300명이 대구에 파견되기도 하였다.[45] 을사늑약을 강요한데 대한 조야의 반발이 시작된 초기 단계에서 이미 납세문제로 한국인 이서층과 일인관리 사이에 충돌이 일어나고 있었고 이 사건은 이후 지속적으로 일어날 저항운동의 전초전이었다.

일제에 의란 지세 수취기구 개편은 이후 수년간에 걸쳐 진행되었지만, 초기 단계에서부터 그에 대한 반대운동이 적극적으로 전개되었다. 그 대표적인 사례로 경상도 김도현 의병을 들 수 있다.

경상도 김도현(金道鉉)은 영양군 청초면 소청리에 거주하였는데, 1905년 을사늑약이 강요되자 역적의 처단과 을사늑약 무효를 주장하는 상소를 올리기 위하여 상경하였다. 또한 서양 각국에도 포고문을 발송하여 역적의 처단과 을사늑약의 무효를 주장하였다.[46] 12월 27일 귀향한 후 김도현은 의병의 봉기를 꾀하였다. 김도현은 장시에 격문을 붙여 납세의 거부를 선동하였다. 이미 납부한 결전과 미봉한 결부(結簿)를 회소(會所)에 가지고 오도록 하고 각 면리에 통문을 보내어 관예가 안동이나 대구로 왕래하는 것을 탐지하여 그가 소지한 공문을 조사하게 하였다. 그리고 각 면 리 인민에게 통문을 발하여 1906년 1월 3일 무기를 가지고 읍내에 모이도록 하였다. 김도지비채와 군무망사극공을 위하여 현도 사포군(私砲軍) 5, 60명을 이끌고 읍내로 나아갔다. 읍내에는 천여 명이 모였다. 김도현은 적신이 국권을 농단

45) 『續陰晴史』 하권 12, 광무 9년 12월 10일, 163쪽; 이영호(李榮昊), 앞의 논문, 307쪽.
46) 김강수, 「한말 의병장 벽산 김도현의 의병 활동」, 『북악사론』 2, 국민대, 1990, 229쪽; 이영호(李榮昊), 앞의 논문, 307쪽.

하여 차마 이를 좌시할 수 없어 기병하여 분을 풀고자 한다고 주장하였다. 김도현의 포고문에 의하면 오적이 국권을 남용하여 8도 관찰사에 위령(威令)하고 군수는 이를 좇아 전세를 늑봉한다고 지적하고, 전세는 국가수망지비채(國家垂亡之費債)와 군무망사지극공(軍務忘死之極功)을 위하여 차관을 갚고 군사력을 증강하기 위하여 비치할 것을 제의하였다.[47]

이후 지세수취기구에 대한 일제의 정리가 시작되면서 이에 대한 항세운동이 의병전쟁과 결합되어 나타나는 경향이 두드러졌다. 이전과는 달리 해직된 이서층의 반발이 항세운동으로 이어졌다. 충청남도 서천에서는 해직된 서기가 신법에 의한 납세는 모두 일본인에게 들어가는 것이라고 하면서 납세를 반대하는 격문을 돌리고 면장에게 납세하면 타살한다고 위협하였다.[48]

이와 같은 이서층의 항세운동은 이 지방에서 일어난 의병에 의하여 상승되었다. 홍산 논산, 임천, 부여, 노성 등지에 의병의 봉기가 활발하였다. 의병들은 격문을 내걸어 세납을 방해하였고, 이에 결민은 관망하고 임원은 징세를 두려워하였다. 13도유서대표에 의하여 나온 임천군입포리게방문의 내용은 다음과 같다.[49]

경통한다. (중략) 대체로 일본인이 잔인하여 우리 강토의 제택, 산림, 금광, 어업, 농상의 이익을 남김없이 탈취하여 일국의 재정이 탈취되지 않음이 없다. 그런데 우리 정부 대신은 오직 이를 받들지 못할까 두려워한다. 대저 재원이라는 것은 국가의 기혈이다. 기혈이 모두 고갈되면 그 국가는 반드시 망하고 백성은 반드시 죽는 법이다. 지금 소위 세무관, 세무주사가 각 군에 파견된 것은

---

47) 김강수, 앞의 글, 1990, 232쪽.

47) 김강수, 앞의 글, 1990, 232쪽.
48) 『度支部各部院等公文來去文』, 광무 11년 통첩, 1월 16일, 韓山우편취급소장 보고; 『지령급보고』 제4책, 광무 11년 3월 8일 충청남도세무감의 19호 보고서; 이영호, 앞의 논문, 308쪽.
49) 『보고서철(報告書綴)』 제5책, 광무 11년 1월 18일, 충청남도 홍산 세무관의 제7호 보고.

곧 백성이 죽을 때에 이르른 것을 말하는 것이다. 결세가 수봉된 뒤 모두 지금고(支金庫)에 납부되어 모두 없어져 버리니 우리 한국인은 다시는 화폐를 볼 수조차 없게 될 것이고 엽전과 백동화를 막론하고 모두 취하여 남김이 없을 것이다. 불쌍타, 이천만 동포여, 장차 무엇을 믿고 살겠는가. 하물며 국가에서 금년에 천만환의 차관을 빌리면 전국 토지는 모두 일본인의 상장(償帳)에 들어가 우리 대한의 신서(臣庶)가 노예가 되어 진실로 살아나고자 하여도 할 수 없을 것이다. 이에 나라의 신서들에게 급히 고하여 짚을 지고 불을 안고 있는 상황에 경각심을 갖도록 촉구하는 바이다. 각 군에서 작부문서를 모두 태워 남김없이 하여 그들로 하여금 고준할 수 없도록 민간에 널리 포고하고, 오직 국권을 회복하여 고문을 해고하고 세관을 폐지하기 전에는 1파(杷) 1속(束)이라도 모두 납세하지 말도록 하되 일심으로 단결하여 우리의 기혈을 온전히 하고 우리 강토를 보호하여 500년 화육의 은혜를 보답한다면 천만다행이겠다.

『보고서철(報告書綴)』제5책, 광무 11년 1월 18일.

이러한 취지에 의거하여 작부문서를 불태우게 하였는데 그 날짜를 12월 10일로 정하여 각 군에서 일제히 소각할 것을 촉구하였다. 13도의 유림 및 이서의 대표를 칭하고 있는 점이나, 방문의 내용에서 지세수취기구를 문제 삼고 있는 점에서, 이서층의 항세운동이 유림층의 의병전쟁과 결합하고 있는 모습을 볼 수 있다.

경상도 청송군에서는 의병이 출몰하여 농민을 선동하자 농민들은 모두 신세법(新稅法)을 거부하였다. 영양의 군수는 면 동장으로 하여금 신세법에 반대 하도록 은밀하게 선동하기도 하였다.[50] 연안군에서는 의병이 촌락을 순회하면서 민병을 모집하고, 민심을 선동하여 결호세(結戶稅)의 거납(拒納)을 촉구하고 면예(面隸)를 구타하였다. 수천 명의 의병이 평산에 집결하여 연안을 습격한다는 소문에 일본 상인 부녀자들이 인천항으로 철수하였다.[51] 이상에서와 같이 항세운동은 의병전쟁과 결합하고 의병전쟁의 배경

---

50) 『地方情况ニ關スル綴』, 1907년 2월 18일, 통감부통신관리국장의 정부재정고 문에 대한 통첩; 이영호(李榮昊), 앞의 논문, 309쪽.

을 이루었다. 그리하여 항세운동은 독립회복을 추구하는 민족운동으로서의 성격을 띠게도 되었다.

전라도 담양군의 이속들이 독립회복을 추구하는 배일(排日)의 기세를 각지에 전파하여 곡성, 보성, 능주 등지가 모두 동요하는 경향을 보이기도 하였다. 의병은 반일의 분위기를 조장하기 위하여 세무에 관한 이민(吏民)의 갈등을 이용하였다. 결민은 이들의 선동에 편성하여 거납 항세하고, 이것이 배일 열을 각지에 보급하였던 것이다.[52]

일제에 의한 지세수취기구의 개편은 종래의 반봉건운동의 범주에 머물러 있던 지세문제를 중심으로 한 농민운동을 반일운동으로 전환시킴으로서 민족운동의 범주를 확대시켰다. 의병전쟁에 여러 계급과 계층이 민족문제를 중심으로 연합할 수 있었던 것은 여러 가지 요인이 있겠지만 농민항쟁의 경우에는 일제에 의한 지세수취기구의 강제적 편성에도 그 원인이 있었다.

지세수취담당자[53]에 대한 의병의 공격이 있었다. 의병의 공격으로 융희 연간(1907년 9월부터 1910년 6월까지)에 들어서만 79명이 사망하였고, 335명이 부상당하였다. 특히 면장이 제일 많이 공격당하여 27명 사망하였고, 다음으로 공전영수원도 20명이 사망했다. 지역별로는 전라남도가 사망 25명, 부상 106명, 전라북도가 사망 9명, 부상 77명, 황해도가 사망 12명, 부상 42명, 충청남도가 사망 5명, 부상 49명으로 많은 편에 속하였다. 의병은 지세수취담당자를 살상하였을 뿐만 아니라 그들이 운반하던 세금을 탈취하여 군자금으로 활용하였다.[54]

---

51) 『지령급보고』 제3책, 융희 원년 9월 28일, 해주세무관의 보고, 융희 원년 10월 1일, 황해도세무감의 보고.

52) 『地方情況ニ關スル綴』, 1907년 5월 17일, 재무관의 재정순문에 대한보고, '지방민심불온에 관한 건' ; 이영호, 앞의 논문, 309쪽.

53) 재무서원, 면장, 공전영수원, 세무원을 말한다.

54) 『한국재무경과보고』 제5회, 155 - 156쪽.

의병은 재무서원, 면장, 공전영수원, 기타 세무원이 세금을 탈취하였다. 의병이 탈취한 세금은 1907년 8월부터 1910년 6월까지의 3년간에 43,451환 36전 5푼이었는데, 의병이 봉기한 이래 1909년 7월까지의 통계가 45,509환 69전 8푼인 것과 비교하면[55] 의병에 의한 세금의 탈취액은 이보다 더 늘어날 것으로 보인다. 징세를 담당하였던 공전영수원이 탈취당한 액수가 55%로 절반을 상회하고 면장이 탈취당한 액수도 27%로서 적지 않았다. 지역별로는 황해도가 가장 많은 10,684환 65전이었다. 세금을 탈취당한 건수는 총 586건에 전라남도가 189건으로 가장 많고 황해도는 46건이었다.[56]

　이와 같이 지세수취기구의 개편에 대한 의병의 대응은 지세수취업무에 종사하는 면장, 공전영수원 등을 공격하여 살상하는 한편, 그들이 보관하거나 운반하던 세금을 탈취하여 군자금으로 활용하는 방식이었다. 의병의 이러한 활동은 지세수취개편에 대한 근본적인 부정을 의미하는 것이었다.

---

55) 『탁지부공보』 제96호, 폭도봉기이래징세기관피해數調(융희 3년 7월 1일 현재)
56) 『한국재무경과보고』 제5회, 154 - 156쪽; 이영호, 앞의 논문, 310쪽.

Ⅳ

일제의 화폐정리사업에 대한 울진군민의 저항

1. 지령급보고 문서로 본 울진결세항쟁 전개 과정

　지령급보고[1]는 1906년~1907년의 각도 세무감 및 세무관이 탁지부에 세무관계와 관련하여 보고한 서류들을 모아놓은 자료이다. 이들 자료를 통하여 통감부 초기의 지세제도 개편정책과 그에 대한 납세자의 대응 양상을 살펴볼 수 있다. 울진결세에 관하여 장석태 전배근 장진수가 탁지부대신에게 보낸 청원서와 울진군수, 평해군수, 강릉세무관, 울진파주 세무주사가 탁지부대신에게 보고한 지령급보고를 중심으로 결세항쟁의 발전 과정을 살펴본다. 이와 관련된 자료로는 『한말 의병 관계문헌 해제집』(대우학술총서·자료집 6)이 있으나 의병관계문헌 채택으로 인하여 『지령급보고』는 대부분 빠져있었고, 원문은 게재 되어있지도 않았다. 후일, 연구자들의 이해를 돕기 위하여 지령급보고 원문을 부록에 싣는다.

　1907년 3월 2일 울진세무주사 원경상이 탁지부에 보낸 제1호 보고서에서,[2]

---

1) 탁지부 편, 『지령급보고』 전18책은 필자가 서울대학교 규장각에서 마이크로필름으로 저장되어 있는 것을 복사 출력하였고, 『한시작가작품사전』 상, 하권을 저술한 漢學者 眾山 田鶴洙가 번역하였다.

2) 『지령급보고』 제6책, 광무 11년, 3월 2일, 울진 파주(派駐)세무주사의 제1호 보

보고서 제1호

평해에서 울진에 이르기까지 우편취급소 거리가 혹 8, 90리가 되거나 혹 100리 인바, 징수 세금을 임원으로 하여금 각자 취급소에 납부토록 한즉, 엽전 100냥마다 10리를 옮기는 운송비가 5전씩임이 정례여서 자비 부담으로 울진 납입이 옳지 않다 하와 거개가 임원을 자퇴하여, 징세할 수 없기 때문에 알아 듣게 바로잡으옵고 얼마씩 나누어 내는 날마다 수납금액 중 납입한 지화 외에 엽전은 이제부터 지화로 바꾸어 납입토록 하였더니, 춘천재정고문부 山口 통보에 인민으로써 납부하는 금전은 갈수록 더욱 백동화와 엽전으로 납입케 하여 화폐정리 방침에 따르게 하라는 통첩에 의하여, 각 면장과 임원에 고시하여 백성이 세금으로 내는 지화는 규정에 따라 받아들이되, 엽전으로 민간에 수봉하여 상인에게 바꾸어 파는 폐단은 일체 엄금하고 임원이 취급소에 바로 납부하라 했더니, 대소 민간인이 각 면과 사통하여 모인 사람 3, 4십 명이 읍에 머물며 군에 호소하기를 세무서에서 세금을 지화로 납입함이 편리하니 엽전으로 납입함은 불가하다 하여 민심이 시끄럽기에 민원에 의해 수세하오며 이에 사실대로 보고하오니 처리하시기 바랍니다."

광무 11년 3월 2일
울진파주세무주사 원경상
탁지부대신 합하

"재차 보고합니다. 화폐법에 따라 엽전 10냥을 1환으로 납입고지서에 기재하여 우편관서에 납부하게 했더니, 대소 民人이 머리를 맞대고 알리기를 엽전 열 냥은 지화 1환 50전 가격이거늘 세무서 납입고지서에 1환으로 기입했은즉, 엽전 열 냥마다 50전씩 손실이 되었다하여 의혹이 일어나 군민 여론이 시끄러우니 처리해 주시기 엎드려 바랍니다.

지령 : 울진파주세무주사

광무11년 3월 28일

지폐와 엽전간의 더 받는 폐단이 생긴 것은 이미 군에서 알려와 잘 알고 있으며 이번 보고는 군색하고 허물을 감추려고 꾸며 썼음이 놀랍고 개탄스러운 바이라 마땅히 사실대로 조사하여 바로 잡을 일이라.

고서.

옛 울진읍내 전경

1907년 5월 울진군민 장석태·전배근·장진수가 탁지부대신에게 보낸 청
원서3)

청원서

강원도 울진군 상군면 성지동 居

아룁니다. 저희들은 멀리 바닷가 쇠잔한 고을에 있으면서 농사지어서 먹고
삽니다. 본 군은 왼쪽은 산이요 오른쪽은 바다이므로 쇠잔하고 가난합니다. 세
무주사 원경상이가 본군에 와서 백성들을 감독하면서 거두어들인 돈이 일만
구천 냥이나 되니 어찌 원통하고 억울하지 않겠습니까. 원래 세무규정에는 금
년 봄에 시작하여 매 결(結)마다 44냥 5전씩, 호포(戶布)는 매 호당 2냥씩 마련
하라는 훈칙이 엄하게 내려왔는데, 원경상이가 훈령을 따르지 않고, 금년에는
봄가을의 양분기 세금을 매 결당 66냥 6전 7푼씩을 곤장을 치고 잡아두면서
독촉하여 거두고, 호포는 매 호당 3냥씩 하루가 못되어 독촉하여 거두었으니,
남토전(濫討錢 함부로 걷은 돈-필자 주)이 결전(結錢)은 매 결당 22냥 1전 7푼
씩, 호포는 매 결당 1냥씩, 춘추 양분기를 합한 돈은 1만 9천여 냥이나 됩니
다. 엎드려 바라건대 세무서에 엄한 훈령을 내려서 해당 남토전(濫討錢)을 하

3) 『지령급보고』 제16책, 광무 11년 5월, 울진군 장석태 전배근 장진수의 청원서.

나하나 헤아려 결정하셔서 영원히 훗날의 폐단을 막아서 바닷가의 쇠잔한 백성들의 목숨을 보전하게 해주시기를 천만 바랍니다.

광무 11년 1907년 5월 일.
청원인 장석태 · 전배근 · 장진수 등.
탁지부대신 각하

지령 : 울진민 장석태 등
광무 11년 6월 5일

본 군은 용엽(用葉)군이다.[4] 매 결당 옛돈 66냥 6전 7푼에 새 돈 1의환 5○요, 호포는 45전이니, 너희들이 말한 매 결당 44냥 5전과 호전 2냥의 규정은 어디에서 나온 것인가. 근거 없는 말로 세관을 방해하고 헐뜯으니 이 어찌된 습속인가. 매우 무엄하지만 특별히 참작하여 용서하니 번거롭게 하지 말고 물러가거라.

1907년 6월 17일 강릉세무소 세무관 황석(黃淅)은 탁지부대신에게 보낸 보고서 원본 제41호에서[5],

보고서 원본 제41호
울진 파주세무주사 원경상 보고와 평해군수 박제범이 알리는 공문으로 참고 연구하여 공문을 작성했더니, 관청의 지시명령이 해당 주사의 직무상 중시할 수 없음을 어찌하리오. 평해군의 수세전이 덧붙여져 그 원망이 군까지 알려지니 이는 보통으로 둘 일이 아니라 다시 상세히 조사해 바로 잡을 일이옵니다. 이어 내려온 훈령에 울진군 파주세무주사 원경상이 군의 조세로 정한 돈을 엽전으로 강제 징수하여 새 화폐와 교환, 그 차익을 취한 일로 고문지부의 보고

---

4) 통감부시대 제일은행 두취(頭取)를 지낸 습택영일(澁澤榮一)이 작성한 『한국화폐정리보고서』에 수록된 엽전백동화유통지방색분포를 보면, 울진 평해는 강원도로써 백동화유통지역으로 표시되어 있었으나 1906년 12월 26일자 《황성신문》에서 울진, 평해는 오로지 엽전을 사용하고 백동화는 엽전을 매매 교환 한다"고 한 것으로 보면 엽전유통지역이었다. 김혜정, 1987, 앞의 논문, 5쪽 참조.
5) 『지령급보고』 제6책, 광무 11년 6월 17일, 강릉세무소 세무관의 제41호 보고서.

이기 특별 훈령을 내리니, 이 사유를 엄중 조사해 알려 징벌케 하며 차익을 얼마나 취했는지를 즉각 조사하여 잡수입으로 취급소에 납부했는지 그 수량을 밝힘이 옳다는 것입니다. 금 번 출장 중 군에 와서 그 주사의 도둑질한 속내를 찾은즉, 대개 울진 평해 이러한 형편입니다. 그 주사의 부임 초에 두 군의 세금 중 엽전 2만 3천 4백 18냥 1전 6푼을 취급할 때 그 소장이 비도들과 짜고 피신해 없기 때문에 즉시 납입치 못했습니다. 그 뒤 새 취급소장이 와서 즉각 납부코자하나 그 소장이 있는 곳을 모르고 돈 전대를 열 수 없어서 잠시 며칠을 기다리다가 납부한즉 그 소장이 몇 천 냥을 맞추어 보다가 번거롭고 힘겨워 도로 물러나 문서로 하기 원하기에 그 주사가 사세부득이라 잉여전이 7백 2냥 5전 6푼이라 하기 훈령에 따라 납입고지서를 발급했습니다. 백성들의 말을 듣고 그때 형편을 살펴본즉, 비도(匪徒)가 창궐하는 초기요 백성의 뜻이 정해지지 않은 때라 소장이 엽전을 물리침도 이런 까닭이었고, 주사의 지폐교환도 이런 어수선한 시기였습니다. 그 전말을 살펴보면 주사 원경상이 그 이익을 엿보려고 하지 않았으되, 자주 취급하다 보니 손가락으로 국물 맛보듯 조그만 이익을 취한 잘못을 어찌 면할 수 있으리까. 황송하기 그지없이 보고하오니 처리해 주심을 엎드려 바라나이다.

광무 11년 6월 17일
강릉세무소 세무관 육군 보병 부위 황석
탁지부대신 합하

지령 : 강릉세관
광무11년 7월 2일

"지폐교환에 남은 돈을 취하는 것이 비록 사세에 따른 것이라 하나 어찌 그 허물을 용서받을 수 있으리오. 그 나머지 72환 25전 6리를 즉시 취급소에 납부하고 다시는 규정을 위반하는 일이 없도록 특별히 그 세무서에 훈계 질책할 것."

1907년 7월 10일, 세무주사 원경상은 탁지부 대신에게 보낸 제6호 보고서에서,[6)]

---

6) 『지령급보고』제6책, 광무 11년 7월 10일, 강릉세무울진분서 주사 원경상 제6호 보고서.

보고서 제6호

올해 3월 10일에 강릉재무관보 정언일(鄭彥一)이 울진 평해 두 군에 고시하기를 엽전 통용하는 지방 인민에게 토지 조세(결세) 한 결에 엽전 66냥 6전 7푼과 호세는 매호에 엽전 3냥씩 징수하는 것은 구 백동화를 통용하는 지방 인민들과 비교해 보면 세율을 과하게 매긴 것이라, 오는 가을부터 결세 한 결에 엽전 44냥 4전 5푼과 호세 매호에 엽전 2냥씩 실시한다고 했습니다, 그러자 울진군 무뢰배 장석태, 전배근, 장진수 등이 말하기를 울진은 원래 결세를 명년 것은 금연에 의례히 선납한다 하였은 즉 병오년(1906, 광무 10년 - 필자 주) 징세가 곧 정미년(1907, 융희 원년 - 필자 주) 징세이니 이미 납부한 결세마다 덧붙여 받은 돈[結頭] 20여 냥과 호세 매호에 1냥씩 세무주사에게서 돌려받아야 하며, 무지한 백성을 선동하여 4월 30일 각 면과 동에 통지서를 보내 사람들 수백 명이 읍에 모였기로 군수와 함께 가서 잘 타일러 해산시켰고, 그 사유를 감부(監府)에 자세히 보고했더니 지령에 보고내용을 잘 알았다는 것과 백성의 어리석은 준동이 어찌 개탄치 않을 수 있으리오 마땅히 해당 군에 훈령을 내려 타이를 것이니 이를 잘 알아두라 한 바, 본 군수 또한 고시하여 타일렀더니 장석태 등 3인이 지령에 항거, 또 통지를 내어 이달 9일 사람들을 모아 분서에 와서 강제복종과 욕설을 퍼부어 망신을 줌에 극도에 이르렀을 때, 강릉 재무관보 정언일이 본군에 와서 전후 사정을 일일이 조사한 뒤 인민의 오해를 타일러 해산했으나, 앞의 세 사람이 이 달 11일에 다시 더 받은 세금을 돌려 달라며 세무주사가 따르지 않으면 본 분서를 쳐 부수고 주사를 죽이겠다는 뜻으로 민간인들에게 성명(聲明)하니 다수 사람들이 모여 장차 분란을 일으킬 지경이오니, 송구스러울 뿐더러 한 차례 소동 이후로 징수할 수 없어 기한 안에 내야 할 결세를 적을 날이 아득하옵니다. 슬프다! 저 장석태 등 3인이 오해하여 한결같이 불복하고 민심을 소요케 하오니, 하나는 세정을 방해한 죄요 또 하나는 관청의 규율을 불복한 것인지라 이에 보고하오니, 살펴 조사한 후 장석태 등 3인을 규율에 따라 조처해 일벌백계하시고 시행함이 편하도록 하심을 복망하나이다.

광무 11년 7월 10일
강릉세무울진분서 세무주사 원경상
탁지부대신 고영희 합하

지령 : 울진세무주사

융회 원년 8월 1일

세율을 낮추거나 높임과 화폐의 표준이 매우 중요한 일이라 한 구역 한 관리가 독단할 일이 아니기에, 상고문부관리(商顧問部辦理)에게 보일 것이려니와, 갑조을봉(甲條乙俸)은 늘 해오던 전례이거늘 張田(장석태, 전배근, 장진수를 말함-필자 주) 등의 잘못된 선동과 강제는 극도로 놀랍고 안타까우니 붙잡아 엄중히 징계할 것을 군에 알릴 것.

1907년 7월 13일 울진군수 윤영태는 탁지부대신에 보낸 보고서 제8호 원본에서,[7]

보고서 제8호 원본

본군의 토지세와 호세를 세무서 규정에 의거 바로 납부해야 하는데 올해 3월 어느 날 강릉 재무관보 정언일이 본군에 고시하되, 엽전 통용 지방 인민에게 결세 1결당 엽전 66냥 6전 7푼과 호세 매호 엽전 3냥씩 징수함이 구백동화를 통용하는 지방 인민과 비교하면 과연 무거운 세금 징수라 오는 가을부터 토지세 1결에 엽전 44전 5푼과 호세 매호에 엽전 2냥씩 실시케 하라 했습니다. 그런즉 군민 장석태·전배근·장진수·최경호 등이 이 기회를 틈타 출두해 논하기를 이미 납부한 세금은 곧 오는 가을에 내는 몫이니 덧붙여 낸 돈 22냥 2전 2푼과 매호 1냥씩 합한 금액 1만 9천여 냥[8]을 세무주사에게서 되돌려 받아야 한다 하고 백성들을 선동해 모여 하소연하기에 군수가 이유를 밝히고 바로잡을 것이라며 돌려보냈습니다. 그런데 뒤따라 장석태 등이 민인(民人) 대표로 본도 검사에게 하소연하여 강릉 경찰서에 훈령을 내려 본군 분파소에 가서 바로 잡으라 하여 사실을 조사했습니다. 이달 10일에 장석태 등이 이어 각 동에 통지하여 백성들을 읍에 모이도록 한바, 바로 그때 강릉 재무관보 정언일이 본군에 출장 와 군수, 군주사와 분파소 보조원 및 순검이 세무서에 모여앉아

---

7) 『지령급보고』 제14책, 광무 11년 7월 13일, 강원도 울진군수의 제8호 보고서.
8) "1906년 5월초 신돌석은 진보에서 식육점 사람을 불러 130냥을 주고, 소 한 마리를 구입하여 군사들에게 먹였다"는 기록이 있다. 당시 소는 농가 생산수단으로써 큰 재산임을 감안 할 때 단순히 오늘날의 소 값 의미와는 다를 것이다.

모인 군중의 처리를 의논한즉, 장석태 등 4인이 본군에 알리기를 금년에 이미 납세한 것은 곧 정미 년 몫이니 올 가을부터 3분의 1 덜어낸 1만 9천여 냥은 재무관보가 고시하여 민간에 돌려줌이 당연한 이치라 하옵기로 의아한 점이 없지 않아 민간조세영수증을 하나하나 자세히 살핀즉, 갑조을납(甲條乙納)이 갑오경장 이후 13부가 똑같아 10월에 세금을 내기 시작하여 다음해 봄에 납세를 마치는 것이 연조(年條)[9]가 털끝만큼도 착오가 없고, 1년에 한번 징세가 다시 없는 실상을 밝히는 실마리이거늘 어리석은 군민이 그 근본을 고려하지 않고 말단적인 것을 똑같이 다루어 갑조을납에서 갑을 을로 옮겨 잠시 갑을 버림에 본받아 나를 따르라 하여 한결같이 미혹에 집착 중구난방이라, 재무관보는 결정도 못하고 강릉으로 돌아갔습니다. 다음날 그 군민들이 불같이 다시 일어나 세무주사와 각 면장을 위협 공갈에 행동거지가 놀랍고 망령되므로, 분파경찰서에서 한편 달래고 한편 쫓아내니, 3분의 1 감세 운운하는 자는 엽전과 백동전의 이해관계를 그만두고, 어째서 세금 덜어주는 일이 조령모개인가 하여 대표자의 민심야기에 동조해, 국세가 참으로 어찌될 것인지 반대 법규에 연조(年條)가 분명치 않음을 어찌 하리요. 이로 하여 민정이 소요하고 세정이 문란하니 이 민간 폐습은 징계치 않을 수 없고 이익을 취하는 해악을 피함은 사람 마음의 본연이라, 애민수령이 있는 지방이 법에 맞지 않는 도리를 잃을 수 없어 대표자 4인을 잡아 가두지 않고 잠시 참작하와 미두지의(未頭之意)[10]를 살피기에 앞서 사실보고 하오니, 실상을 조사하셔서 훈령을 내리시어 백성의 의문을 풀어 다시는 소란스럽지 않도록 하심을 복망하나이다.

광무 11년 7월 13일
강원도 울진군수 윤영태
탁지부대신 각하

지령 : 울진군수
융희 원년 7월 31일

세율을 낮추거나 높임과 화폐의 표준이 매우 중요한 일이라 한 구역 한 관리가 독단할 일이 아니기에, 상고문부관리(商顧問部辦理)에게 보일 것이려니와 갑에 노역하고 을에 봉납함은 서북 두도 이외의 관청마다 시행하는 규칙이다.

---

9) 연조란 수입 지출 기록이다.
10) 미두지의(未頭之意)란 드러나지 않은 단서를 찾으려는 생각.

이로 미루어보면 금년 납세는 작년 것이거늘 어리석은 저 무지자가 민중을 거짓 선동하니 실로 개탄스럽다. 다시 알아듣게 일러도 꾸준히 미혹하거든 그 두목을 잡아가두어 엄중 징계하라.

1907년 8월 21일, 세무주사 원경상은 탁지부 대신에게 보낸 제7호 보고서에서,[11]

전배근 의병장

보고서 제7호
울진군 무뢰배 장석태·전배근·장진수 등이 무지우민을 선동하여 세무행정을 방해하는 일은 먼저 보고한바, 3명이 이제 비도(匪徒)를 투입하여 이달 14일 밤 200명을 거느리고 울진군에 돌입하여 민호를 방화하며 자신을 수색하여 체포를 시작하였다. 때마침 평해군에 출장하였더니 이 도적들이 또한 추적하여 해를 끼치려하여 화가 미칠 징조가 시급하고 세가 부득이하여 중요한 문서와 장부만 약간 챙기고 울진군 우편취급소장과 같이 배에 올라 바다로 나가 다행히 몸을 피해 지금은 경북 연일(延日) 포항에 머물고 있는데 모든 형편을 보아 즉시 세무서로 돌아가오며 그 연유를 보고하오니 조사하시기를 복망하나이다."

융희 원년 8월 21일
울진분서 세무주사 원경상
탁지부대신 합하

재차 보고합니다. 삼척, 울진, 평해 세 군에 비도(匪徒)[12]가 날로 더욱 창궐하였기 때문에 우편이 막힌 지 여러 날이 되었습니다. 해당 각 군에 있는 일본 순사와 우편취급소원이 다행히 다친 사람이 없이 지금은 물러나 영해군에 모여 있으니 살펴주시기를 바랍니다.

---

11) 『지령급보고』 제6책, 융희 원년 8월 21일, 울진세무분서 세무주사의 제7호 보고서.
12) 당시 의병을 비도(匪徒)라 하였다.

지령 : 울진세무주사

융희 원년 9월 9일

폭도를 선유하여 해산시키는 것은 이미 내린 명령이니, 다만 동정을 살피고 즉시 서(署)로 돌아와 사무를 볼 것.

1907년 9월 7일 세무주사 원경상이 탁지부대신에게 보낸 제1호(원본) 보고서에서,[13]

보고서 제1호 원본

울진 군민 장석태 등이 병오(1906, 광무 10년-필자 주)의 납세를 정미(1907, 융희 원년-필자 주) 가을 납세라 하여 민심 선동에 장차 분란이 있을 것이니 법률에 따라 죄를 심리하여 형벌에 처할 것을 보고서로 올리니, 지령속에 세율의 저앙(低昻)과 화폐의 표준이 매우 중요한 일이라 한 구역 한 관리가 독단할 일이 아니기에 고문부상판에게 보일 것이려니와 갑조을봉(甲條乙捧)은 연례이거늘 張田(장석태 전배근 장진수를 말함-필자 주) 등이 그릇 선동하고 강제로 따르도록 하는 것은 실로 놀랍고 안타까운 일이라 붙잡아 엄중 징계하여 바로잡을 것을 군에 알릴일이라 하시 온바, 울진이 마침 군수가 공석이기에 그들을 붙잡아 가두지 못했더니, 이달 2일 영해에 있을 때 울진군 보조원 백천(白川)이 와서 말하기를 지금 춘천경찰서로부터 귀 주사(원경상)를 순검이 며칠 안에 압송하라고 훈령이 경무분파소에 내렸다 하며 소란이 진정되면 압송할 것이라 합니다. 그 이유를 물은즉 울진 군민 주병태(朱秉泰)가 춘천경찰서에 하소연하기를 금년 결세(結稅) 호세(戶稅) 두 세금을 가을에 납부하기 시작하여, 세율 개정할 일로 이미 강릉 재정고문분서의 고시가 있어 울진은 다른 곳보다 멀기로 절로 가을 결세를 봄에 선납한즉 병오년(丙午年) 납세가 정미(丁未) 가을 몫이거늘 세무주사가 병오(丙午) 몫 결세 호세 두 세율을 전례에 따라 징수하였으나 결세 매 결(結)마다 20여 냥과 호세(戶稅) 매호에 5전씩을 더 받아 횡령했으니 합한 돈 1만 9천 냥을 찾아 돌려주라 하온바 주병태가 장진수(張鎭守)와 함께 뜻을 맞추어 다른 관청에 무고 소송했습니다. 춘천 경무관 문규복(文圭復)을 논하자면 비단 월권으로 소송을 받아들인 것이지만 처음부터 사태

---

13) 『지령급보고』 제6책, 융희 원년 9월 7일, 울진분서 세무주사 제1호 보고서.

의 이유와 옳고 그름을 상세히 살피지 않았고 염치없는 무리들의 무고를 그쪽 말만 들어 현직 직원을 무단히 순검으로 하여금 압송하라고 훈령을 내렸습니다. 그 경관의 권력남용과 무례함이 이에 이르렀기에 보고하오니 사실 조사하셔서 내부로 이송하시와 문규복의 훈령을 즉시 거두어들이옵고 엄중히 경고하시어 뒤따르는 폐단을 막아주시기 바랍니다."

융희 원년 9월 7일

연일 포항에 있으면서, 울진분서세무주사 원경상

탁지부대신 각하

지령 : 울진세무주사

융희 원년 9월 19일

이 보고서를 내부로 이송 참조토록 할 것."

2. 불합리한 결세집행에 대한 울진군민의 저항

당시 울진군 규모를 살펴볼 필요가 있다. 울진군수 유한용이 1908년 8월 30일자로 『강원도 울진군여지약론』을 편찬하였는데, 울진군은 하군면, 상군면, 근북면, 원북면, 근남면, 원남면, 서면 등 7개면이 있었다. 7면 128동에 호수는 3,194호이었다. 인구는 15,021명으로 남자 8,208명, 여자 6,813명이 거주하고 있었다.[14)]

울진은 산악이 많아서 높은 봉우리와 허공에 솟고, 들과 평원은 적은 편이다. 전답이 있으나 평야는 적고 산골짜기에 있는 천수답이 대부분이어서 백성들의 생활이 궁핍하였다.

울진군수 유한용은 논경지에 대해 기록하기를 "넓이가 불과 10리 또는 15, 6리로서 극히 협소하여 대개 토지는 자갈땅으로" 라 하였으나 15, 6리

---

14) 유한용, 윤대웅 역, 『2017 울진문화』, 울진문화원, 2017, 110쪽.

되는 그렇게 넓은 평야는 울진에 없다. 원북면의 내평들과 근남면의 수산들이 넓다하나 그 넓이가 5리밖에 되지 않는다. 한 바퀴 둘레가 10리 정도 된다. 근남면 사람들은 수산들이 더 크다며 자랑하고, 원북면 사람들은 내평들이 더 크다며 자랑한다. 사실 내평들과 수산들은 그 크기가 비슷한데서 이런 말이 전해오는 것 같다. 울진은 150평을 논 한 마지기라 하는데, 내평들이 3,000마지기라고 전한다. 그밖에 근남면 북평(뒷들 : 구산 1리)들과 장평(長坪 : 노음)들, 하군면 토일들과 지로들(말루), 상군면 구만들과 가원들(고성리) 무월들, 원북면 흥부들과 당가들이 있으나 그 규모는 작아서 들이라 할 것도 없다. 그 외 논경지는 대부분이 천수답이어서 백성들의 생업인 농사일이 고생스럽고 생활은 검소할 수밖에 없었다.

부자라 불리는 자 불과 5, 6인이라 하였으나 재산 소유는 수백 석을 넘는 자가 없었다는 것은 대부분의 백성들 생활이 윤택하지 못했다는 것이다.[15] 울진은 곳간이 넉넉하지 못함으로 인하여 학문과 예술이 발달하지 못하였고, 글하는 사람들이 있긴 하였으나 그 수가 많다고는 할 수 없었다.

이렇게 얼마 되지 않는 농경지는 척박하여 군민들의 생활은 궁핍하였는데 일제는 결세를 엽전으로 강제징수하여 군민들의 생활을 더욱 어렵게 하였다.

우선 용어부터 정의되어야 할 것 같다. 결세란 조선시대 농토의 단위면적인 결을 기준으로 매긴 토지세를 이르던 말이다. 화폐교환이 주로 지세수취를 통하여 수행되고 있었기 때문에 결가의 납부를 둘러싼 갈등과 저항이 보다 극명하게 일어나고 있었다. 지세수취를 통하여 구 화폐를 환수하는 과정에서 결가의 불균등현상이 빚어졌고, 이것이 농민들의 치열한 반발로 이어졌던 것이다. 그것은 구화가운데 백동화와 엽전의 시세차이로 나타나는

---

15) 유한용, 윤대웅 역, 『강원도 울진군 여지약론』, 1908.

것과 백동화와 엽전을 신화로 교환하여 납부하는 과정에서 나타나는 것, 두 가지 양상으로 표출되었다.

백동화와 엽전의 시세차이는 백동화유통지방과 엽전유통지방이 인접한 지방에서 문제되었다. 백동화유통지방이 확산되고 엽전유통지방이 축소되는 과정에서, 엽전유통지방에서 백동화가 유통되기 시작하여 백동화로 납부하게 되면서 문제가 발생하였다. 그런데 더 크게 제기된 문제는 구화를 신화로 환산한 경우였다. 구화와 신화의 교환과정에서 나타나는 문제는 엽전유통지방에서 제기되었다. 엽전유통지방에서는 기본적으로 엽전과 신화를 임의로 수취하게 되어 있었지만, 시세의 차이로 인한 이익의 확보를 위하여 이해당사자 사이에 대립이 발생하였다. 신화로 환산하면 공식적으로 결당 백동화 80냥은 신화 8환이고, 엽전 80냥은 신화 12환이 되어 엽전유통지방은 백동화유통지방에 비하여 50%를 더 납세하는 결과가 되었다.[16]

일제의 불합리한 화폐정리에 대한 울진군민의 저항이 1907년 2월부터 있었다. 군민이 각 면과 사통하여 3, 4십 명이 읍에 머물며 세금을 지화로 납입함이 편리하니 엽전 납입은 불가하다며 여론을 형성했다. 세무주사가 세무서 납입고지서에 엽전 10냥을 신화 1환이라 적은데 대해, 엽전 10냥은 지화 1환 50전이므로 엽전 10냥마다 50전씩 손실이 되었다며 군에 호소하였다. 그러나 세무주사는 결세를 엽전으로 강제징수하는 일제의 화폐정리 방침에 따르고 있었다.[17] 세무주사가 엽전 열냥을 신화 1환으로 적은 것은 자신의 이익을 추구하기 위해서다.

일제가 공포한 화폐조례를 보면, 구화 10냥은 신화 1환에 해당되었다. 백

---

16) 『재무주보』 제46호, 토지조사위원회, '한국의 지세(결세)에 대하여', 668쪽; 이영호(李榮昊), 앞의 논문, 200쪽.
17) 『지령급보고』 제6책, 광무 11년 3월 2일, 울진派駐세무주사의 제1호 보고서 및 지령.

동화의 교환비율은 구화 2원(10냥)에 신화 1환이었다. 엽전이 유통되던 지방은 신화폐로 납세하는 경우에는 엽전 10냥(2원)에 신화 1환 50전의 비례로 납세하게 하였다.[18] 백동화의 교환비율(백동화 10냥에 신화 1환)과 비교하면 엽전의 가치를 15할(150%)로 인정한 것이다.

그런데 세무주사가 결세를 엽전으로 강제징수 하여 새 화폐로 교환하는 과정에서 그 차액을 취한 일이었다.[19] 엽전의 시세는 15할보다 상회하여 20할에까지 이르러, 엽전 10냥에 신화 2환으로 교환되는 실정이었다.[20] 엽전과 신화의 교환을 20할로 법적으로 규정한 것은 1908년 7월 1일부터였기 때문에, 엽전과 신화의 교환비율의 문제가 크게 제기된 것은 1905년 화폐정리를 시작한 이래 균세가 이루어진 1908년 여름에 이르기까지였다. 따라서 이 시기에는 엽전으로 납세하는 것보다는 신화로 교환하여 납세한다면, 결당 엽전 80냥의 결가는 신화로는 12환이었고 교환시세는 16환이어서 엽전으로는 20냥, 신화로는 4환의 이익을 남길 수 있었다.[21]

울진은 결세(結稅)를 1년 전 혹은 반년 전에 선납하는 관행이 있었다. 울진은 다른 곳보다 멀기로 가을 결세를 절로 봄에 선납하였는데, 1907년 3월 10일 강릉재무관보 정언일이 세금을 오는 가을부터 인하한다고 고시하였다.[22] 그러자 주동자 장석태, 전배근, 장진수, 최경호는 1907년 4월 30일 통문을 각 면, 동에 발하여 농민 수백 명을 울진읍에 모아 집회를 열었다.

18) 『법령집』 4, 1905년 6월 24일, 탁지부령 제1호 구백동화 교환에 관한 건, 260 - 261쪽.
19) 『지령급보고』 제6책, 광무 11년 6월 17일, 강릉세무소 세무관 육군 보병 부위 황석 보고서.
20) 『재무주보』 제10호, 세무, 1907년 4월 15일, 稅率ニ關スル件, 114 - 115쪽.
21) 이영호(李榮昊), 앞의 논문, 200쪽.
22) 『지령급보고』 제6책, 광무 11년 7월 10일, 강릉세무울진분서 주사 원경상 제6호 보고서.

전배근 의병장 공적비 경북 울진군 봉평리 132번지

　장태수, 전배근, 장진수는 5월 들어 더 걷어간 결세 일만 구천 냥의 환급을 요구하는 청원서를 탁지부대신에게 제출하였다.[23] 수동자들은 세무주사 원경상이가 본군에 와서 백성들을 감독하면서 거두어들인 돈이 일만 구천 냥이나 되니 원통하고 억울하다고 하였다. 원래 세무규정에는 금년 봄에 시작하여 매 결(結)마다 44냥 5전씩, 호포(戸布)는 매 호당 2냥씩 마련하라는 훈칙이 엄하게 내려왔다. 그런데 원경상이가 훈령을 따르지 않고, 금년에는 봄가을의 양분기 세금을 매 결당 66냥 6전 7푼씩을 곤장을 치고 잡아가두면서 독촉하여 거두고, 호포는 매 호당 3냥씩 하루가 못되어 독촉하여 거두었으니, 남토전(濫討錢 함부로 걷은 돈)이 결전(結錢)은 매 결당 22냥 1전 7푼씩, 호포는 매 결당 1냥씩, 춘추 양분기를 합한 돈은 1만 9천여 냥이나 된다는 것이었다. 그들은 세무서에 엄한 훈령을 내려서 해당 남토전(濫討錢)을 하나하나 헤아려 결정하셔서 영원히 훗날의 폐단을 막아서 바닷가의 쇠

───────

23) 『지령급보고』 제16책, 광무 11년 5월, 울진민 장석태, 전배근, 장진수의 청원서.

잔한 백성들의 목숨을 보전하게 해주시기를 천만 바란다고 탁지부에 청원하였다.[24)]

하지만 탁지부의 답신은 싸늘하였다. "본 군은 용엽(用葉)군이다. 매 결당 옛 돈 66냥 6전 7푼에 새 돈 1의환 50요, 호포는 45전이니, 너희들이 말한 매 결당 44냥 5전과 호전 2냥의 규정은 어디에서 나온 것인가. 근거 없는 말로 세관을 방해하고 헐뜯으니 이 어찌된 습속인가. 매우 무엄하지만 특별히 참작하여 용서하니 번거롭게 하지 말고 물러가라"는 질책이었다.

울진은 산이 많고 농경지는 적었다. 얼마 되지 않은 경작지는 대부분이 천수답으로써 수확량도 적었다. 불합리한 세금부과는 농민들에게는 많은 부담이 되었을 것이다.

주동자 장석태, 전배근, 장진수, 최경호는 울진관아에 출두하여 군수 윤영태에게 이미 납부한 세금은 곧 오는 가을에 내는 몫이니 덧붙여 낸 돈 22냥 2전 2푼과 매호 1냥씩 합한 금액 1만 9천여 냥을 되돌려 줄 것을 요청하였다.[25)] 그리고 7월 9일에서 11일에 걸쳐 세무분서를 파괴하고 주사를 살해한다고 위협하면서 결세의 반환을 요구하였다. 1907년 7월 31일 탁지부 대신은 울진군수에게 "다시 알아듣게 일러도 꾸준히 미혹하거든 그 두목을 잡아가두어 엄중 징계하라."고 지령하였으나 군수 윤영태는 7월 16일자로 울진군수를 사임하고 수원세무관으로 자리를 옮긴 뒤였다.[26)] 군수는 결세항쟁으로 사태가 심상치 않다는 것을 이미 알아차리고 목숨이 위태로운 울진을 떠났다.

---

24) 『지령급보고』 제6책, 광무 11년 7월 10일, 강릉세무울진분서 주사 원경상 제6호 보고서.

25) 『지령급보고』 제14책, 광무 11년 7월 13일, 강원도 울진군수의 제8호 보고서 및 지령.

26) 《황성신문》, '서임 및 사령', 1908년 3월 6일;『지령급보고』 제14책, 광무 11년 7월 13일, 강원도 울진군수의 제8호 보고서 및 지령.

울진군수 윤영태는 결세항쟁 주동자를 잡아가두거나 발포명령을 내릴 기회가 여러 번 있었으나, 군수는 사태의 추이를 살피며 지켜만 보고 있었다. 그는 울진군수로 부임한지 얼마 되지 않은 1907년 1월 3일 관아에서 의병의 습격을 받고 포박되는 수모를 당한 적이 있기 때문에 신중하게 행동하지 않을 수 없었을 것이다.[27] 1907년 7월 13일 탁지부대신에게 보고한 보고서 제8호 원본에서 주동자의 처리 문제를 두고, 대표자 4인을 잡아가두지 않고 잠시 참작한다는 군수 윤영태의 고뇌에 찬 모습이 드러난다.

●稅主報部 蔚珍郡稅務主事元敬常
氏가度支部에報告ᄒ되本郡에在ᄒ無
賴輩張碩泰田培根張鎭守等이以結稅
事로無知愚氓을煽動ᄒ야將有紛亂之
境ᄒ니該三人을依律勘處ᄒ라ᄒ얏더
라

《황성신문》, 1907년 07월 26일

"애민수령이 있는 지방이 법에 맞지 않는 도리를 잃을 수 없어 대표자 4인을 잡아 가두지 않고 잠시 참작하와 미두지의(未頭之意)를 살피기에 앞서 사실 보고 하오니, 실상을 조사하셔서 훈령을 내리시어 백성의 의문을 풀어 다시는 소란스럽지 않도록 하심을 복망하나이다."

『지령급보고』 제14책, 울진군수 윤영태, 광무 11년 7월 13일.

그러나 세무주사 원경상은 1907년 7월 10일자 탁지부 대신에게 보고한 제6호 보고서에서, 주동자들을 규율에 따라 일벌백계로 조치할 것을 보고하고 있어 군수 윤영태의 보고서와 대조된다.

"슬프다 저 장석태 등 3인(장석태, 전배근, 장진수를 말함)이 오해하여 한

---

27) 《대한매일신보》, 1907년 1월 11일; 『울진군지』 상권, 2001년, 409쪽.

결 같이 불복하고 민심을 소요케 하오니, 하나는 세정을 방해한 죄요 또 하나는 관청의 규율을 불복한 것인지라 이에 보고하오니, 살펴 조사한 후 장석태 등 3인을 규율에 따라 조처해 일벌백계하시고 시행함이 편하도록 하심을 복망하나이다."

『지령급보고』 제6책, 세무주사 원경상, 광무 11년. 7. 10.

울진결세항쟁에 신변에 위협을 느낀 울진군수 윤영태는 면관을 청원하여 1907년 7월 16일자로 군수직을 사임하고 수원세무관을 서임하였다.[28] 이어서 이은복을 7월 24일자로 후임 울진군수 서임하였다.[29] 이은복은 울진지방 소요 때문에 내부에 사직청원을 하였으나 내부에서 돌려보내고 속히 부임하라 하였다.[30] 이은복은 군수로 서임 받은 지 몇 달이 되어도 부임치 않으니 정해진 규칙에 따라 그대로 둘 수 없기에 1908년 3월 3일자로 본관을 면한다고 하였다.[31] 군수 윤영태가 사임한 후 무려 7개월간이나 울진군수 자리가 공석이었다. 울진군 유생 주진조 등 수십 인이 울진군 주사 장병하씨가 의병과 일본병의 싸움에 효과적으로 노력했다고 울진군수 자리를 내려 달라는 소장을 내부에 올렸는데 기각되었다.[32] 이를 두고 대한매일신보는 '썩은 유생들의 남아있는 버릇', '미친 선비들' 이란 제목으로 보도하였다. 우여곡절을 겪은 끝에 1908년 3월 12일자로 개성부윤 유한용이 울진군수로 임명되었다.[33] 군수발령을 내려도 임지에 부임하지 아니하였다. 의병전쟁이 치열한 시기였기 때문에 군수가 신변에 위협을 느낀 탓이었다.

그렇다면 영호남지방의 균세운동과 울진의 결세반환 요구는 어떤 차이가

---

28) 《대한매일신보》, '군수를 사양하고세무관을 꾀하다', 1907년 8월 13일.
29) 《황성신문》, '서임 및 사령', 1907년 7월 30일자.
30) 《대한매일신보》, '피할 길을 꾀하나 얻지 못함,' 1907년 10월 29일.
31) 《황성신문》, '서임 및 사령', 1908년 3월 15일.
32) 《대한매일신보》, '썩은 유생들의 남아있는 버릇',1908년 3월 6일.
33) 《황성신문》, '서임 및 사령', 1908년 3월 6일.

있는지 살펴볼 필요가 있다. 영호남 지역에서 일어난 균세운동은 엽전통용지방의 신화결세액은 다른 지방보다 4환이 높은 12환으로 정하져 있는 것을 엽전통용지방에서도 백동화 통용지역과 같이 신 화폐 8환으로 납세하자는 운동이었다. 그러나 균세운동은 1907년 고종폐위와 군대해산 등을 계기로 폭발하고 있었던 의병전쟁에 뛰어들지는 못하였다. 유림층 지주층이 주도적으로 참여하였고, 언론기관과 계몽단체들도 적극 호응하고 있었지만 이들의 활동은 정미의병으로 이어지지 못했다.

하지만 울진에서 일어난 결세항쟁은 균세운동과는 다른 점이 있었으며 정미의병으로 이어졌다. 주동자 장석태, 전배근, 장진수, 최경호가 항쟁한 것은 남토전 1만 9천여 냥은 이미 선납했으므로 반환을 요구하는 것이었고, 세무분서를 파괴하고 세무주사를 살해한다고 위협하면서 강제복종을 명령하는 일과 지세수취담당자인 각 면, 면장을 위협하고 탁지부대신의 지령에도 항거하고 한 결 같이 불복하면서 민심을 소요한 점, 세정을 방해하고 관청의 규율에 불복하면서 강압적인 주동자의 선동은 일제의 불합리한 화폐정리를 부정하는 것으로서 의병이 아니고는 할 수 없는 일이었다.[34] 이는 국세를 의병 군자금으로 활용하려는 방편으로도 볼 수 있다.

결세 1만 9천여 냥이나 되는 금액의 반환 요구는 농민 수백 명의 결속을 가져왔고, 주동자 전배근, 장진수, 최경호는 의병으로서 결세항쟁을 이끌었고, 1907년 군대강제해산 시 정미의병으로 이어짐으로서 울진결세항쟁은 농민운동이 아니라 의병항쟁이었다는 것이다.

---

34) 『지령급보고』 제6책 광무11년, 7월 10일, 강릉세무울진분서 주사 원경상 제6호 보고서 및 지령.

3. 울진군지 의병기록의 비판적 검토

군지는 군의 역사이다. 군지는 향토의 역사와 문화를 이해하는데 기본적 자료이다. 집필 당시 자료의 부족으로 지나치게 과장되었거나 특정자료에 편중한 기록으로 미흡한 부분이 있을 수도 있다. 실은 연구자들이 한 지역의 참고자료로 유용하게 활용하면서도 한편으로는 군지에 대한 불신이 남아 있는 것이 오늘의 현실이기도 하다. 울진군지에 나타난 의병기록 중에서 보증되어야할 부분 몇 가지만 살펴보고자 한다.

울진결세항쟁은 왜 일어났는가. 세무주사 원경상이 결세의 일로 엽전을 강제징수 하여 신화로 교환하는 과정에서 그 차익을 취하는 비리가 있었으나, 한 개인의 비리 때문에 결세항쟁이 일어난 것만은 아니었다. 울진과 평해는 엽전 유통지역으로써 백동화유통지역과 결가에 의한 차이에서 온 것으로 일제의 불합리한 화폐정리 때문이었다. 남토전(濫討錢 함부로 걷은 돈) 1만 9천여 냥을 반한을 요구하는 항쟁이었다. 1907년 3월 10일 강릉재무관보 정언일이 울진·평해 두 군에 고시하기를 엽전통용지방은 구 백동화를 통용하는 지방 인민들과 비교해 보면 세율을 과하게 매긴 것이라 세금을 오는 가을부터 인하한다고 하자, 이미 납부한 세금 1만 9천여 냥을 되돌려 받아야 한다면서 항쟁을 한 것이다. 엽전유통지역에서 세무주사의 엽전강제징수는 엽전을 정리하기 위한 일본인 재정고문 목하전의 지시에 의한 것으로써 엽전과 백동화 결가 차이에 의한 세무주사의 비리 또한 엽전유통지방의 공통된 현상이기도 했다.

첫째, 울진결세항쟁이 일어난 원인은 일제의 불합리한 화폐정리 때문이다. 그런데 1984년 발간된 울진군지는 '세무주사 원경상의 비행과 민중의 분노'라는 제목에서 보는 바와 같이 세무주사의 한 사람의 비행으로 몰아간 것이 문제점이다. 군지는 다음과 같이 기록하고 있으나 많은 오류가 발견된다.

서기 1907년 정미춘(丁未春)에 원주인 원경상은 울진, 평해 양군 세무주사로 來任하여 세금을 징수 하였는데 정부지령에는 결세 결수 매일부(每一負, 베 1짐)에 백동전화로 6전 6분 7항을 징수하라는 것을 엽전화로 6전 6분 7항을 강징하였다. 엽전화를 백동화로 환산하면 배액이 되므로 초과금액을 원경상이 착복한 사건이 탄로되었다. 이에 격분한 양(兩) 군민은 장진수(張鎭洙), 주여첨(朱汝添), 전배근(田培根), 장석태(張錫太)를 대표로 선출하여 서울 평리원에다 고발하였다. 원경상은 체포 수배되자 포항으로 도주하여 일본병에게 아부 은신하다가 일본 득세 후에 다시 울진으로 來入하여 장진수를 비도로 몰아 일본수색망에게 체포케 하고 수곡리 한티재에서 일본 소위 서촌정의(西村正義)에게 총살당하게 하였다 한다. 원(元)은 일본 세력에 아부하여 죄망(罪網)을 벗어났다 한다.

『울진군지』, 1984년, 520 - 521쪽

이상은 울진군지에 기록된 전문이다. 이를 다시 살펴보면 군지에는 "서기 1907년 정미춘(丁未春)에 원주인 원경상은 울진, 평해 양군 세무주사로 來任하여 세금을 징수 하였는데" 라고 하였으나 세무주사 원경상이 봄에 온 것이 아니라 이미 1907년 1월 20일에 울진, 평해에서 조세징수[35]를 하고 있었다는 것이 광무 11년 3월 2일 세무주사 원경상이 탁지부대신에게 보고한 보고서 제1호 원본에 나타나 있다. 세무주사 원경상이 울진 평해에 부임한 시점은 일제가 1906년 10월 1일 관세관관제(管稅官官制)를 실시하여 탁지부대신 관활 하에 세무주사[36]를 각 군에 파견하였으므로, 그때 파견 된 것으로 보인다.

또한 "정부지령에는 결세 결수 每一負(베1짐)에 백동전화로 6전 6분 7항을 징수하라는 것을 엽전화로 6전 6분 7항을 강징하였다." 라고 하였으나 울

---

35) 『지령급보고』 제6책, 광무 11년 3월 2일, 강릉세무소 울진파주세무주사 보고서 제1호 원본.

36) 세무주사는 일본인 재정고문 목하전이 실시한 시험을 거처 임용되었다. 《황성신문》, 1906년 10월 2일자.

진, 평해는 엽전유통지역으로써 결세를 엽전으로 징수하거나 신화로 교환 납부 할 뿐이지, 엽전유통지역에서 백동화로 징수하라는 정부지령은 근거가 없는 일이다.

군지에는 "이에 격분한 양(兩) 군민은 장진수(張鎭洙), 주여첨(朱汝添), 전배근(田培根), 장석태(張錫太)를 대표로 선출하여 서울 평리원에다 고발하였다."고 하였다. 이것은 결세항쟁이 마치 울진과 평해에서 일어난 것처럼 보이나 사실 울진에서만 일어났으며 대표자는 모두 울진사람들이다. 울진군수 윤영태가 탁지부대신에게 보고한 군민 대표자는 장석태(張錫泰) 전배근(田培根) 장진수(張鎭守) 최경호(崔慶浩)라 한 것과는 주동자가 서로 다르고, 장진수 장석태는 한문 이름이 장석태(張錫太), 장진수(張鎭洙)로 다르게 적혀 있다.

세무주사를 서울 평리원에 고발했다는 것은 적고, 장석태, 전배근, 장진수가 탁지부대신에게 남토전(濫討錢 함부로 걷은 돈) 1만 9천여 냥을 반환하라는 청원서를 제출했다는 내용과 통문을 각 면·동에 발하여 수백 명의 농민을 울진읍에 모아 집회를 한 사실, 세무분서를 파괴하고 세무주사를 살해한다고 위협한 사실, 대표자 4인이 관아를 방문하여 군수 윤영태에게 남토전 1만 9천여 냥을 반환하라는 중요한 내용은 기술하지 않았다.

세무주사와 우편취급소장, 울진 평해군에 있던 일본 순사까지 포항으로 도주하여 행정이 마비되고, 우편이 막히는 사태가 수일간 지속된 의병 항쟁을 단순히 민중의 분노로서만 보아야 하는지도 의문이고, 수개월간 진행된 결세항쟁을 너무 간략하게 기록하였다고 본다. 이것은 당시 군지 편찬위원이 지령급보고를 찾지 못하여 개인의 기록물을 기사화 한 데에서 그 원인이 있는 것 같다.

이렇게 서울대 규장각에서 잠자고 있던 『지령급보고』 문서는 1992년 이영호의 박사학위 논문 「1894~1910년 지세제도 연구에서」에서 비로소 그 모습을 드러낸다. 2001년에 발간된 『울진군지』는 이영호의 논문과 《황성신문》을 인용하여 울진결세항쟁을 다루고 있었다.

둘째, 의병기록은 연결성이 있어야 한다. 울진불영사에서 을사의병이 있었고, 을사의병이 결세항쟁으로 이어지면서 정미의병으로 이어졌다. 그런데 울진군지 상권 제3편 제3장 '한말 울진의 의병항쟁'에서 '울진지역의 농민항쟁'과 '울진출신 의병 활동'으로 나누어져 있어 의병항쟁 기사에 연결성이 없었다.

① "1907년에는 결세를 1년 전(혹은 반년 전)에 선납하는 관행이 있었는데, 결세를 인하하기로 하자 주민들은 이미 납부한 결세의 환급을 요구하며 항쟁을 일으켰다. 장석태, 전배근, 장진수, 최경호 등이 주동자였다. 이들은 1907년 4월 30일 통문을 각 면·동에 발하여 수백 명의 농민을 읍에 모아 집회를 하였고, 7월 9일에서 11일에 걸쳐 세무분서를 파괴하고 주사를 살해한다고 위협하면서 결세의 반환을 요구하였다." 37)

② "장석태, 전배근, 장진수 등은 200여 명의 의병을 인솔하고 울진에 돌입하여 민호를 방화하고 세무주사를 체포하려 하였으며 세무주사는 평해로 출장을 가서 우편취급소장과 더불어 배를 타고 영해로 도망하였다." 38)

울진군지 상권 제3편 제3장에서 ①은 제1절 '울진지역의 농민항쟁'에 실려 있고, ②는 제2절 '울진출신의 의병 활동'에 실려 있다. ①과 ②는 결세항쟁의 기사자료로서 세무주사가 탁지부에 보고한 『지령급보고』에 게재 되어 있다.39) 결세항쟁이란 한 사건을 두고 '농민항쟁'과 '의병항쟁'으로 나누어

---

37) 『울진군지』 상권, 2001, 407쪽.
38) 『울진군지』 상권, 2001, 417쪽 ; 《황성신문》,1907년 8월 29일.

논의되고 있는 것은 사건의 연속성과 시간의 지속성을 가늠하기 힘들다는 문제점이 있다. 따라서 결세항쟁주동자 장석태, 전배근, 장진수, 최경호의 활동은 그 전 1905~1906년 울진 불영사 을사의병과 관련되어 있었고,[40] 주동자들의 활동이 정미의병으로 이어졌다는 점에서 농민운동이 아니라 의병항쟁이었다는 것이며, 울진결세항쟁이 제2절 '울진출신의 의병 활동'에 같이 다루어져야 한 사건의 연결성에서 독자들의 이해가 쉬울 것이다.

셋째, 의병 활동은 근거에 의해 기록하고 전개하는 기술상의 문제이다. 울진군지 상권 제3편 제3장에서 '한말 울진의 의병항쟁'에서 울진의병사를 기술하고 있었다. 그 내용은 본고 II에서 '울진 불영사에서 을사의병 창의'에서 전술하였다. 그런데 같은 주제로 제2편 제2절에서 '일제의 침략과 항일운동'이란 제목에서 울진의병사를 또 다루고 있었다. 울진의병사란 한 주제를 가지고 편집위원 2명이 다른 시각에서 다룸으로써 혼란을 초래하고 있다. 다음은 울진군지 상권 제2편 제2절에 실린 글이다.

> "1905년 11월 경 을사늑약이 강제된 사실을 들은 북면 신화리 화동 출신인 전세호는 김매정, 주락조, 최경호, 김용욱, 장진수, 전배근, 박병율 등과 함께 신돌석과 이하현을 찾아가서 창의에 가담하여 강원도 의병 총참모장 이강년의 휘하에서 중군장이 되었다." [41]

전술한 바와 같이 1906년 2월 울진 불영사 의병진에서 '강원도 의병 총참모장 이강년'이란 호칭은 역사성이 없다. 이강년은 1896년 음력 1월 경북

---

39) 『지령급보고』 제6책, 광무 11년 7월 10일. 강릉세무울진분서 주사 원경상 제6호 보고서; 『지령급보고』 제6책, 융희 원년 8월 21일, 울진세무분서 세무 주사의 제7호 보고서.
40) 『울진군지』 상권, 2001, 407쪽.
41) 『울진군지』 상권, 2001, 302쪽.

문경에서 처음 거의 한 후 1896년 7월(음력)에 의병을 일단 해산하였다. 이로부터 1907년 봄 다시 거의할 때까지의 10년은 의암 유인석 밑에서 유학 공부를 전념하던 시기였기 때문이다.

이강년은 을미의병이 일어났을 시기인 1896년 2월 23일(음력 1월 11일) 문경 왕능에서 봉기하였다. 3월 14일(음력 2월 1일) 제천에서 유인석이 이끄는 호좌의진(湖左義陣) 유격장에 임명되고, 5월 23일(음력 4월 11일) 호좌의진 우군장이 되었다. 1896년 7월(음력)에 의병을 해산한 이강년은 제천의 진주강씨 집안에서 만든 강단인 박약재(博約齋)에 자주 드나들면서 사군지역의 인사들과 사귀며 교유관계를 넓혔다. 이강년은 1899년 화서집 간행 배포에 힘을 쓰고, 1901년 고향 문경에서 모친상을 당하여 한동안 바깥출입을 않고 자식의 도리를 다했다. 1905년 여름 원용팔과 정운경의 봉기에 병으로 참여하지 못하였다. 이강년의 봉기는 1907년 봄에 구체화되어 제천에 머물며 의병을 일으키게 된다. 8월 19일(음력 7월 11일)에 호좌의진 대장에 추대된다. 서울진공작전 때에는 호서창의대장(湖西倡義大將) 이강년이다. 이강년 의병부대의 공식명칭은 어디까지나 '호좌의진', '호좌창의진' 이었다.[42]

이강년 부대가 강원도 울진에서 활동 중이던 성익현 부대와 제휴한 시점은 1907년 10월 18일 울진경무분견소를 공격할 때, 이강년 부대의 중군장 정성진이 합류하고 그 예하 부대장들과 함께 활동함으로써 이루어졌다.[43] 그래서 이강년이 1906년 2월 결성된 울진불영사 의병진을 지도한다는 것은 어려운 일이다.

울진인사들이 신돌석과 이하현을 찾아가서 의병에 가담했다는 것도 자료

---

42) 구완회, 『영원한 의병장 운강 이강년』, 지식산업사, 2015, 20 - 41쪽, 51 - 58쪽, 139 - 140쪽 참조 정리하였다.

43) 『독립운동사자료집』 별집1, 1974, 269쪽: 국가보훈처, 『독립유공자공훈록』 12, 1996.

에는 나타나지 않는 부분이다. 의병 되고자 하는 자가 위기에 처한 나라를 구하는 데 있어 지도자를 찾는다는 것은 어쩌면 당연한 일이다. 그러나 사람마다 개성이 있고 그 시대에 따른 인물이 처한 배경도 달랐을 것이다. 그래서 지도자는 여러 사람들이 여론을 수렴하여 추대의 형식을 취하는 것이 보통이다. 울진인사 8명 중에서 전배근, 장진수, 최경호는 울진결세항쟁 주동자들이다. 울진인사 8명이 모두 신돌석과 이하현을 찾아가서 창의에 가담했다는 것은 무리라는 생각이다. 그만한 증거가 있어야하기 때문이다.

신돌석은 1906년 4월 6일(음 3.13) 영해 도곡에서 창의하였다. 신돌석의 의병조직에 대해서는 창의장명록이 전한다. 창의장명록은 해방이후에 의병에 가담했던 사람들과 그 후손들이 작성한 것이어서 연구자들로부터 비판을 받고 있다. 33개의 직책에 대표적 인물 66명의 명단이 적혀있으나 해방이후 기록하는 과정에서 상당수의 인물들에게 억지로 직책을 붙이는 꼴이되어 자료로써의 가치가 크게 손상되었다. 또 의진의 주요인물 61인이 거느린 장졸의 수가 무려 3만 명이나 된다. 한말 중앙 군대의 10배가 되는 숫자로, 영해 영덕 지역의 인구보다 많은 수이니 지나치게 과장된 수치다. 신문이나 정보기록 판결문에 신돌석의 장졸이 300명임을 감안하면 100배가 부풀려진 수치다. 이러한 문제점 때문에 연구자들은 이 자료를 그대로 받아들이지 않고 있다. 그렇다고 이 자료를 폐기 처분해야 한다는 것은 아니다. 비록 많은 문제점을 안고 있지만, 그 의진을 이해하는데 이처럼 좋은 자료도 드물다. 그러기 위해서는 철저한 검증이 필요하다. 즉 당사자의 판결문이나 일제 군경의 정보기록 등 다른 관련 자료와 비교하면서 짚어보아야 영릉의진에서 활약한 일부 인물들의 윤곽을 잡아낼 수 있다.[44]

그런데 창의장명록에는 위의 울진인사 8명 중에서 전세호, 김용욱 등 2명이

---

44) 김희곤,『신돌석 백년만의 귀향』, 푸른역사, 2001, 66 - 69쪽 참조.

기록되어 있어 울진인사 8명 모두 신돌석 의진에 가담한 것은 아니었다.[45]

또한 이하현(혹은 이현규)은 영양군 석보면 지경리 출신으로 1905년 11월 청송 주왕산 대전사에서 창의하였다. 그 의병편제에 울진인사는 없었다.[46] 이하현이 1906년 2월 19일 울진불영사에 들어와 주둔했을 때 울진인사들이 이하현을 찾아가서 창의에 가담한 것이 아니라, 김현규와 이하현 등과 울진인사들이 함께 창의한 것이라고 본다.[47]

이하현은 불영사 유진 중 대장 김현규가 살해됨으로써 불영사 주둔 기간이 짧았다. 5월 울진 죽변 왜관을 격파하고 이어서 영양 북방의 일본군을 공격하였으나 일본군의 역습으로 부상을 입었고, 도포장 김대규는 전사하였다. 이 전투에서 큰 타격을 입은 이하현 부대는 해산하였다.[48]

45) 김희곤, 위의 책, 61 - 62쪽.

46) 奈山 이현규, 義士奈山李夏玄先生紀念碑; 김승학, 『한국독립사』 하, 1965; 조선주차군사령부, 조선폭도토벌지(1913) 독립운동사자료집 3, 독립운동사편찬위원회, 1971; 김희곤 외, 앞의 책, 117쪽.

47) 『울진군지』 상권, 2001, 415 - 417쪽,

48) 김희곤 외, 『울진의 독립운동사』 울진문화원, 2011, 118쪽. 그 후 이하현은 영일군 청하면 모진리에 은거하며 상처를 치료하고 학동 70명은 모아 후진을 양성하다 죽었으니 44세였다.

V

울진결세항쟁이 정미의병에 미친 영향

1. 결세주동자 장석태, 전배근, 장진수, 최경호의 의병 활동

울진결세항쟁의 주체세력은 농민이다. 농민이라는 집단속에는 유생도 포함되었을 수도 있다. 농토가 있는 유생도 결세와 호세를 내야하기 때문이다. 주동자들은 1907년 4월 30일 통문을 7개면, 각 동에 발하여 농민 수백명을 울진읍에 모아 집회를 열었다. 장석태 전배근 장진수 최경호를 대표자로 선출하여, 탁지부대신에게 남토전 1만 9천여 냥을 반환하라는 청원서를 제출하게 된다.[1] 울진사회에서 향교와 문중은 연관성이 있으므로, 주요 문중과 주동자가 어느 가문인지 살펴볼 필요가 있다.

지방에서 유력가문은 향중공론을 주도하고 서로 관계망 속에서 향촌문제에 대해 영향력을 행사하였다. 혼인을 통해 유력가문은 결속을 하였으며 향교를 출입하는 대표적 문중은 지역의 문제를 해결하기도 하였다.

울진은 예부터 벼슬길이 멀어 왕족 귀족 및 문반(文班) 호반(虎班)의 칭호

---

1) 『지령급보고』 제16책, 광무 11년 5월, 울진민 장석태 전배근 장진수의 청원서; 『지령급보고』 제6책, 광무 11년, 7월 10일, 강릉세무울진분서 주사 원경상 제6호 보고서; 『지령급보고』 제14책, 광무 11년 7월 13일, 강원도 울진군수의 제8호 보고서.

와 노론, 소론, 남인, 북인의 이름난 가문이 없으며 이와 같은 등위의 확실한 증거 할 양반이 없고 다만 향교에 출입하여 유림 장의, 도유사와 향임(鄕任)에 좌수, 별감을 구애 없이 임명하니 이 등위 명단에 항상 많이 참가한 가문을 소위 향반(鄕班)[2]이라 하였다. 울진향교를 출입하던 대표적 문중이라 할 수 있는 6대 성씨로는 담양전씨(潭陽田氏), 신안주씨(新安朱氏), 영양남씨(英陽南氏), 파평윤씨(坡平尹氏), 강릉최씨(江陵崔氏), 울진장씨(蔚珍張氏)를 들 수 있다.[3] 흔히들 울진사회를 전주남(田朱南)이라 말하기도 한다.

주동자 중에서 전배근은 인품은 호협 강개하고 담대하였다. 전배근은 고려가 기울어지자 경기도 고양에서 평해에 정착한 담양전씨 전자수(田子壽)란 사람의 후손으로서, 전자수의 5대손인 전승수(田承壽, 葛嶺派)로부터 12대 종손이기도 하다. 그의 선조는 울진 신화리에서 1580년경 울진 봉평(초평)에 입주하여 유가(儒家)의 법통에 따라 400여 년을 대대로 살았다. 전배근은 담양전씨 갈령파 종손으로써[4] 결세항쟁을 주도적으로 이끌어오면서 지역민을 동원할 수 있는 핵심인물이었다. 주병태(朱秉泰)와의 관계에서도 드러난다. 주병태는 결세의 일로 춘천경찰서에 찾아가 항의하였다. 세무주사가 결세 매 결(結)마다 20여 냥과 호세(戶稅) 매호에 5전씩을 더 받아 횡령했으니 합한 돈 1만 9천 냥을 찾아 돌려주라하고, 세무주사를 세금 횡령죄로 장진수와 뜻을 맞추어 관청에 소송을 제기하였다.[5] 그런데 주병태와 전배근은 처남남매 사이로 확인된다.[6] 전배근은 일제의 불합리한 화폐정리

---

2) 조선후기 울진에는 반촌(班村)이 존재하였다. 반촌은 혼사를 정하는데 있어서 자료가 되기도 하였다. 울진 7班村은 신화리, 후당, 봉평(샛들), 구마이, 행곡(구미), 정림, 매화리이다.

3) 유한용, 윤대웅 역, 『강원도 울진군 여지약론(1908)』, 『울진문화』 31, 울진문화원, 2017, 112쪽.

4) 『담양전씨대동보』 8권, 2015, 650쪽.

5) 『지령급보고』 제6책, 융희 원년 9월 7일, 울진분서세무주사 제1호 보고서.

에 강력 반발하면서 결세항쟁을 의병 활동의 한 방편으로 활용하고 있었다.

최경호는 울진 후정리 출생이다. 최경호의 가문에 대해서는 알 수 없다.[7] 걸출한 용모와 장력을 가지고 일찍이 진위대 하사관 출신이라는 기록이 있다. 울진 불영사 을사의병 때에는 중군장으로 활약하였고, 국치 직후 만주에 들어가 독립군의 일원으로 활동한 것으로 보인다.[8]

장진수는 울진장씨 문성공 말익(末翼)의 후손으로 울진군 북면 고목리 지장동에서 출생하였다.[9] 울진 아전은(吏 : 관아직원) 대개 장(張)씨 성 사람이니 옛 고려시대의 울진군(君) 후예이다. 조선 임란시에 울진의 중심 군사였으나 아전(吏)으로 떨어져 지금에 이르렀다.[10] 장진수는 1907년 12월 6일 근남 수곡(水谷) 한티재 교전에서 일병 소위 서촌정의(西村正義)에게 포살당하였다.

장석태(張錫泰)는 1907년 국채보상금 모금활동을 전개한 것으로 보이고, 이에 관련되어 302환 90전 처리문제를 언급한 것이 황성신문 기사[11]에 나타난다. 그러나 다른 사람일 수도 있으므로 확인이 필요하다.

1907년 7월 19일 고종의 강제퇴위와 7월 31일 한국군대의 해산으로 의병항쟁은 커다란 분수령을 맞이하게 되었는데 정미의병이라 한다. 1907년 8월 1일 서울시위대가 봉기하였고, 8월 6일 원주진위대, 8월 9일 강화도분견대가 봉기하였다. 경상북도의 경우에도 8월 11일 문경진위대의 해산과 8월

---

6) 『담양전씨대동보』 8권, 2015, 62쪽.
7) 필자는 최경호, 장진수, 장석태의 행적에 대하여 알아보려고 노력하였으나, 활동한 시점이 100여 년 이상 흘러서 군지와 신문에 기사화된 자료 외에는 알 수가 없었다.
8) 『울진군지』 상권 417쪽, 중권, 145쪽, 2001.
9) 田仁植의 디지털울진문화대전.
10) 유한용, 윤대웅 역, 앞의 책.
11) 《황성신문》, 1908년 6월 5일.

◉ 蔚郡不穩 蔚珍郡稅務主事元敬
常氏가度支部에報告호되本郡無賴
輩張錫泰、田培根、張鎭守等이煽動
無知愚氓호야稅政을妨害호는事느
旣有所報인바該三漢이今此投入호
匪徒호야本月十四日夜에引率二百
餘名호고突入本郡호야民戶를衝火
호며搜索本員호야始爲捉去호는지
라適其時에平海郡에出張호얏더니
該徒가亦爲追到欲害인즉禍色이迫
在時刻이기勢不得已호야重要호文
簿만若干束裝호고與本郡郵便取扱
所長으로登船浮海에幸得避身호야
現方滯留於慶北延日浦口而第觀形
便호야即欲還署혼다호얏더라

울군불온(蔚郡不穩) 《황성신문》, 1907년 8월 29일.

16일 안동진위대의 해산 이후 해산군인들이 의병에 투신하기 시작하였다.

한국군대가 강제 해산되자 결세항쟁주동자인 전배근, 장진수, 장석태는 1907년 8월 14일 밤에 의병 200명을 인솔하고 울진에 돌입하여 민호를 방화하고 세무주사를 체포하려 하였으며, 세무주사 원경상은 평해로 출장을 가서 우편취급소장과 더불어 배를 타고 도망하였다.[12]

삼척, 울진, 평해 3군에 비도(匪徒)가 날로 더욱 창궐하였기 때문에 우편이 막힌 지 여러 날 되었고, 각 군에 있는 일본 순사와 우편취급소원과 세무주사는 물러나 영해군에 모여 있었다. 신변에 위협을 느낀 양군 관내 한일 순검, 우편취급소장, 세무주사 원경상은 배를 타고 영해로 도주하였다.[13] 이는 결세항쟁이 농민들의 결속을 가져왔고, 많은 사람들이 의병에

---

12) 《황성신문》, 1907년 8월 29일.

투신하여 얼마나 큰 세력을 형성하고 있었는지를 짐작할만하다.[14]

군수 윤영태는 수원세무관으로 옮겨 군수자리가 공석인 상태였고, 세무주사와 한일 순검이 영해로 도주하여 울진, 평해지역은 그야말로 진공 상태였다.

1907년 8월 26일 전배근(田培根)은 신돌석 의진 소모장(召募將)으로 참모(參謀) 전세호(田世浩), 중군(中軍) 최경호(崔慶鎬)와 함께 평해에 입성하여 평해 군수 이명근(李命根)에게 국가존망에 대한 창의(倡義)의 대사(大事)를 말하고 포군(砲軍)과 군기(軍器) 인도를 요청하자 당일 향회(鄕會)의 결정에 따라 관포군 40명과 군자금 천 냥을 받아 의병의 대열을 정비하게 된다.[15]

통감부는 1907년 7월 이후 의병진압을 위해 일본군과 헌병을 증강시켜 전국 요소요소에 배치하였다. 울진에는 강원도 경무소 관활 하에 울진분서를 두었으며, 울진분서아래 삼척분파소, 평해분파소가 배치되었다. 또 신돌석 부대가 활동하던 지역에도 경상북도 경무소 관활 하에 안동분서와 영해분소를 두었으며, 안동분서 아래에 영양분파소·영덕분파소·청하분파소를 배치하였다. 분서에는 18명, 분파소에는 4명의 경찰이 배치되었다. 울진에 경무분서가 배치된 것은 결세항쟁으로 인한 의병의 영향력이 컸던 것으로 보인다.[16]

---

13) 『지령급보고』 제6책, 융희 원년 8월 21일 울진세무분서 세무주사의 제7호 보고서.
14) 결세항쟁이 의병전쟁으로 전환되어 일반 농민이 대거 참여하게 된다면 그것은 한국의 병합을 목전에 두고 있는 일제에게 치명적인 타격이었다. 일제는 영호남지역의 균세운동을 받아들여 엽전통용지방에서도 결가를 결당 신화 8환으로 조치하지 않을 수 없었다. 이리하여 결가는 신화폐로 환산하여 결당 8환으로 균등하게 되었고 그 이하로 여러 등급을 두어 1908년 술신조(戊申條) 지세부터 적용하게 되었다. 그리고 동시에 납세의 책임을 지주에게 부여하였다. 李榮昊, 앞의 논문, 209쪽 참조.
15) 김희곤 외,『울진의 독립운동사』, 385쪽;『울진군지』, 1984, 491쪽.

이종소(李鍾韶)의 출신지역은 알 수 없으나 1907년 8월 15일 부하 80여명 거느리고 울진 읍내에 그 모습을 드러냈다. 8월 29일 이종소는 80~90명의 의병부대를 이끌고 하군면 죽진동(竹津洞)의 도기호(都基鎬)에게 군자금을 모금하고 나아가 원북면 죽변동(竹邊洞)에서 죽변만에 들어온 일본 어부 3명을 포박하여 이를 총살하고 배를 소각하였으며, 도근현(島根縣) 수산시험장의 가옥을 방화 소각하였다.[17) 죽변진에는 일본 어민 66명이 살고 있었다.[18) 어업 침탈로 인해 일본 어민은 의병의 공격 대상이었다.

성익현 부대가 평해에서 활동하던 사이 원주진위대의 특무정교이던 민긍호는 군대해산령에 불응하고 원주에서 해산군인 80여명을 인솔하고 영동의 병과 합세하기 위하여 제천 단양 봉화를 거쳐 울진읍내에 당도했다. 1907년 9월 5일 오전 10시 민긍호는 경무분견소를 공격하여 일본 순사부장 염원영태량, 상야경길, 순사 원삼량·광강정웅, 순검 최석기·최연희·황재윤·김종성·도석현·신이현 등과 2시간여에 걸쳐 전투하여 이들을 물리쳤다. 일제는 교전 중에 의병 3명을 넘어뜨렸다고 기록했다. 일본순사부장 염원영태량은 의병의 총에 죽었고, 순사 최석기는 관통상을 입었다. 이 부대의 울진침공에는 최경호가 이를 도왔으며 군민은 성대한 연회를 베풀었다.[19)

민긍호 부대가 울진에서 일본 순사부장 염원영태량을 총살하고 강릉 방면으로 돌아간 후 일본군이 공세동(貢稅洞) 앞바다에 군함을 정박하고 1907년 음력 8월 6일(양력 9.13) 단정으로 상륙하여 울진읍을 사격하여왔다. 적병 대부대는 각 관아건물을 비도(匪徒)의 소굴이라 하여 전소시키고, 구만

---

16) 『울진군지』 상권, 2001, 410쪽 참조.
17) 독립운동사편찬위원회, 『폭도사편집자료(1909)』, 『독립운동사자료집』 3, 1971, 610 - 611쪽; 김희곤 외, 앞의 책, 127쪽.
18) 유한용, 『강원도 울진군 여지약론』, 1908; 윤대웅, 『울진문화』 31, 울진문화원, 2017, 112쪽.
19) 위의 책, 611-616쪽; 『울진군지』 상권, 2001, 412쪽.

동에 와서는 비도의 연락처라 하여 민가 14호를 불태우고 무고한 의병 가족과 친우를 학살하였으니, 민간인으로는 장석기(張錫基) 외 30여 명이 횡살 당하였다. 피난민은 사방으로 흩어졌다. 소모 영해인 남효직은 근남면 상선동에서 포살 당하였고 평해인 이규엽은 삼척군 도계에서 전사하였다.[20]

군대강제해산으로 의병 활동이 활발해지자 일본 토벌대는 12명의 군병과 한일 순검 12명으로 울진읍에다 수비소를 설치하였다.

소모(召募) 남두호(南斗鎬)는 성익현 의진에서 활동 중이었다. 1907년 음력 9월 20일[21]봉평에서 일병에 체포되어 봉평리 해안 도로상에서 참수형을 당하였다.[22] 당시 무기를 소지하고 있지 않았지만 일본군은 체포하자마자 재판 절차도 없이 무릎 꿇게 한 후 동민들이 지켜보는 가운데 칼로 목을 베었으니, 목은 떨어져 피가 낭자하였다. 일제는 체포된 의병들은 도주를 빙자하여 학살하였으며, 그들의 무자비함은 극에 달하였다. 그러나 남두호는 무슨 이유인지 몰라도 아직까지 정부로부터 서훈을 받지 못하고 있다.

대표적 의병장이 체포되면 재판절차를 거쳐 처형하였으나, 이름 없는 의병들은 체포되어도 현장에서 사살되거나 참수되었다. 전배근은 압축해 들어오는 일본 토벌대에 봉평리에서 단신으로 포위 되었으나 동민들이 피신시켜주고 민첩한 행동으로 기지를 발휘하여 위기를 넘기고 다시 전투에 임할 수 있었다. 거기에는 봉평 동민 오태진 어머니와 이원백 어머니의 도움이 있었다.

창의발족당시 대구인 박화중(朴和仲)은 일병에 체포되어 대구감옥에서 사형 당하였다. 울진군 서면 쌍전리 출신 남태영(南泰永)은 1907년 봉화에서

---

20) 『울진군지』, 1984, 491쪽.
21) 영양남씨 집안에서는 사망일을 제삿날로 기리고 있다.
22) 『울진군지』, 1984, 492쪽; 김희곤 외, 『울진의 독립운동사』, 109쪽.

의병을 일으켰다. 1907년 8월경부터 성익현 부대와 이춘양 부대에 투신하여 활동하다가 일본군에게 체포되어 이듬해 순국하였다.[23]

전매정(全梅亭)은 울진군 서면 소광2리 신둔골에 있는 본댁 제사에 갔다가 추적하는 왜병에게 포위되어 현장에서 5발의 적탄을 맞고 산화되었고 그의 제5제 탁규(卓奎)도 역시 의병으로 본가에 장치되어 있던 화포 5발을 매고 후문탈출로 화를 면하였다.[24]

강해수(姜海水, 홍부인)는 1910년에 들어서도 정경태 부대와 더불어 활동하였으며 그 해 7월 근남 근처 수곡 한티재에서 총상을 입었다.[25]

의병전쟁이 치열하게 전개되는 가운데 결세항쟁주동자는 군대해산 이후에도 일군에 항전을 이어갔다. 전배근은 성익현 부대와 정경태 부대에 합류하여 1907년 9월 2일 평해경무분파소를 습격,[26] 10월 18일 울진읍내의 경무분견소를 공격,[27] 10월 말 삼척읍 일본수비대를 공격하였다. 삼척읍 일본수비대 공격 중 전배근은 우측 다리 총탄상을 입었다.

장진수(張鎭洙)는 을사늑약 시 울진불영사에서 의병을 일으키고, 1907년 결세항쟁주동자로써 의병 활동을 이어갔다. 1907년 12월 6일 근남 水谷 한티재 교전에서 안타깝게도 일병 소위 서촌정의(西村正義)에게 포살 당하였다.

최경호는 을사늑약 시 울진불영사에서 중군장(中軍將)으로 활약한바 있었고, 삼척 방면에서 생포되어 춘천 감영에 구금되기도 하였다. 1907년 9월 7

---

23) 『울진군지』, 1984, 492쪽; 김희곤 외, 『울진의 독립운동사』, 109쪽.

24) 『울진군지』, 1984, 494쪽.

25) 『울진군지』 상권, 2001, 418쪽.

26) 『독립운동사자료집』 별집 1, 의병항쟁재판기록, 269-271쪽; 『울진군지』 상권 2001, 412쪽.

27) 『폭도사편집자료』, 『독립운동사자료집』 3, 『의병항쟁사자료집』, 611-616쪽; 『울진군지』 상권, 2001, 412-413쪽.

일 원주진위대 출신 민긍호 부대가 울진으로 들어오게 되자 최경호가 이를 도왔다. 이 과정에서 일본군 순사부장 염원영태랑이 사살되고 순사 최석기는 관통상을 입었다. 이후, 최경호는 일군에 항쟁하다 토벌대의 수색망이 좁혀지자 국치 직후에는 가족을 이끌고 만주에 들어가 독립군의 일원이 되어 러시아가 경영하는 동청(東淸) 철도를 수비하였는데, 왜병이 서백리아(西伯利亞)를 침공할 때 전사하였다.[28]

2. 신돌석 부대의 울진공략 의미

신돌석은 1906년 4월 6일(음 3.13) 영해 도곡에서 100명으로 영릉의병장이라는 기치를 걸고 창의하여 1908년 10월까지 영해, 영양, 울진, 평해를 중심으로 강원도 남부, 경북 북부, 나아가 충청북도지역에 걸쳐 활동하였다.[29] 4월 29일 영양읍을 점령하고, 4월 30일 청송관아를 점령하였다.[30] 그 후 의성으로 진격하던 중 안동수비대의 습격을 받고 일월산 본진으로 돌아와 전열을 재정비하는 한편,[31] 산남의진의 정용기와 협력하여 일본군 진위대의 병력을 홍해, 청하 등지로 유인하였다. 1906년 5월 하순경까지 300여 명의 의병을 소모하여 진보군에서 우편소의 송부와 호송헌병 2명을 사살하고 우편물을 탈취하였다.[32] 신돌석은 1906년 6월 들어 300명의 군사

---

28) 『울진군지』 하권, 2001, 145쪽.

29) 김희곤 외, 『울진의 독립운동사』, 2011, 113-117쪽.

30) 독립운동사편찬위원회, 「이창영, 조준용 판결문, 1907년 2월 5일」, 『독립운동사자료집』 별집1, 1974, 419쪽.

31) 「배선한외 4인 판결」 위의 자료집, 420쪽.

32) 독립운동사편찬위원회, 「조병주 등 판결문」, 『독립운동사자료집』 별집 1, 1974, 426쪽.

를 이끌고 울진으로 진격, 군아를 습격하여 군기고를 부수고 군기(軍器)를 획득하였다.[33] 6월 한 달 동안 울진, 평해 등지에 큰 성과를 거둔 신돌석은 영해로 회진하여 영해군수의 죄상과 창의의 당위성을 강조한 방을 고을 마다 부치고 읍내를 공략하면서 백성들의 지지를 호소하였다. 신돌석은 7월 3일 밤 100여 명의 병사로 영덕을 습격하였으며 삼공형(三公兄)을 붙잡아 진중으로 끌고 갔다.[34] 이와 같이 신돌석 부대는 1907년 일월산을 근거로 영양, 울진, 평해, 영해지방을 중심으로 활동하였다.[35]

1907년 1월 3일 이하현, 유시연, 성익현, 정경태 등의 의진과 더불어 신돌석은 300~400명의 군대로 울진읍을 습격하였다. 우편취급소를 습격하여 공금 1천 800냥을 탈취하고 건물과 우편물을 파괴 소각하였다.[36] 그리고 신돌석은 8월 20일 300명의 군사로 영양군 분파소와 군아공략,[37] 9월 7일경 삼척군 원동면 장호동의 일본어부 습격,[38] 10월 12일 150여 명의 군사로 영해의 경무분견소 공격[39] 등이 그것이다.

1907년 11월부터 신돌석은 이강년과 연결하여 활동하는 한편, 전국연합의병부대의 서울진공작전에 참가하기 위해 북상하였다. 11월부터 신돌석 부대와 이강년 부대는 일월산에서 예천에 이르는 지역에서 큰 세력을 떨치며 활동하였다. 11월 11일 신돌석은 200명으로 영월에 진출하고, 이강년은 300명으로 순흥읍을 공격하였다.[40] 한편, 12월 하순경에는 영양군 수비면

33) 《황성신문》, 1906년 6월 15일.
34) 《황성신문》, 1906년 7월 9일.
35) 독립운동사편찬위원회,『독립운동사자료집』별집 1, 1974, 452.
36) 《대한매일신보》, 1907년 1월 11일, 의도박수;『울진군지』상권, 2001년, 409쪽;『울진군지』1984년, 490쪽.
37) 『폭도사편집자료』, 1909,『독립운동사자료집』3, 1971, 583쪽.
38) 독립운동사편찬위원회,『독립운동사자료집』별집 1, 1974, 421쪽.
39) 『폭도사편집자료』, 1909,『독립운동사자료집』3, 1971, 612쪽.

돌석 장군의 태백산 전투도(독립기념관 소장)

을 통과 강원도 양구군에 도달하였다. 이미 도착한 연합의병부대의 민긍호, 이인영, 정환하, 오영교 등과 1200~1300명의 의병으로 양구수비대를 습격하기로 계획하였으나 사전에 누설되어 1월 2일 밤 양구수비대의 공격을 받아 70여 명이 사망하고 이인영 이하 200여 명이 부상을 당하는 참패를 당하였다. 이리하여 신돌석은 회진하고 말았다.[41]

1907년 군대강제해산 이후 일본군의 토벌작전이 본격적으로 1908년까지 강원·경상도지방의 의병부대 소탕이 대대적으로 행해졌다. 이에 따라 신돌석의 활동은 크게 위축되었으나, 일본군의 의병토벌작전에 대응하여 반

40) 독립운동사편찬위원회, 『폭도사편집자료(1909)』, 『독립운동사자료집』 3, 1971, 582쪽; 김희곤 외, 앞의 책, 116쪽.

41) 金正明 편, 「한국폭도토벌지」, 『조선독립운동』 1, 원서방, 1967, 174쪽; 국사편찬위원회, 「폭도에 관한 편책」, 『한국독립운동사자료집』 자료 8, 1979, 422쪽, 428-429쪽; 김희곤 외, 앞의 책, 116쪽.

신돌석 장군 유허비와 표지석 영덕군 도곡 산 60-5

토벌작전을 전개하면서 일본군의 추격전을 벗어났다.[42]

　　신돌석 부대는 1908년 5월부터 7월에 이르는 기간 동안 영해, 진보, 평해, 울진 등지에서 대부호 및 양반가에 대한 공격을 통해 군자금을 조달하고, 한편으로 의병의 소모에 주력하였다. 그리고 이 기간 중에 일본군과 계

42) 김희곤 외, 앞의 책, 116쪽.

속된 접전에서 수많은 의병들이 사상되고 체포되었으며, 귀순법의 고시 이후 의병들의 귀순이 늘어남으로써 의병부대의 전력은 매우 약화되었다.

1908년 10월 17일 울진군 분견소 및 헌병대와의 전투를 마지막으로 신돌석은 더 이상 활동하지 못하고 11월 중순경 의진을 해산하였다.[43] 그 후 신돌석은 만주로 망명 활 계획을 세우기도 하였으나, 1908년 12월 12일 영양군 지품면 눌곡의 황곡 상계에서 순국하였다.[44]

그렇다면 울진결세항쟁이 울진에서 활약한 신돌석에게 어떤 영향을 미쳤는가. 영릉의진에 합류하였거나 가담한 울진

순국의사 신돌석 장군 기념비

인사로는[45] 전배근, 최경호, 전세호, 김용욱, 이윤명, 황진옥, 윤성렬, 임수하, 임이하, 이하영 등이 활동하였으므로, 울진결세항쟁이 신돌석의 의병

43) 《대한매일신보》, 1908년 10월 31일; 독립운동사편찬위원회, 〈한국폭도봉기의 건〉, 『독립운동사자료집』 별집 1, 1974, 1117쪽.

44) 김희곤, 『신돌석 백년만의 귀향』, 푸른역사, 2001, 198-208쪽.

45) 국사편찬위원회, 『한국독립운동사』, 「자료 9, 의병 편 II」, 53 - 54쪽; 「자료 12, 의병편 V」, 88 - 93쪽, 199쪽, 194 - 598쪽; 김희곤 외, 앞의 책, 99 - 118쪽.

활동에 인적, 물적 면에서 영향을 미친 것으로 보인다. 다만, 여기서 주목할 점은 신돌석은 울진읍을 1906년 6월 초와 1907년 1월 3일, 두 번 공략하여 무기를 탈취하는 등 큰 성과를 올렸으나, 군대강제해산 이후에는 울진읍을 공략한 일은 없었다. 그것은 군대가 강제해산 되면서 춘천출신 성익현, 정경태가 결세항쟁지인 울진으로 들어와서 근거지로 활동하였기 때문인 것으로 보인다.

신돌석에 관한 설화에는 그의 힘과 함께 축지법에 관한 것이 무엇보다 많이 등장한다. 그가 지품면에서는 대구를, 온정면에서는 대구를 단숨에 다녀왔다는 이야기가 전해지고 있고, 산을 탈 때도 남들의 두 세배 정도 멀리 건너뛰었다고 한다. 이러한 축지법 자체를 믿을 사람은 없다. 이러한 이야기는 그가 남들에 비해 대단히 날랜 인물이었다는 것이고, 민족을 살려낼 영웅으로 가슴속에 담아두고 싶은 민중들의 정서일 것이다.

3. 성익현 부대 울진을 근거지로 확보

군대해산 이후 여러 의병부대가 울진에 집결하여 활동하였다. 이는 울진에서 결세항쟁으로 인한 농민층 수백 명의 결속으로 의병에 투신하는 조건이 갖추어져 있었기 때문이었다. 결세주동자 장석태, 전배근, 장진수, 최경호의 활동이 정미의병에 이어짐으로서 울진지역 의병이 활기를 띠게 되었다.

울진에서 활동한 타지역 출신 의병장은 신돌석, 성익현, 정경태, 변학기, 이상렬, 정성진, 김성운, 이종소 등이 있었다. 이 중에서 신돌석, 성익현, 정경태 의진이 가장 활발하였다. 당시 울진경찰서에서 관리 하는 중요한 수괴자로 성익현·정경태·신돌석·변학기·최종식·정성진을 지목하여 이름을 올렸다. 이 중에서 변학기·최종식·정성진의 3명은 성익현과 동일한 행동을 취한자라고 하였다. 일반적으로 신돌석이 울진에서 주로 의병 활동을 한 것으로 이해하고 있으나, 군대강제해산 이후에는 성익현·정경태의 의병 활동이 활발했음을 확인할 수 있었다.

정경태가 일제정보망에 처음 모습을 드러냈다. 『폭도사편집자료』에는 "1907년 8월 22일 오전 10시, 정경태는 부하 40명을 인솔하고 울진 읍내에서 주식을 포식하고 갔다." 그리고 3일이 지난 "8월 25일 오후 4시경에도 정경태는 부하 40명을 인솔하고 다시 울진 읍내에 와서 주식을 포식하고 갔다"고 하였다.[46] 울진에서 두 번째로 그 모습을 드러내는 순간이었다. 정경태는 춘천 출신으로 울진에서 의병 활동을 하고 있는 중이었다. 그의 출신지에 대해서는 기록마다 차이를 보인다. 춘천군 출신으로 강릉군 강릉읍내 동문 내에서 주막을 경영하는 자라고도 하였다. 그리고 구한국의 군인이라 하였다. 정경태에 대한 일 군경의 기록이다.

정(鄭)은 춘천군(春川郡) 출신이라고 하나 폭거 이전에 강릉군(江陵部) 강릉읍(江陵邑)내 동문내에서 주막을 경영하던 자로서, 일찍이 한국의 병역에 복무한 외에 지적할 만한 경력 없다. 단순한 시정의 무뢰한이라고 할 뿐, 그리고 동인(同人)도 폭거 이래 스스로 관동창의대장이라 칭하고 성익현(成益鉉)과 동일한 행동을 하였으며 대개의 경우 성익현(成益鉉)과 진퇴를 같이 한 자이다.[47]

일 군경은 정경태가 춘천 출신으로 폭거 이래 스스로 관동창의대장이라 칭하고 성익현과 동일한 행동을 하였으며 대개의 경우 성익현과 진퇴를 같이 한 자라 하였다.

다음은 성익현의 출현이다. 그 또한 춘천 출신으로써 정경태와 울진에 함께 들어온 것으로 보인다. 을미의병 시 활약했던 성익현은 한국군대가 강

---

46) 『폭도사편집자료』, 1909, 『독립운동사자료집』 3, 의병항쟁사자료집, 609쪽(이하 『독립운동사자료집』 3으로 표기).
47) 『독립운동사자료집』 3, 의병항쟁사자료집, 609쪽.

제해산 되면서 울진을 근거지로 이들과 다시 의병 활동을 전개하였다. 성익현과 정경태는 울진 토착민인 결세항쟁주동자 장석태, 전배근, 장진수, 최경호와 긴밀히 연대하여 의병 활동을 한 것으로 보인다. 그들은 동해안 지리에 익숙하지 않았기 때문에 지방 유력자들의 도움이 필요했을 것이다.

『폭도사편집자료』에서는 성익현에 대해 이렇게 기록하고 있다.

> 성(成)은 춘천군(春川郡)의 양반이라고 할 뿐 지적할 만한 경력은 없다. 후에는 폭거 이래 스스로 관동 총독, 혹은 관동창의대장이라 칭하고 때때로 말을 타고 때로는 가마를 타고 혹은 도보로써 무리의 선두에 서서 칼을 차고 이를 지휘하며 거듭 삼척(三陟)·울진(蔚珍)·평해(平海) 군내를 횡행하여 소수의 일본인 경찰관을 습격하여 이를 살해함을 그 임무라 하였으나, 우세한 일본군이 온다고 들으면 교묘히 산간으로 도망쳐 군용금이라 칭하여 민재(民財)를 강탈하였다.[48]

일 군경은 성익현에 대하여 기록하기를 "춘천군의 양반이라고 할 뿐 지적할 경력은 없다"고 하여 그에 대해 아는 것이 없었다. 성익현은 과거 을미의병 거의 사실을 철저히 숨긴 것으로 보인다. "후에는 폭거 이래 스스로 관동총독 또는 관동창의대장이라 칭하고 때때로 말을 타고 때로는 가마를 타고 혹은 도보로써 선두에 서서 칼을 차고 이를 지휘하며"라 하였다. 을미의병 시 그의 활동을 잠시 살펴 볼 필요가 있다.

성익현은 춘천출신으로 무과에 급제하여 춘천 진어영 초관(哨官)이었으나 1896년 1월 초순 유생 정인회, 보부상 박현성 등이 중심이 되어 춘천에서 의병을 일으켰다. 이때 성익현은 자신이 이끌던 춘천분견소의 일부 군인과 포수 약 400명과 함께 춘천부를 습격했다. 이들은 단발한 초관 박진희(朴晉喜)를 붙잡아 처형하여 효수한 후, 2년 전 춘천유수 재임 시 악명이 높았던

---

48) 『독립운동사자료집』 3, 『의병항쟁사자료집』, 609쪽.

탐관오리 민두호의 생사당(生祠堂)을 불태우니 인근의 농민과 보부상이 의병에 참여하였다. 그동안 풍문으로만 들었던 왕후의 참변 소식이 전해지자 춘천유림도 의병을 일으키고자 전 의금부도사 이면수, 감역 홍시영 등이 이미 통문을 돌리고 있었던 상황이었기에 자연스럽게 동참하게 되었다. 유림에서는 이면수, 이춘수, 민영문, 유중락, 유홍석, 이만응, 이진응 등이 중의를 모아 명망이 높았던 이소응을 의병대장으로 추대하니, 이 날이 1896년 1월 20일 이었다. 성익현은 춘천의병에 합류 하면서 핵심 인물로 활동하였다. 춘천의소의 솔병집사이자 도총대장을 맡은 성익현은 가평 소모장 이충응, 돌격장 겸 감군사 박현성을 지휘하여 부임하러 오는 신임 춘천관찰사 겸 선유사 조인승(曹寅承)의 목을 배어 가평 관아 앞에 효수하였다. 관찰사 조인승의 죄는 단발을 했다는 이유였다.[49]

조인승은 일찍이 식년문과에 급제하여 호조, 이조 참판, 대사간, 대사헌, 우승지, 중추원의관을 역임했으며, 학문과 서법이 뛰어난 인물이었다. 그는 갑신오적을 처단하기 위해 힘쓴 인물로서 부왜내각과 연관성이 없던 인물이었다. 갑오왜란 직후 부왜내각은 그를 공조아문협판에 기용하려했으나 극구 사양했었다. 부왜내각은 기로소(耆老所)에 들어갈 원로를 당시 전쟁터와 다름없는 곳에 등을 밀어 넣었던 것이고, 조인승은 그 희생물이 되었다.[50]

국왕은 춘천의병들이 분노하여 탐관오리 민두호의 생사당을 불태우고, 그의 아들 민영준(민영휘)의 집을 부수었으며, 관찰사 조인승이 단발을 했다는 이유로 처단되었다는 것을 뒤늦게 알게 되자, 춘천관찰사로 왕실의 종친 이재곤을 임명하기에 이르렀고, 이재곤 일행은 친위대 2개 중대의 호위를 받으며 춘천으로 향했다. 춘천의병은 관찰사 이재곤 일행이 오기 전에 이미 파병된 관군과 가평 벌업산에서 수차례 전투를 벌였다. 접전 초기에는

---

49) 이태룡, 「춘천아리랑에 살아있는 성익현 의병장」, 『월간순국』 324, 2018, 91 - 96쪽.
50) 이태룡, 앞의 책, 96쪽.

의병이 수천 명이나 되었으니 관군과 일본군에 우세를 보였으나 보병과 포병으로 구성된 원군이 오자, 시간이 지날수록 전투력이 빈약했던 의병측이 열세에 놓이게 되었다.[51]

법업산전투에서 패전한 춘천의병장 이소응은 무기 등 전력의 열세를 인정하고 포수로 구성된 포군을 보충하기 위해 지평으로 간 사이 관군은 춘천의병의 본진을 공격해 왔다. 빗속에서는 화승총이 무용지물이었던 관계로 의병장 이진응과 수많은 의병들이 전사했고, 그의 동생 이경응이 의진을 이끌었지만 오래 버티지 못하고 의진을 해산하고 말았다. 이에 이경응은 이소응과 함께 제천에서 활동 중이던 유인석의 호좌의진에 가담하게 되었다.[52]

1896년 2월 춘천의병이 무너지자, 별동부대인 성익현은 강릉의병과 합세하기 위해 태백산맥을 넘어 관동지방으로 나아갔다. 성익현은 춘천의병의 별동부대 500여 명을 거느리고 동진하여 고성군수 홍종헌(洪鍾憲)과 양양군수 양명학(楊命學)을 차례로 처단한 뒤 민용호의 강릉의병에 합류하여 활동하였다.[53] 한편, 관군 중대장 김홍권은 영서지방 관군과 강화의 관군 5백여 명의 지원을 받아 북변지역에서 활약하던 성익현 부대를 공격했는데, 성익현은 여러 차례 격문을 보내어 협공을 요청하였다. 그 후 민용호 의진은 관군의 공격이 집요해지자 여러 참모들과 대오를 나누어 북으로 향했는데, 인제 귀둔(鬼屯: 현 인제군 인제읍 속리)에 이르러 관군의 추격을 받게 되었고, 성익현을 비롯한 여러 참모들은 민용호의 생사를 모르는 채 각지에 은거하며 살아가게 되었다.[54]

그 후, 1907년 8월 군대가 강제해산 되자 성익현은 참모들과 함께 결세항

---

51) 이태룡, 앞의 책, 97 - 98쪽.
52) 이태룡, 앞의 책, 97 - 98쪽.
53) 민용호, 『관동창의록』, 『한국사료총서』 30, 국사편찬위원회, 1984, 54쪽.
54) 이태룡, 앞의 책, 99쪽.

일본군 토벌대

쟁지역인 울진에 들어오게 된다. 결세항쟁지역인 울진을 의병 활동 근거지
로 선택한 것이다.

성익현은 1907년 음력 7월 23일(양력 8.31) 창의하여 정경태(鄭敬泰)를
도총장(都總將), 변학기(邊學基)를 도총독(都總督), 이상렬(李相烈)을 부장(部
將)으로 삼고 스스로 관동창의대장이 되었다.[55] 편제는 성익현 부대의 활동
을 감안하면 이보다 더 있었을 것이고, 정경태·변학기·이상렬·전배근·
장진수·최경호에 의해 성익현이 관동창의대장으로 추대된 것으로 보인다.

그렇다면 성익현은 울진 어디에서 창의 했을까. 울진군 서면(西面) 하원
(下院)에서 창의를 하여 그 곳에 의병본부를 두고 구만동(九萬洞)에 의병연
락사무소를 설치 한 것으로 보인다.

---

55) 독립운동사편찬위원회, 『독립운동사자료집』 별집1, 269 - 271쪽.

울진군지는 그 단서를 제공하고 있다.[56] 군대강제해산 되기 직전 무렵일 때 "울진읍이 무방비 상태임을 탐지한 한순검과 일순사 7인은 다시 來駐하고 의병연락사무소는 구만동에 이동하였다." 라고 한 점. 민긍호 부대가 울진에서 일본 순사부장 염원영태량을 총살하고 강릉 방면으로 돌아간 후 일본군이 공세동(貢稅洞) 앞바다에 군함을 정박하고 1907년 음력 8월 6일(양력 9.13) 단정으로 상륙하여 울진읍을 사격하여 왔을 때 "구만동에 와서는 비도(匪徒)의 연락처라 하여 민가 14호를 소각하고 의병가족과 친우는 거개 학살당하였으니" 라 한 점, 이 일이 있은 후, 일본 토벌대는 12명의 군병과 한일 순검 12명으로 울진읍에다 수비소를 설치하였다. 이에 "의병들은 부대 편성을 변경하고자 서면(西面) 하원(下院)에서 연합수뇌부 회의가 개최되었다"[57]고 한 점에서 그 단서를 찾을 수 있다. 또 한 가지 증거가 될 수 있는 것은 "울진군 불영사에서 의병이 묵고 있는 것을 일본 병이 밤을 타고 습격하여 60여 명이 피해를 입었다는 이야기가 있다." 는 1908년 3월 29일자 대한매일신보 보도가 있었음을 유념할 필요가 있다.

서면 하원은 울진읍에서 봉화방면으로 17km 떨어진 산악지역으로 울진 불영사가 위치하고, 구만동은 울진읍에서 2km로 비교적 가까운 거리에 있어 일 군경과의 전투에 대비한 의병의 전략이 엿보인다. 서면 하원은 영양 수비면과 봉화 소천면, 삼척 도계방면으로 이동할 수 있는 지리적 이점이 있어서 산간지리를 이용하는 의병 활동 근거지로는 최적지라 할 수 있다.

성익현은 강원도 산간의 지리적 상황을 교묘히 이용하는 게릴라식 전투를 실시하여 일본군의 토벌에 쉽게 진압되지 않았다.[58]

성익현은 풍채가 위풍당당하여 헌헌하였고, 잘 생긴 백옥 같은 얼굴에 수

---

56) 『울진군지』, 1984, 490-491쪽.
57) 『울진군지』, 1984, 490 - 491쪽.
58) 『독립운동사자료집』 3, 의병항쟁사자료집, 609쪽.

염을 길게 길렀다. 성익현이 말을 타고 갈 때면 모든 사람들이 쳐다보았고, 그의 아름다운 풍채는 사람들을 압도하였다.[59] 일제 측 자료에 의하면 성익현은 춘천출신이며 연령은 1907년 당시 54세이고, 체격은 위대하며 백발을 길렀고, 인품은 매우 높았다고 기록하였다.[60]

1907년 9월 2일(음력 7.25.) 오후 8시 성익현은 중군장 정경태와 부장 이상렬 등과 함께 의병 70여 명과 평해의 경무분파소를 공격하였다. 전배근도 합류하였다. 경무분파소를 습격하여 일본 순경 단영규·백천공명·고천팔대량 외 3명과 1시간 교전하여 이들을 물리쳤다. 그들은 분파소를 파괴하고 일본 순경과 순검의 소유물인 권총 2정, 도검 2자루, 의류 수점 및 공문서를 빼앗아 갔다.[61] 10일 오전 3시 정경태의 부하 김범수가 20명을 인솔하고 평해 군아를 포위 공격하여 숙박하고 있던 순검 손용즙, 황석진과 일어통역원 김명오를 생포하였다. 13일 오전 10시 성익현 정경태는 부하 80명을 거느리고 울진 읍내에 모습을 드러냈다. 평해에서 포박해온 손 순검 외 2명을 매화시장까지 압송하였으나 동족을 죽일 수 없다하여 모두 훈계 석방하였다. 이들을 구명하기 위해 일본 토벌대가 15일 오전 5시 선해환(扇海丸)으로 상륙하였으나 성익현 의진은 퇴각하였다.[62] 뒤이어 울진읍내에 침입하여 울진 군기고에 있던 화승총 25정과 활과 화살을 수합하였다. 성익현 부대는 평해 지역에서 군자금과 군수품 마련에 주력하였다. 10월 12일에는 부하 270명을 거느리고 평해 군아를 공격하여 돈 400원을, 이어 상리면 상성저동에서 말 2필을 획득하였으며, 10월 18일에는 평해군 원북면

<hr />

59) 성익현의 용모에 대한 이야기는 필자가 1985년 서울 고척동 田重權의 집을 방문하였는데, 그때 그로부터 전해 들었다.

60) 『暴徒に關る編册』 대비발, 1391호, 1907. 12. 30.

61) 『독립운동사자료집』 별집 1, 의병항쟁재판기록, 269-271쪽.

62) 『울진군지』 1984, 491쪽; 『폭도사편집자료』; 『독립운동사자료집』 3, 『의병항쟁사자료집』, 612쪽.

척산동에서 말 1필과 돈 674원을 획득하였다.[63]

10월 18일(음력 9.12) 오전 5시 성익현은 변학기, 정경태, 최종환, 정성진 등과 해산군인을 포함한 500명을 거느리고 울진읍내의 경무분견소를 습격하여 久米 경부이하 9명 및 순검 2명과 8시간에 걸쳐 교전 끝에 적들을 패주시키고 분견소와 군청, 우체소를 불태우고 군기와 재물을 노획했다. 의병들은 일본인 마을을 방화하여 민가 36동을 소각하였고, 분견소에 침입하여 소원의 사재 전부를 빼앗아 군수품으로 징발하였다. 이때부터 성익현은 이강년 부대의 중군장 정정진(鄭正眞)이 합류함으로써 이강년 부대와 제휴하고 그 예하 부대장들과 함께 활동하였다.[64] 10월 22일 오전 9시 성익현 의병부대는 재차 울진 읍내를 공격하여 군아 청정 1동과 부속가옥 3동을 소각시켰다.[65]

1907년 10월 31일 성익현은 정경태 변학기 정성진과 해산군인을 포함한 700명을 거느리고 삼척읍 일본수비대를 잔멸하기 위하여 진군 중 삼척 미로면에서 양군이 충돌하여 전투를 벌였다. 일군은 "미로면(未老面)의 산중에서 충돌하여 그 중 40명을 넘어뜨렸다"고 기록하였다. 이 전투에서 연합의진 지휘자는 성익현이었다.

동년(1907년) 10월 31일 이강년(李康秊)·성익현(成益鉉)·정경태(鄭京台)의 무리는 해산한병(解散韓兵)을 합세한 약 7백 명을 거느리고 삼척수비대(三陟守備隊)를 습격하려고 우리 수비대와 같은 군 미로면(未老面)의 산중에서 충돌하여 그 중 40명을 넘어뜨린 것이 주요한 것들이었다. 또한 동년 12월부터 음밀

---

63) 독립운동사편찬위원회, 『폭도사편집자료』; 『독립운동사자료집』 3, 『의병항쟁사자료집』, 612쪽.

64) 『독립운동사자료집』 별집 1, 1974, 269쪽; 국가보훈처, 『독립유공자공훈록』 12, 1996, 성익현 편.

65) 독립운동사편찬위원회, 『폭도사편집자료』; 『독립운동사자료집』 3, 의병항쟁사자료집, 616쪽; 『울진군지』 상권, 2001, 412 - 413쪽.

히 배치된 우리 수비대와 임시로 조직된 토벌대 때문에 삼척군·울진군·평해 군의 산속에서 그들이 난공불락(難攻不落)이라 여겼던 곳곳이 모두 유린되어 대소(大小) 수10회의 토벌로 인하여 목숨을 잃고 총기를 빼앗기어 드디어는 다 시 봉기할 수 없기에 이르렀다.[66]

이강년이 정말 삼척전투에 참여했는가. 일 군경이 기록한 『폭도사편집자료』에는 1907년 10월 31일 이강년이 삼척 미로면 전투에 참여한 것으로 되어있으나, 실상은 참여하지 않았다. 이 무렵 이강년은 단양에서 일군과 전투를 치열하게 벌이고 있었기 때문이다.

1916년 발간된 『창의사실기』[67]에는 이렇게 기록하고 있다. 이강년 부대는 "10월 29일 단양 고을에 들어가 왜학교 교장 오철상(吳哲相)을 죽였다" 하였고, 31일에 "장림역[68]으로 옮겨 주둔하면서 좌우 선봉에게 태봉마을 어귀에 복병하도록 하였다." 11월 2일에 "죽령아래에서 싸워 적의 목 6개를 얻었다." 5일에 "밤중에 적병이 와서 침범하기에 물리쳤다." 6일에 "적병이 또한 침범하기에 죽령 아래까지 좇아내고 적의 목 8개를 얻었다." 10일에 "부딪쳐 싸워서 적의 목 4개와 군마 하필을 얻었다." 11일에 "종일토록 전투가 크게 벌어졌는데 이기지 못하였다."고 하였다.[69]

---

66) 독립운동사편찬위원회, 위의 책, 616쪽.

67) 이강년이 순국한 뒤, 1916년 이강년의 묘소에 모여든 鄭沭遠 등 옛 동지 14 명이 주도하여 유족들을 구호하고 흩어진 원고를 수습하여 후세에 전하는 문제를 들고 나왔다. 이강년의 의병투쟁을 정리하는 일은 박정수가 맡았다. 그 가 일을 마무리 짓지 못하고 병석에 눕자 姜順熙가 대신 붓을 잡았고, 그해 말에는 3책으로 된 『운강선생유고』를 일단락 지을 수 있었다. 이들 자료는 필사본 형태로 박약재의 기왓장 속에 감춰졌고, 비로소 광복의 날을 맞았다. 1948년에는 『창의사실기』를 바탕으로 『운강선생창의일록』을 목판본으로 편찬 하였다.

68) 단양 대강면 장림리 역이 있던 곳임

69) 朴貞洙·강순희 편, 구완회 역, 『창의사실기』, 세명대학교 지역문화연구소, 1916,

10월 29일부터 이강년은 단양에서 치열한 전투를 하고 있을 때이다. 그런데 10월 31일 삼척전투에 참여한 것으로 기록 된 데에는 일군경이 뜬소문을 상부에 보고하였기 때문인 것으로 보인다. 의병은 여러 의진과 연대를 이루기도 하였는데, 유력한 의진과 연대하는 것은 군사적인 면에서도 유리했다. 공동작전을 펼쳐 투쟁성과를 더 올릴 수도 있었고, 토벌의 위협에서도 보호받을 수도 있었기 때문이다. 이런 이점 때문에 군소의진은 이강년의 호좌의진과 연대하거나 연대한 것처럼 행세했다. 연대한 척만 해도 일본 군경과 맞설 때 그들에게 적지 않은 위압감을 줄 수 있었다.

성익현 부대는 삼척 미로면에서 삼척수비대와의 전투에서 40여명의 전사하였으나, 어려운 가운데서도 울진을 근거지로 유격전을 전개하고 있었다.

1984년 발간된 울진군지에서는 1907년 10월 각처산진(各處散陣)이 삼척 도계에 집결하여 삼척읍 일본수비대를 잔멸하기 위하여 진군 중 오십천 능촌 솟골에서 양군이 충돌하여 3주야(晝夜) 전투 끝에 "포군 신성칠과 단양인 윤광한이 전사하고, 적병도 5명이 사살되었고 쌍방 공히 부상자도 많았다"고 하였다. 전배근은 전투에서 우측다리 총탄상(銃彈傷) 부상을 입었다. 결세항쟁주동자 중 한 사람인 장진수(張鎭洙)는 12월 6일 울진군 근남 수곡(水谷) 한티재 교전에서 일병 소위 서촌정의에게 포살 당했다.[70]

결세항쟁지역인 울진에서 의병이 활발해지면서 행정이 마비되고 부호들도 피난 가는 사태에 직면하기도 하였다. 의병 활동이 막바지에 이르렀을 때인 1908년 1월 7일 울진경무분서 보고를 소개한다.

> 울진은 폭도(의병)로 인하여 군아, 우편취급소, 경무분서 및 기타 큰 건물 및 민가의 반 이상 소각되어 도저히 다수 군대의 영사(營舍)는 물론 경찰분서

2014, 71 - 76쪽.
70) 『울진군지』, 1984, 492쪽 참조.

의 가옥에 충용할 만한 것이 없다.(하략)

『한국독립운동사』의병편 1, 537-538쪽, 1908년 1월 7일.

의병들의 무기

울진은 의병의 공격으로 인하여 관아와 우편취급소, 경무분서와 부속 건
물뿐만 아니라 민가도 반수이상이 불에 타서 군대를 주둔시킬 병영은 말할
것도 없고, 경찰분서나 경찰이 거주할 가옥조차 마련할 수 없을 만큼 파괴
되어 있는 상황이었다. 그래서 일본군은 울진 부근 옥계리 민가에 수비대
영사를, 경찰은 경찰분서를 각각 마련하고 준비에 들어갔다. 그러나 우편취
급소만은 아직 피난 상태여서 모든 서류나 물건은 울진에서 10리 떨어진
죽변만에 수시로 기항하는 우편선에 맡겼다.[71]

이처럼 의병들은 울진의 일본 전초기지를 철저히 파괴하였던 것이다. 울

---

71) 국사편찬위원회, 『한국독립운동사자료』의병편 8, 430쪽.

진에서 의병과 일본군과의 전투로 많은 민가가 부서지고 또한 의병의 습격으로 군청, 경무서, 우편소 등의 건물이 파괴되고, 세금징수, 우편업무 등의 행정이 마비된 상태였다. 울진에서 일본 전초기지가 완전히 파괴된 데에는 성익현 부대와 정경태 부대의 활동이 컸다고 볼 수 있다. 신돌석 부대는 군대 강제해산 이후 울진읍을 공략한 일은 없었기 때문이다.

경북 북부와 강원, 충청도로 연결되는 지역의 의병 활동에 대한 일본의 본격적인 진압은 1907년 12월에 들어 실시되었다. 울진을 중심으로 의병들의 활동이 활발하게 전개되자, 일제는 삼척에 주둔한 일본군을 울진으로 내려 보냈다. 1907년 12월 7일 삼척분파소 주둔 제49분대 제1중대 중위 니시무라는 하사졸 41명을 인솔하여 울진에 도착했다. 삼척에 있던 울진분서 순사부장을 비롯한 순사 4명도 울진에 왔다. 이날 성익현은 정경태, 변학기, 정성진과 함께 부하 400명을 거느리고 울진읍내에 와서 구만동, 계원동, 무월동에 주둔 중이었는데, 울진수비대가 삼척에서 죽변에 상륙하여 읍내로 향하고 있다는 것을 알고 급히 퇴각하였다.[72] 평해에도 토벌대가 온다는 정보가 있었다. 12월 8일 오후 1시 이고포(李姑浦) 또는 이고보(李考甫)는 부하 128명을 거느리고 평해 읍내에서 활동 중이었다. 영양에서 토벌대가 온다는 정보를 입수하고 급히 퇴각하였다.[73]

경북 북부지역에서 활동하던 이강년·신돌석 부대를 토벌하기 위한 대구 토벌대인 적사토벌대의 수십 회에 걸친 토벌로 삼척군, 울진군, 평해군의 산속에서 근거지를 두고 있던 많은 의병이 피해를 입었으나 유격전을 전개하고 있었다.[74]

---

72) 『폭도사편집자료』; 『독립운동사자료집』 3, 『의병항쟁사자료집』, 611-616쪽; 『울진군지』, 1984, 491쪽.

73) 『독립운동사자료집』 3, 『의병항쟁사자료집』, 616쪽.

74) 『한국독립운동사』 자료 8, 311쪽 ; 『울진군지』 상권, 2001, 413쪽.

1907년 11월로 들어서자 경북 북부지역에서 활동하던 이강년·신돌석 부대를 토벌하기 위한 대구 적사토벌대(赤司討伐隊)의 토벌이 시작되었다. 일제는 기관총 2정을 배정하여 의병을 압박하였다. 시야중대(矢野中隊) 소속 웅택소대(熊澤小隊)는 24일 행동을 개시하였다. 25일 소천면 현동(縣洞)에서 의병 약 70명과 교전에서 20명이 전사하고 울진으로 추격하였다. 27일 울진군 탕실(湯實)에서 의병 7백을 야습하여 34명이 전사하고, 28일 다시 추격하여 의병 22명이 전사, 탑일(塔日)에서도 의병 14명이 전사하였다. 울진 산간에 의병이 집결해 있다는 정보를 입수한 적사토벌대는 다시 중대를 출동시켰다. 시야중대(矢野中隊)는 12월 15일 대평(大坪)에서 출발, 16일 울진군 탕실에서 숙영중인 의병을 급습하여 김정원(金正元) 이하 90명이 사상(死傷)되었다. 18일 탕실 동방 곡지(谷地)에서 의병 10수 명이 전사하고, 또다른 1소대는 19일 울진 서북방 약 20리 지점에서 소탕이 있었다.[75]

여러 차례에 걸친 토벌로 삼척군, 울진군, 평해군의 산속에서 근거지를 두고 있던 많은 의병이 피해를 입었으나 유격전을 전개하고 있었다. 울진을 근거지로 활동하던 성익현 부대는 일본군의 강력한 토벌과 추운 겨울철 날씨로 그 활동이 크게 위축되었다. 12월 말경 성익현은 부하 약 300명에게 양총 8정과 화승총 200여정으로 무장한 채 울진의 산간에 둔치 하였다.[76] 이후 1908년 4월까지 성익현은 정경태 김성삼 등을 앞장세워 울진, 평해 지역에 가끔 출몰하면서 일본군, 헌병, 경찰과 충돌하는 정도의 활동만 하였다. 의병의 활동이 위축되고 일본군의 의병토벌이 더욱 강화되자, 의병에 참여 했던 사람들의 귀순도 늘어났다.[77]

---

75) 『조선폭도토벌지』, 『독립운동사자료집』 3, 718 - 719쪽.
76) 『폭도에 관한 편책』 대비발 1391호, 1907년 12월 30일; 『한국독립운동사자료』 8, 363 - 364쪽.
77) 『폭도에 관한 편책』 보고서 제5호, 1908년 2월 9일; 『한국독립운동사자료』

의병 활동이 위축된 상황 속에서도 성익현 의병진은 당규를 만들고 그것을 어기면 가차 없이 총살을 시키기도 하였다. 1908년 4월(음력 3월)에 부하 최봉삼(崔鳳三)이 당규(黨規)를 범하였음을 이유로 울진군 서면 소조동(召造洞) 김원일(金元一) 집 동쪽 밀밭에서 최봉삼을 총살하였다.[78] 이는 성익현 부대가 울진군 서면을 근거지로 활동하고 있었음이 확인된다.

겨울을 난 성익현 의진은 활동근거지를 확보하기 위해 봉화 내성을 공략하기로 하였다. 1908년 5월 17일 봉화지역 서벽전투와 18~19일 내성전투, 6월 4일 재산전투가 기다리고 있었다.

1908년 5월 1일 성익현·변학기가 인솔하는 의병 100여명이 봉화군 춘양면 현동에 나타났다. 성익현 부대는 울진군 서면 하원 일대에 근거지를 두고 서벽·내성전투를 준비해 온 것으로 보인다. 다음은 『폭도에 관한 편책』에 들어있는 내용이다.

> 5월 1일 봉화지방 상동면장의 보고에 의하여 적괴 변학기 및 성(成)모가 인솔하는 적 약 백(百)은 춘양면 현동 부근에서 횡폭을 자행하고 있는 것을 알고 소대장 이하 12명이 3일 오전 6시 수비지를 출발 토벌 차 향하여 소차 현동 법전 서벽리의 각지를 수색하였으나 적과 조우하는 일이 없이 6일 오전 8시 수비지로 귀환하였다.[79]

영천수비대에서 소대장이하 12명이 5월 3일 오전 6시 영천을 출발하여 봉화군 동방(東方)지역 소차 현동 법전 서벽리를 수색하였으나 의병과 조우

9, 53쪽.

78) 『독립운동사자료집』 별집1, 의병항쟁재판기록, 269 - 271쪽.

79) 국사편찬위원회, 『한국독립운동사』 자료 11, 의병편 IV, 1968.

하는 일 없이 6일 오전 6시에 영천으로 귀환했다는 것이다.

이즈음 이강년 의진의 이동경로이다. 그는 13도창의대진소의 호서창의대장에 선임되어 있었다. 하지만 목적지 양주로의 진군은 여의치가 않았다. 계속된 행군으로 병사들의 피로가 누적되었고, 일본군의 공격으로 더 이상 나아갈 수 없었던 것이다. 결국 이들은 4월경 강원도 화천·인제를 거쳐 설악산 백담사로 물러났다. 백담사에서 이강년은 일본군과 격전을 벌였으며, 신흥사 오세암 등을 거쳐 강릉으로 남하하였다. 이들은 경상도로 가기위해 태백산 줄기를 따라 이들은 영주에 도착하였다. 그가 새로운 활동근거지를 확보하기 위해 노력하고 있는 중에 일본군과 만나 간헐적인 접전이 이루어졌다. 이들은 충북 북부와 경북 북부, 강원 남부지역을 넘나들며 일제군경과 혈전을 거듭하였으나 그동안 전력이 크게 소모되어 있었다.[80]

『창의사실기』[81])에 의하면, 이강년 의진이 화천·인제·강릉·삼척으로

---

80) 홍영기, 『한말후기의병』, 2009, 105쪽 참조.
81) 이강년이 순국한 뒤, 1916년 이강년의 묘소에 모여든 鄭濟遠 등 옛 동지 14명이 주도하여 흩어진 원고를 수습하여 후세에 전하는 문제를 들고 나왔다. 이강년의 의병투쟁을 정리하는 일은 박정수가 맡았다. 그가 일을 마무리 짓지 못하고 병석에 눕자 姜順熙가 대신 붓을 잡았고, 그해 말에는 3책으로 된 『운강선생유고』를 일단락 지을 수 있었다. 그 가운데 이강년의 의병 활동을 강목체(綱目體)로 정리한 것이 『창의사실기』이다. 이들 자료는 필사본 형태로 박약재의 기왓장 속에 비밀스럽게 감춰졌고, 비로소 광복의 날을 맞았다. 1948년에는 『창의사실기』를 바탕으로 『운강선생창의일록』을 목판본으로 편찬하였는데, 문경 나암재(羅菴齋)에서 주관하고 문경을 중심으로 여러 문중 향교를 중심으로 유림 쪽 인사들이 이를 뒷받침했다.(구완회 『영원한의병장 운강이강년』, 2015) 정재덕(鄭載德)이 도청(都廳)소임을 맡았고 한양리(韓良履, 1883~1946) 민순호(閔舜鎬, 1880~1966) 등 10여 명이 일에 참여했다. 정재덕은 호좌의진의 교련관이었고, 한양리는 운강의 옥바라지를 하였고, 민순호는 호좌의진에서 후군소모장 출신이었다. 도선봉장 백남규(白南奎, 1884~1970)·권용일(權用佾, 1983~1971)은 각각 장임록 4번째와 7번째로 등장하는 주요인물이고, 당시 호좌의진에 참여했던 상당수가 생존해 있었으며 이규홍(李圭洪)은 『운강선생창의

남하하여 황지·상동을 지나 제천으로 들어가게 된다. 1908년 5월부터 6월까지 행로를 다음과 같이 기록하고 있다.

> 4월(양력 5월 - 필자 주). 적의 목 여든 개를 얻다.
>
> 강릉에서 고개 하나(고개 이름은 기록하지 않음)를 넘어 장차 정선으로 향하려는데 정탐이 적병들이 갑자기 쳐들어 왔다고 보고하였다. 공이 가만히 먼저 요충지에 복병을 두었는데 과연 적이 이르렀다. 일제히 사격하여 모두 죽였다.
>
> 5월 23일(6.21). 제천 오미리(吳美里)에 주둔하면서 적을 맞아 공격하였다.
>
> 이때에 공은 군사들을 이끌고 호남으로 향하려는 계획을 결정하였다. 따라서 삼척 땅을 지나 태백·소백산의 경상도 쪽의 길을 따르려고 남쪽을 향해 진군하였다. 적병이 사방에서 추적하여 뜻같이 않았으므로 비로소 고개 안쪽으로 향하여 황지를 거쳐 화절치에 이르러 김상태와 서로 만났다가 곧 나뉘었다. 영월의 상동을 지나 묵동의 정(丁)씨 집에 이르러 하루를 묵고 광탄의 김준경(金駿卿) 집에 이르러 나아가 송한에 이르러 점심을 지어 먹었다. (하략)[82]

음력 4월은 양력 5월이다. 이강년이 봉화지역 서벽·내성·재성에서 군사작전을 전개하였다는 직접적인 언급 없이 요충지에 복병을 두었다고 하였다. 5월 강릉에서 행군하여 고개 하나를 넘어 정선으로 향하려는데 정탐이 적병들이 갑자기 침범해 왔다는 것은 애초 행선지를 강릉에서 북행하려 했던 것으로 보이고, 봉화지역 서벽 내성전투를 인지하고 있지 못한 것으로

일록』과 『운강선생문집』 간행에 크게 기여하였다.(이태룡, 「운강 이강년의 도체찰사제수와 순국과정연구」, 2018).

82) 박정수·강순희 저, 구완회 역, 『국역 창의사실기』, 세명대학교 지역문화연구소, 2014, 127 - 128쪽.

보인다. 그리고 삼척을 지나 황지를 거쳐 화절치에서 김상태를 만나고 상동을 거쳐 제천 오미리에서 적을 맞아 공격하였다는 날이 6월 21일이다.

『조선폭도토벌지』에 의하면 1908년 5월 4일 이강년은 이준명(李準明)·정원팔(鄭元八) 등 이하 2백 60명과 인제군 오세암(五歲庵)에서 주둔 중에 인제수비대의 기습을 받고 50명의 전사자를 내었다.[83] 그리고 강릉을 거쳐 이틀 후, 삼척에 들어간 것으로 보인다. 이강년은 5월 6일부터 15일까지 성익현·정경태·김용묵·이봉식·김태봉 등과 해산한병 5백 명을 거느리고 삼척군 소달면(所達面)·상장면(上長面)·노곡면(蘆谷面) 등지에서 활동한 것으로 나타난다.[84] 이들 의병부대는 5월 9일 삼척 용화와 도계에서 강릉수비대와 두 차례 전투를 치렀다. 일제 군경 자료에는 의병 100명의 사망자가 있었다고 기록했다.[85]

1908년 5월 강원과 경북지역을 이끌던 성익현이 봉화군 서벽에서 주둔중일 때, 충청·강원·경북에서 활약하던 이강년 부대가 인제·강릉을 거쳐 남하함으로써 큰 세력을 형성하게 되었다. 그동안 계획하고 있었던 내성을 점령하여 튼튼한 진지를 구축하여 일본 군경에 대항하고자 하였다. 당시 상황을 『조선폭도토벌지』는 다음과 같이 기록하였다.

경상북도 북부에 있는 폭도는 안동·상주·문경 등 각 수비대의 압박으로 소백산·일월산의 산곡험요(山谷嶮要)로 은신 소굴을 구축하고 때때로 부근 촌락을 약탈하면서 겨우 목숨을 보존하고 있었다. 그러나 5월 상순 강원도 인제 부근에서 내려온 이강년(李康秊)의 무리가 일월산 부근을 배회하면서 은근히 무뢰한들을 규합하자 서벽리·순흥 부근에 숨어 있던 수괴 변

---

83) 『조선폭도토벌지』, 『독립운동사자료집』 3, 753 - 754쪽.
84) 『폭도사편집자료』, 『독립운동사자료집』 3, 615쪽.
85) 『조선폭도토벌지』, 『독립운동사자료집』 3, 755쪽.

학기(邊鶴基)·성익현(成益顯)·김상태(金相泰)·정경태(鄭敦泰)·백남규(白南奎)·정연철(鄭蓮哲) 등이 서로 응하여 봉기, 일시 적세는 극히 강렬하였다.[86]

봉화 서벽리에는 전운이 감돌고 있었다. 일제 군경은 의병부대가 봉화군 동방부, 삼척군 동남부 및 울진군 서남부에 주둔하고 있는 것으로 파악하고 있었다. 1908년 5월 14일 서벽리에 의병 300명이 배회하고 있다는 것이 일제정보망에 드러난다.[87] 다음날 집결된 의병은 더 늘어나 500명이 되었다. 서벽리 의병 집결에 대하여 봉화주재소 순사부장 청수원삼(淸水源三)이 영천경찰분서장에게 보고한 정보 요지이다.

- 작(昨) 15일 오전 7시 정찰하러 출소했던 순사 정상유(鄭相裕) 외 1명의 보고에 의하면 일반 인민은 서벽리에는 비도 비도 약 일천이 집합해 있다고 하고 있으나 실수는 5백 명 내외에 불과하다.
- 의병부대는 예비령(禮非嶺)에는 적이 전망초(展望哨)를 내어 경계를 엄중히 한다.
- 비도의 수괴는 정경태·변학기·김상태·정연철·백남규·성익현 등이 이끄는 약 600명이라고도 한다.
- 비도는 금월 20일 봉화를 습격하고 이어 21일에는 영천을 습격 한다고 양언(揚言)했다.
- 무기는 총 약 60정 화승총 약간이다.[88]
- 작(昨) 15일 오후 6시 禮非嶺麓에서 내성면 월계리(月溪里)에는 6명의 비도(匪徒)가 침입하여 출금(出金)을 강탈하고 촌민 5명 포박하여 서

86) 『조선폭도토벌지』, 『독립운동사자료집』 3, 762쪽.
87) 국사편찬위원회, 「융희 2년 5월 14일 ‘五月 十四日 於尙州 」, 『한국독립운동사』 자료 11, 의병편 IV, 1968.
88) 국사편찬위원회, 「융희 2년 5월 16일 ‘匪徒報告에 관한 件’ 」, 『한국독립운동사』 자료 11, 의병편 IV, 1968.

벽리로 납거(拉去)하였다.

- 이상의 상황이므로 봉화주제소로부터는 순사부장 청수원삼(淸水源三) 순사 등강칠치랑(藤岡七治郞)과 도전충혜(稻田充穗) 및 한인 순사 2명을 상원오장(上原伍長) 일행에 가입하여 명(明) 17일 미명에 습격할 목적으로 금일 오후 5시 내성을 출발하였다.

1908년 5월 15일 오전 7시 서벽리에 정찰하러 출소했던 순사 정상유의 보고에서 나타나는 것은 서벽에 참여한 의진은 성익현·변학기·정경태·김상태·백남규·정연철로 확인되고 그들이 이끄는 실제 의병의 수는 5백 명, 무기는 총 60정과 약간의 화승총[89])으로 무장하고 있다는 것. 의병부대는 예비령(禮非嶺)에 보초를 세워 경계를 엄중히 하고 있다는 것. 이들은 오는 20일 봉화를 공격하고 이어 21일에는 영천을 공격 한다고 하였다. 상항이 이렇게 전개되자 다급한 일제 군경은 즉시 서벽리에 집결한 의병을 토벌하기로 결심한다. 5월 16일 영천수비대는 하사 이하 4명과 순사 6명(한인순사 2) 그리고 통역 1명, 모두 11명을 정찰대로 구성하여 파견하였다.

봉화 서벽전투에 대한 『조선폭도토벌지』와 일제 정보 보고서에 기록되어 있는 내용이다.

① 5월 16일 영천(榮川) 수비대장은 정찰을 위하여 하사 4명과 순사 6 명을 서벽리(西碧里)로 파견하였다. 이 정찰대는 17일 오전 4시 서벽리 동 방 약 10리 지점인 곡지(谷地)에서 우세한 폭도의 일단과 조우하여 거의

___

89) 의병이 소지한 총 중에서 서구식 소총의 비율이 어느 정도인지는 정확히 알 수 없지만 1907년 7월부터 1908년 2월까지 일본군의 조사에 의하면 약 1/4 에 이르렀다고 한다. 그렇다면 3/4이 화승총이었다는 것으로 해산군인들의 참여로 공급된 서구식 소총이 의병부대에서 화력 측면에서는 높은 비중을 차지할 수 있었을지 모르지만, 그 점유율에서는 큰 비중을 차지하지 못하였다고 볼 수 있다. 윤병석, 「의병과 독립군」, 세종대왕기념사업회, 1977, 112쪽; 심철기 앞의 논문, 169쪽.

포위되어 탄약이 떨어지자 하사 이하 3명은 행방불명이 되고 잔여는 가까스로 퇴각하였다. 이 폭도는 수괴 변학기(邊鶴基)가 지휘하는 집단으로 그 수 천(千)이라 호언하며 18일 대거 내성(乃城)으로 습격하여 왔다.

② 서벽리에는 이강년, 변학기, 성 대장(成 大將), 김상태, 정경태 등의 대집단이 있어 15일 오전 중에 춘양면 현동방면으로 기부(幾部)가 진출하였으나, 지금도 1천여 명(또는 2천여 명이라고도 함)의 주력이 있다는 사실을 얻었으나 그 실황을 확인하고 나아가 공격하려고 경계 진행 중, 17일 오전 4시 20분, 고갯마루에서 동쪽으로 약 2,500미터를 내려왔을 때, 약 400미터 동쪽 좌 전방에서 백, 흑의의 적 4, 50명이 있음을 보는 동시에 우리 일행을 향해 사격을 개시하였다. 그래서 왼쪽을 향해 응전을 하였는데, 적이 점차로 북쪽고지에 나타나더니 잠깐사이에 갑자기 일행을 포위하려고 그 구역을 광대하게 또 대담하게 포위를 형성하였다. 만약 그곳에서 완전히 포위당함에 있어서는 위험치고는 가장 심한 것으로 천천히 사격하면서 철수하기로 하고 주실령의 정상을 유지하면서 적의 노력을 확인한즉, 적의 실제 수는 알 수 없으나 그 우세함은 종전에 보지 못한 바이고, 또 무기도 총이 많은 것을 보았다. 정보에서 얻은 바와 같이 약 1,000명이라고 한 것은 과언이 아닐 것으로 믿고 더 이상 대적하는 것은 불이익함을 인정하였다. 그래서 덕산동으로 되돌아와서 시환 오장의 풍기대와 순흥 주재소원은 그곳에서 풍기와 순흥으로 되돌아가게 하고 영천으로부터의 출장자는 오록동을 경유하여 급행, 오전 2시 영천에 귀착하였다. 이 정찰의 결과 우세한 약 1천의 적은 서벽리 일대 지구에 있으면서 얼마 안 있어 내성, 영천, 순흥을 습격하려고 하는 것임을 알 수 있으므로 곧 영천수비 대장에게 통보하여 이에 대한 계획을 요구하는 동시에 밀정을 활용하여 경계에 크게 힘쓰고 또 대장에게 급히 응원 요청을 요구하였다.[90]

---

90) 국사편찬위원회, 「호의비1, 융희2년 5월 17일 ＇匪徒 狀況에 관한 伴 」,『한국독립운동사』 자료 11, 의병편 IV, 1968, 72-73쪽.

①은 조선폭도토벌지에 기록되어 있고, ②는 영천경찰분서장이 경무국장에게로 보낸 보고서이다. 두 기록을 종합해 보면 5월 16일 영천 수비대장은 정찰을 위하여 하사 4명과 순사 6명 통역 1명을 합쳐 모두 11명을 봉화 서벽리로 파견하였다. 일본 정찰대는 17일 새벽 4시 서벽리 동방 약 10리 지점에서 전에는 보지도 못한 우세한 의병을 만난다. 새벽 4시 20분, 정찰대가 고갯마루에서 동쪽으로 약 2,500m를 내려왔을 때, 의병 50명으로부터 사격이 개시되었다. 의병은 광대하게 포위를 형성하였다. 적의 우세함은 종전에 보지 못한 바이고, 또 무기도 총이 많은 것을 파악한[91] 정찰대는 완전히 포위당함에 있어서는 몰살당할 수 있는 것으로 판단하고, 주실령의 정상을 유지하면서 달아나기 시작하였다. 무려 4시간 동안 교전이 전개되었다. 연합의진이 1,000명이라는 것은 과언이 아닌 것으로 확인하고 우세한 의병에 포위당하여 후퇴한 것이다.[92] 정찰대는 의병에 포위되어 탄환은 모두

---

91) 해산군인들은 민긍호 의병부대가 일본군과 일전을 위해 탄환을 만들고 포문을 연습하였던 것처럼 자체적으로 무기생산이 가능하였다. 따라서 해산군인이 의병전쟁에 참여한 이후 화승총이 개조되었다는 것은 해산군인들에 의해 공급된 서구식 소총을 바탕으로 기존의 화승총을 개조하였을 가능성이 매우 높다. 해산군인에 의해 공급된 무기는 단순히 의병부대 전투력 향상을 위한 공급에 그친 것이 아니라 의병들의 보편적인 무기인 화승총의 개조에 일조하면서 당시 의병부대의 총기 비율을 높이고 있었다. 의병소총 중 3/4이 화승총이라고 하여도 기존의 화승총이 아닌 개조된 화승총이 상당수 차지하고 있었다. 왕현종, 「1907년 이후 원주진위대의 의병참여와 전술변화」, 『역사교육』 96, 2005, 149쪽; 심철기 앞의 논문, 171쪽.

92) 1910년초 강원도 경찰부장의 보고에 나오듯이 의병이 사용하는 총기 중 가장 많은 것은 양총과 모제르총이었다. 의병노획물자 보고에는 이외에도 의병이 사용한 무기로 정확한 종류를 알 수 없는 미국식, 독일식, 러시아식 소총도 언급하고 있다. 독일식 소총과 러시아식 소총은 주로 함경도와 연해주 지역의 의병들과 관련하여 언급하고 있는 것으로 미루어 국내 의병들은 별로

소진되고 눈물을 머금고 퇴각한다 하였으니, 일제가 을미의병이래 전투에서 이렇게 물러나는 일은 찾아보기 힘들 것 같다. 일본군은 5구의 시체를 남긴 채 주실령을 넘어 내성으로 퇴각하였다. 그들은 의병을 얕잡아 보고 달려들었다가 낭패를 본 것이다. 정찰대 11명의 병력으로서 1,000명에 가까운 의병을 대적한다는 것은 어쩌면 대담한 일이기도 하다. 그들이 계산도 없이 무모한 행동을 할리는 없을 것이고 어딘가에 믿는 구석이 있었을 것이다. 그것은 무기였을 것이다. 그들이 자신감을 가진 것은 자신들이 소지한 소총의 성능을 믿었기 때문인 것으로 보인다. 그러나 미명의 어둠속에서 실탄을 다 써버린 것이다. 얼마 안 있어 의병이 내성, 영천을 공격할 것임을 영천수비대장에게 통보하고 또 대장에게 응원을 요청하는 내용이 드러나고 있다. 이처럼 서벽·내성 전투는 연합의진 규모에서 일제에 미친 영향은 인상적이었다.

21일 영천경찰분서에서는 서벽리에서 행방불명 5명은 전사된 것으로 확신하고 인부 4명을 고용하여 전투한 장소를 빠짐없이 수색하였다. 새로 쓴 묘를 발견하고 발굴하였다. 제일 먼저 도전순사를 수습하고, 하산순사, 상원오장의 3명의 시체를 발견하였는데, 모두 목이 베어져 있었다. 도전순사는 臀部에 1개소의 총검을 받고 왼쪽다리를 펴고 왼쪽 손을 조금 펴고 오른손을 왼쪽으로 구부리고 있어 총으로 자살을 수행한 것으로 인정되었다. 하산순사는 肩胛部에 1개소의 총검을 받고 있으며 수건을 찢여 두 손이 묶여 있어 포박 된 것으로 보였다.[93]

서벽전투가 있었던 격전지는 현재 서벽초등학교 입구 항일의병 기념비가

사용할 기회가 없었다고 생각된다. 국사편찬위원회, 『한국독립운동사』 자료 17, 1979, 388쪽.

93) 국사편찬위원회, 「영비발 호외 제6호, 융희 2년 5월 21일 '폭도사건'」, 『한국독립운동사』 자료 11, 의병편 IV, 1968, 95쪽.

있는 곳이다. 당시 의병은 일본 군경의 목을 베어 느티나무 가지에 가지런히 매달았는데, 상원오장·도전·하산·윤화영(尹和永)의 삼순사와 영천수비대 통역 이모의 5명의 사체는 몸과 목의 있는 곳이 다른데, 목이 서벽리 입구 수목에 가지런히 매어달려 있었다고 한다.[94]

1984년 12월 서벽초등학교 교문 느티나무 숲에 건립된 항일의거기념비에는 다음과 같은 글이 새겨져 있다.

한 그루 상처투성이
이 고장 역사의 파수병
거룩한 천년 수여
악에 받힌 의병들이 느티나무 밑둥 그늘에 숨어
쳐들어오는 왜놈 헌병들을 화승총으로 모조리 섬멸시킨
전설로 자랑인 것을
서낭당 곁에선 신목이라고, 반쪽만 왜놈들이 베어가 버린
아, 가슴 아픈 곤욕의 세월아
다만 뼈아픈 설음에 넌지시 문수산 옥석산 바라보며
남몰래 피눈물 흘러흘러 그 또한 몇 십 년 이런가
그러나 천년 수여
당신의 가지아래 너른 교정에선 내일의 총명한
푸른 아이들이 의젓한 당신의 자태
우러러 회회락락 자라나고 있지 않은가

다음은 『폭도사편집자료』에 기록된 내용이다. 경상북도 관찰사 박중양(朴重陽)이 경무국장 송정무(松井茂)에게 적도 봉기 이래의 상황에 대한 조

---

94) 국사편찬위원회, 「영비 호외 제4호, 융희 2년 5월 20일 '폭도사건'」, 『한국독립운동사』 자료 11, 의병편 IV, 1968, 71쪽.

사결과 보고이다.

　　"본년 5월 18일, 앞서 태백산(太白山) 방면에 집단을 이루었던 변학기・
　성익현・김상태 등 약 1천 이상의 대집단은 봉화군(奉化郡) 서벽리(西璧里)
　에서 아측 정찰대와 충돌하여 그 때 하사 1명, 순사 3명・통역 1명 전사
　함. 그들은 그 세력을 타고 다음 18일 봉화군(奉化郡) 내성(乃城) (주재
　소・헌병분견소 소재지)을 포위 습격하였으나 마침내 격퇴되었다." 95)

　서벽・내성전투는 성익현・변학기・김상태가 1천명 이상 의병 대집단을
이끌고 있음을 기록하고 있다.
　또 다른 자료에는 영천분서장이 경찰국장에게 봉화에서 사망한 일본인
순사에 대한 사건보고로써『폭도에 관한 편책』에 들어있는 내용이다. "성익
현(成翼顯)이 이끄는 의병부대의 춘양면 일대 집결"이라 기록하였다.96) 성
익현이 서벽전투를 지휘하지 않았을까 라고 볼 수 있는 기록이기도 하다.
1908년 5월 17일 내성을 공격하러가는 길에 봉화군 서벽리에서 일본군 정
찰대를 발견하고 이를 공격하여 하사 1명과 순사 3명 및 통역 1명을 사살
하는 전과를 올린 것이다.
　다음은 1908년 5월 18일에서 19일 봉화지역 내성전투를 설명하고 있다.
『조선폭도토벌지』에 기록되어 있는 내용이다.

　내성(乃城) 헌병분견소장인 전도헌병소위(田島憲兵少尉)는 헌병・경관을
　독려, 방전(防戰) 6시간에 걸쳐 그 20을 사살하고 겨우 내성 서북 1천 5백

95)『폭도사편집자료』,『독립운동사자료집』 3, 582 - 583쪽.
96) 국사편찬위원회 〈榮秘收, 제300호, 1908년 5월 25일, 奉化에서 戰死한 日本
　　人 巡査 死體發見 등에 대한 건〉;『한국독립운동사』 자료 11, 의병편 IV,
　　1968.

m 지점으로 격퇴시켰다. 그러나 폭도는 의연 그곳에 머물러 대오를 정돈하고 재차 내습하려는 기세가 보였다. 헌병대장은 병력이 미약하여 출격을 못하고 오후 10시 안동수비대(安東守備隊)에서 청목소위(靑木少尉) 이하 47명의 응원군이 내성(乃城)에 도착하고, 또 영천(榮川)·함창(咸昌)수비대에서 급파한 토벌대도 그와 전후하여 도착하였으므로 전도헌병소위(田島憲兵少尉)는 부하 11명을 인솔하고 19일 오전 1시부터 각대 호응하여 폭도를 공격 그를 사살하고 서벽리(西碧里) 방면으로 구축하였다.[97]

5월 18일 내성에는 전날 예안에서 파견된 헌병소위 전도(田島)가 인솔하는 일본 헌병 8명을 합쳐 내성 헌병분견소와 내성주재소의 헌병 19명, 일본인 순사 3명, 모두 22명이 주둔하고 있었다.[98]

내성에서 북쪽 8km 떨어진 황해리(黃海里, 봉화 물야면 북지리)에 주둔하고 있던 의진은 이강년·성익현·변학기·김상태·백남규·정경태·정연철이다. 이들 7의진이 거느린 병력은 1,000명 내외로서, 양총 100정과 화승총 400~500정으로 무장하고 있었다. 해산군인은 서구식 양총을 그 외의 의병은 화승총을 소지했을 것이다. 그리고 1,000명 중에서 최소한 400명은 총기를 휴대하지 않았던 것으로 보인다. 오전 8시 내성으로 진격하였다. 먼저 변학기·백남규가 선봉에서 500명을 이끌었다. 서방고지에서 동북방 고지로 전개하며 포위하니 그 길이가 3리 정도라 의병은 3면 고지를 점령하였다. 일제 측은 전도소위 지휘하에 헌병 19명, 순사부장 청수원삼, 순사 석원 청수·등강칠차랑 모두 합쳐 23명이 동북방 2개 고지에 포진해 있었다. 오전 9시부터 사격이 개시되었다. 오전 9시부터 시작한 전투는 오후 4시 반까지 계속되었다.[99]

---

97) 『조선폭도토벌지』, 『독립운동사자료집』 3, 1971, 762 - 764쪽.
98) 국사편찬위원회, 「영비 호외 제2호 융희 2년 5월 18일 '폭도에 관한 건'」, 『한국독립운동사』 자료 11, 의병편 IV, 1968, 75쪽.

일제는 헌병소위 전도의 지휘하에 헌병·경관과 6시간에 걸쳐 의병 20명을 사살하고 겨우 내성 서북 1천 5백 미터 지점으로 격퇴시켰다고 하였다. 헌병소위 전도는 보고에서 "적의 실제 수는 8백 명(八百名)으로 인정한다. 18일 오전 10시 내성으로 습래(襲來)하여 사방을 포위하다 응전이 오후 4시로 10분에 걸쳐 이를 격퇴하다. 적(敵)의 사자 20명 아(我)에는 손해가 없다." 라고 하였다. 치열한 응전은 오후 4시로 10분 만에 격퇴하였다는 것이고, 의병은 교전에서 전사자 20명이었지만, 일제 군경의 사망자는 없었다는 것이다. 어떻게 이런 결과가 나오는가. 전투에 참여한 1,000여 명의 의병이 일군경 23명이 수비하는 내성을 함락하지 못했을까. 이것은 의병구성원이 훈련되지 않은 농민이 많았다는 점도 그 원인이 될 수 있겠으나, 무엇보다도 일제의 총기규제로 인한 무기의 열세와 총기 성능에 의한 차이 때문인 것으로 보인다. 화승총은 최신무기에 비하여 제조가 쉬웠으나, 사격에서 시간이 오래 걸리고 정확도가 떨어진다. 의병은 대부분 경발 화승총[100]으로 무장되었으니 최신무기를 사용하는 일본군을 상대하기에는 버거웠을 것이다. 특히, 무라다 30년식 소총[101]은 일본이 자랑하는 최신의 무기로서 러일

---

99) 국사편찬위원회, 위의 책, 79쪽.
100) 전라도 의병들이 1908년 2월 이후 화승총을 개조하여 4월 초순부터는 거의 대부분이 개조된 뇌관식의 화승총을 사용하고 있다는 보고로 기존의 화승총을 뇌관식 단발총으로 개조하고 있다는 것이다. 사거리가 연장된 때문인지 개조된 무기는 천보총이라 불렸던 것 같다. 기존의 화승총은 화승의 불씨로 화약을 점화하여 발사시키는 방식이었는데, 일기가 불순하면 불씨의 유지가 어렵게 되는 약점을 가지고 있었을 뿐만 아니라 중량도 3.6~5.4kg이나 되었고, 유효사거리도 70m 정도에 지나지 않았다. 또 총구를 통해 화약과 탄환을 장전하는 前裝式이었으므로 숙달된 사수의 경우 1분에 1발씩 발사 할 수 있었다. 따라서 명중률과 살상력이 낮았으며, 신속한 대응이나 야간 기습에 한계를 가지고 있던 소총이었다. 다만 화승총은 그 제작과 탄환·화약의 조달이 용이한 장점이 있었다. 「조선폭도토벌지」, 『독립운동사자료집』 제3집, 1971, 202쪽 참조.

베르단소총이다. 장전방식은 단발식 트랩도어식, 사용탄약 10.75×58mmR.

레밍턴 롤링블럭이다. 장전방식은 단발식 롤링블럭, 사용탄약 8×50mmR Lebel.

스프링필드 M1903이다. 장전방식은 5발 내부 박스 탄창 볼트액션, 사용탄약 30-03 스프링필드.

마우저 소총이다. 장전방식은 단발 볼트액션, 사용탄약 7.65×53mm.

전쟁에서 사용한 일본군의 주력 5연발 소총이었다. 거기다가 기관총이 배치되었을 수도 있다.

---

101) 일본에서 무라다 13년식 소총은 1880년에 개발한 소총이었고 이를 1885년에 개량한 것이 18년식 소총으로 이때까지는 단발총이었다. 1889년 연발식 소구경으로 발전된 것이 22년식 8연발 소총이었고, 1897년 개발되어 러일전쟁 당시 일본군의 주력 소총으로 사용된 30년식 소총은 5연발 소총이었다. 국방군사연구소, 「한국무기발달사」, 1994, 604쪽; 심철기 앞의 논문, 171쪽.

그렇다면 해산군인들에 의해 의병부대에 공급된 서구식 소총은 어떤 것이었을까. 중앙군과 지방군의 무기가 군대해산과 함께 의병부대에 공급되었다는 것을 생각할 수 있다. 정부는 1882년 이후 외국으로부터 서구식 소총을 수입하고 있었는데, 이홍장의 주선으로 영국제 선조총(旋條銃) 1,000정을 수입한 것을 시작으로 1900년대 초반까지 일본의 무라다 소총 20,000정, 미국제 후장식 소총 4,000정, 개틀링포 6문, 레밍턴 롤링블럭 소총 3,000정, 피바디 마르티니 소총 1,000정, 모제르 소총 1,000정, 러시아제 베르단 소총 3,000정, 일본제 소총 1만정, 프랑스제 소총 12,000정, 게베르, 독일제 마우저 M1871 소총, 영국제 엔필드 등을 수입하였다.[102] 이렇게 수입된 서구식 무기들은 중앙군과 지방군을 무장시키고, 한편으로는 해산군인들에 의해 의병부대에 공급되었을 것이다. 중앙군과 지방군을 무장시켰던 소총을 요약해보면, 영국제 선조총(旋條銃), 일본제 무라다 소총, 미국제 후장식 소총, 개틀링포, 레밍턴 롤링블럭 소총, 피바디 마르티니 소총, 모르제 소총,[103] 러시아제 베르단 소총, 독일제 마우저 M1871 소총, 프랑스제 소총, 게베르, 영국제 엔필드 등이었다.[104]

이중에서 레밍턴 롤링블럭은 신미양요 당시 미군이 사용했던 단발식 소총으로 이후 구한말 전비 증강 차원에서 도입되었다. 스프링필드 M1873은 구한말 관군이 사용한 뇌관식 소총인 45구경으로 의병들이 노획, 모방 제조하여 사용하였다. 베르단 소총은 아관파천 이후 군비증강을 위해 러시아에서 1897년 도입하였으며, 대한제국군의 주력소총으로 단발식 유효사거리

---

102)「제6장 국권수호에 나선 무기」, 『한국군사사-군사통신무기-』, 경인문화사, 2012, 274쪽

103) 국내에 들어온 모제르총은 독일제로 독일과 청국에서 생산한 것으로 제조한 것으로 1888년부터 생산한 M88로 추정되고 5연발 소총이었다.(국방군사연구소, 『한국무기발달사』, 1994, 603쪽).

104)「楚山分駐隊武器及什物成冊」(奎27273), 1901년.

284m이다. 마우저 소총은 베르단을 대신하여 시위대에서 사용되었고, 대한제국 기기창에서 이 총의 탄약을 생산하였던 것을 볼 때 상당량의 총기가 도입된 것으로 파악된다. 스프링필드 M1903은 미국의 볼트액션식 소총으로 구한말 군비증강 차원에』서 도입되었다. 장전방식은 5발 내부 박스 탄창으로 유효사거리 914m이다.[105] 이런 무기들이 의병수중에 들어갔을 것이다. 예컨대 강원도·충청도 일대 의병부대의 무기체계 변화에 가장 큰 영향을 미친 것은 원주진위대 해산군인이었다. 원주진위대는 대대전체가 의병봉기에 참여하였기에 원주진위대 무기고에 보관되어 있던 각종 서구식 무기 1,200정이 의병부대로 들어갈 수 있었다.[106]

일본 정보보고서 그대로 본다면 내성전투에서 의병은 100정의 서구식 양총으로 무장하고 있었다. 그렇다면 제 실력을 발휘했을까. 하지만 수리가 쉽지 않았을 것이고 얼마의 실탄을 보유하고 있었느냐가 관건이다. 서구식 소총은 시간이 지날수록 유명무실하였다. 의병은 많은 제약으로 인하여 충분한 실탄공급은 어려웠기 때문이다. 이미 1907년 9월 일본은 대한제국정부로 하여금 '총포 및 화약단속법'을 제정케 하여 화약·탄환·총포류 뿐 아니라 궁시·도검·창류에 이르기까지 모든 병기를 압수하도록 하고 있었다. 1907년 11월 말까지 2개월간 10만점의 무기류와 36만근이 넘는 화약·탄약류가 압수되었다.[107] 일제의 총포 단속에도 불구하고 이번 내성전투에

---

105) 2019년 서울 용산 전쟁기념관에서 발췌.

106) 병기와 탄약은 넉넉히 가졌으며 원주진위대의 장교 이하는 종적이 미상하나 그 근처의 인민을 선동할 거죠가 있을 모양이며 원주의 군기고를 조사한 즉 총이 1천 2백개와 탄약 4만개는 한병이 다 가져갔다고 하였고(《대한매일신보》, 1907년 8월 20일, 「지방정형」); 孫 在㤡는 原州鎭衛隊參尉엇다 解隊時를 際하야 그 部下將卒과 서로 謀議하고 義旗를 擧할제 그 武器庫에서 銃一千二百梃과 彈丸四萬發을 沒收하야 가지고(《獨立新聞》, 1920년 5월 11일, 「義兵傳 (六)」).

서 일본 헌병대와 경찰관이 고전하였다는 보고에서 알 수 있듯이 의병의 공격이 치열했음을 알 수 있다. 그런데 18일 오전 9시부터 오후 4시 15분까지 무려 7시간 교전에서 의병은 20명이 전사한 반면에 일군경을 1명이라도 사살하지 못한 것은 무기 성능의 차이에서 기인한 것이라 볼 수밖에 없다. 무기에서 열세인 의병 1,000여 명은 일본군경 23명을 격퇴시키지도 못하고 황해리로 퇴각할 수밖에 없었을 것이다.

의병의 공세에 대비하여 인근 일본군 주재소의 병력이 이동하였다. 안동수비대를 중심으로 영천·예천·예안 등지의 군경 수십 명이 내성 토벌대를 응원하였기 때문에 주재소 병력 이동이 불가피하였다. 의병이 봉화에 이어 영천을 공격할 것이라는 정보에 의한, 일제는 영천수비를 강화하였다. 영천에는 풍기분견소를 합쳐 대장 이하 21명(순사 12, 수비병 9)을 두었다. 순흥주재소 일순사 3명을 철수케 하고 또 풍기주재소도 일순사 4명을 철수시킴으로써 일본순사는 12명이 되었다.[108]

내성에 일본군경 응원군이 도착하였다. 18일 오후 5시 영주에서 일본순사 13명, 예천에서 하사 이하 6명 순사부장 이하 3명 계 9명이 도착 하였고, 이어서 안동분서로부터 탄약 300발이 보충되었다. 오후 10시 영천수비대 상등특무조장과 안동수비대 청목소위·후등특무조장이 이끄는 하사 이하 47명이 내성에 도착하였다. 의병들의 항전에 마음을 졸였던 그들은 응원군이 도착하자 의병을 일시에 토벌코자 하였다.

내성에 응원군이 속속 도착하자 전세는 의병 측에 절대 불리하였다. 내성에는 옥정헌병군조(玉井憲兵軍曹) 이하 7명을 남기고 기타는 전부 내성을 출발하여 의병의 소재처를 충격(衝擊)하려고 하였다. 19일 새벽 1시 30분

107) 박성수, 「1907~1910년간의 의병전쟁에 대하여」, 『한국사연구』 1, 1968, 111 - 113쪽.
108) 국사편찬위원회, 『한국독립운동사』 자료11, 의병편 IV, 1968.

청목(靑木)·전도(田島)·후등(後藤) 소관의 각 종대는 의병 주력이 황해리에 있을 곳으로 예상하고 내성에서 출발하였다. 의병이 없음을 확인한 그들은 황해리에서 4종대로 나뉘었다. 오록으로 향하던 중 오전 7시 오록 동남단에서 의병부대에서 전망을 보고 있던 6명이 포획(捕獲)되었다. 의병부대는 오록(梧麓, 내성 북쪽 12km)으로 퇴각하였는데, 당시 오록에 집결한 의병은 700명이었다.[109]

영천 상등특무조장(常藤特務曹長)은 병력 11명(병졸 7, 일순사 3, 한순사 1)으로 오록동에서 의병 300명과의 교전에서 이를 격퇴하고 사상자는 80명쯤 되리라고 기록하였다. 또 다른 의병부대 300명은 예비령(禮非嶺) 방향으로 수색 중이던 청목(靑木)·전도(田島)의 2종대와 월경(月景) 서방 고지에서 4시간 동안 전투가 있었다. 의병 300명 중에서 약 반 정도는 총기를 휴대하였는데, 대부분이 경발 화승총이었다고 적었다. 전투에 참여한 의병 중에서 반 정도는 총기를 휴대하지 않았다는 것이고, 경발 화승총을 휴대한 의병은 일본군 최신 소총을 감당할 수 없었을 것이다. 이 전투에서 의병 50명의 사상자가 발생하였고, 전리품이 화승총 9정 검 5개라 하였다.[110]

시간이 지날수록 전투력이 빈약했던 의병측은 많은 사상자를 내며 후퇴할 수밖에 없었다. 쫓고 쫓기는 전투는 오전 8시부터 오후 5시까지 이르렀고 의병은 사상자가 많은 반면, 일제 군경은 사상자가 없었다. 『고등경찰요사』에서는 5월 19일 안동·영주·함창수비대가 의병의 근거지를 습격하여 75명을 사살하였다라고 기록함으로써[111] 의병 희생이 많았음을 의미한다.

---

109) 국사편찬위원회, 위의 책.

110) 국사편찬위원회, 「융희2년 5월 20일 '폭도사건' 」, 『한국독립운동사』 자료11, 의병편 IV, 1968.

111) 류시중·김희곤 역, 『국역 고등경찰요사』, 안동독립운동기념관, 1934, 2010, 39 - 40쪽.

오록에 집결한 의병은 병력을 나누어 후퇴하였다. 일부는 주실령과 우구재(춘양면 우구티리에서 영월 상동으로 넘어가는 고개)를 거쳐 북상했고, 일부는 봉황산 마구재(부석면에서 단양 영춘면으로 넘어가는 고개)쪽으로 물러서며 포위망을 벗어났다.

전투에서 의병 사상자가 많은 것은 일제의 총기규제로 인하여 의병은 충분한 무기를 소지하지 못하였을 뿐만 아니라, 총기를 휴대하지 않고 전투에 참여한 의병이 40%로 나타난다. 소지한 총기에서도 성능에 의한 차이도 있었다. 의병은 대부분 경발 화승총을 소지하였으니, 일본군이 무장한 5연발 무라다 소총을 감당할 수 없었을 것이다. 의병부대는 투지와 사기는 충천했으나 병기가 열세이고 탄환이 고갈되어 화력이 우세한 일본군과의 전투에서 많은 사상자를 낼 수밖에 없었던 것으로 보인다.[112] 내성전투에서 의병이 소지한 무기실태를 일제 군경의 보고서에서 살펴보면, 의병 1,000명 중에서 양총 10%, 화승총 50%로 나타나고, 나머지 40%는 총기를 휴대하지 않은 것으로 보인다.[113]

성익현과 변학기는 같이 행동하고 있었다는 발자취가 일제 정보에서 계속 잡힌다. 1908년 5월 19일 영천경찰분서장이 경찰국장에게 보고한 것으로『폭도에 관한 편책』에 들어있는 내용이다.

> 춘양면 於旨(내성에서 6리)에 성대장이 이끄는 비도 2백 명 상동면 본질(내성에서 6리여)에는 변학기가 이끄는 비도 3백 명이 어제 23일 주반을 먹고 그로부터 와단면 평촌(내성에서 5리여)으로 오려는 상황이 있다 하여 동지 인민은 우마를 이끌고 피난준비를 하고 있다고 한다. 근일 신돌석이

---

112) 1906~1910년간 일본군이 노획한 의병무기는 총 8551정, 도검 429개, 창 652개로서 모두 9632점이었다. 국방군사연구소, 「한국무기발달사」, 1994, 590쪽.
113) 국사편찬위원회, 『한국독립운동사』 자료11, 의병편 Ⅳ, 1968.

비도를 이끌고 온다는 풍설이 성행하여 인심이 흉흉하다고 한다. 금월 19
일 와단면 운곡에서 성대장이 이끄는 비도가 벼 120표, 소 6두를 강탈하여
석개리 방면으로 운반했다고 한다.[114]

내성전투를 이끈 성대장과 변학기의 주력부대는 춘양일대에 주둔하고 있
었던 것으로 보인다. 1908년 5월 19일 성대장이 이끄는 의진은 봉화군 와
단면(臥丹面) 운곡(雲谷: 현재 춘양일대로 내성에서 울진방향 22km 거리)에
서 벼 120표(俵) 소 6마리를 군수로 징발하여 석개리(石開里)방면으로 운반
했다는 것은 내성전투에 수백의 군사가 집결하였으니 식량이 필요했을 것
이다. 23일 춘양면에서 성대장이 이끄는 200명과 상동면 본질(本質)에서 변
학기가 이끄는 300명이 점심을 먹고 와단면 평촌(坪村)으로 오려는 상황이
있다고 하였다. 이러한 상주분서장의 정보를 접한 도전경시(島田警視)는 24
일 영천에서 변장대 30명을 이끌고 내성을 향해 출발한 정황이 나타난다.
  봉화지역 시벽·내성전투에 몇 명의 의병이 참여했을까. 서벽·내성전투
에 참여 의병 인원은 일제 정보보고서를 토대로 해야 할 것 같다. 보고서마
다 약간의 차이를 보이고 있으나, 당시 봉화주재소에서 내성에 내습한 의병
을 1,000명으로 파악하였다. 여러 보고서를 종합하여보면 참여 의병은
1,000명 내외인 것으로 보인다.
  봉화지역 서벽·내성전투에 어떤 의병부대가 참여했을까. 영천·안동경
찰분서장이 경찰국장에게 보고한 자료에서 확인할 수 있을 것 같다. 봉화주
재소 순사 정상유의 정찰에서 서벽전투에 집결한 의병부대의 괴수는 성익
현·변학기·정경태·김상태·백남규·정연철이라고 파악하였다.[115] 또 영

114) 국사편찬위원회, 「융희 2년 5월 25일 '慶北尙州分署長 報告'」, 『한국독립운
    동사』 자료 11, 의병편 IV, 1968.
115) 국사편찬위원회, 「융희 2년 5월 17일 '폭도습래에 관한 건'」, 『한국독립운동

천경찰분서장은 서벽전투 시에 사망한 일본 군경 5명의 시신을 수습하러 가는 도중 직접 민가에 들러 전투에 참여한 괴수가 누구인지 탐문 조사하였는데 앞서 보고된 참여 의진 명단과 똑같았다.[116] 그리고 내성전투는 내성에 파견된 안동경찰분서 순사부장이 파악한 괴수 명단에는 이강년을 포함하여 7의진이었다. 다음은 『폭도에 관한 편책』에 들어있는 내용이다.

　　이강년 · 변학기 · 성대장 · 정경태 · 백남규 · 정연철 · 김상태 등 7괴수의 적
　　단(賊團) 그 수 약 천명 내외가 내성을 습격할 목적으로 동소(同所)에서
　　약 반리가 되는 지점까지 18일 아침 내습하였다. 내성헌병주재소 순사는
　　18일 오전 9시부터 전투를 개시하여 오후 4시 반까지 교전 드디어 이를
　　격퇴하였다.[117]

　　따라서 일제 군경이 파악한 상황을 보면, 서벽전투에는 성익현 · 변학기 · 정경태 · 김상태 · 백남규 · 정연철이 참여함으로써 6의진이었고, 내성전투에는 이강년 · 성익현 · 변학기 · 정경태 · 김상태 · 백남규 · 정연철이 참여함으로써 7의진이었다.
　　1908년 6월 4일 봉화지역 재산전투에 대한 『조선폭도토벌지』에 기록된 내용이다.

　　6월 4일 예안(禮安)수비대장 하야중위(河野中尉) 이하 20명은 재산(才山)
　　서방 약 20리 거리에 있는 중신동(中新洞)에서 수괴 이강년이 인솔하는 폭

　　　사』 자료11, 의병편 IV, 1968.
116) 국사편찬위원회, 「융희 2년 5월 20일 '폭도보고에 관한 건'」, 『한국독립운동
　　　사』 자료11, 의병편 IV, 1968.
117) 국사편찬위원회, 「융희 2년 5월 19일 '봉화 영천방면의 폭도 상황'」, 『한국
　　　독립운동사』 자료11, 의병편 IV, 1968.

도 약 7백과 조우 그를 공격 중 폭도는 일부 진지를 점령한 다음 포격을
가장한 폭성을 내어 토벌대의 사기 저하를 꾀하고, 대부분은 양익(兩翼)에서
포위하려는 형세를 보여 그 태도가 만만치 않았다. 그러나 토벌대의 맹렬한
사격에 의하여 사상 70여를 유기하고 영양(英陽) 방향으로 이동하였다.[118]

재산전투는 이강년 부대 약 700명과 일본군 예안수비대 20명이 벌인 전
투이다. 이 전투에서 의병은 일부 진지를 점령하면서 선전하기도 하였으나
70여 명의 사상자를 내고 말았다.

재산전투가 벌어진 중신동은 현재 재산면 동면 2리로서 속칭 구렁마라고
한다. 이 전투에서 전사한 의병은 동면저수지 위쪽에 무덤을 만들었으나
1970년대 초 새마을 사업으로 사업을 확장하면서 훼손되었다고 한다.[119]

이후 이강년 부대는 황지 상동을 거쳐 제천으로 들어가 6월 21일 오미리
(吳美里)에 주둔하면서 적을 맞아 공격하였다. 7월 2일 작성전투에서 이강
년은 왼쪽 복사뼈에 적의 탄환을 맞아서 체포되었다.

이강년은 을미의병기 이래 유인석(柳麟錫)이 이끌던 호좌의진을 계승한
지도자로서 군율을 엄격하게 유지하여 민심을 얻고 있었다. 농민의 피해를
최소화하기 위해 군자금으로 국세를 끌어다 쓴 것은 괄목할 만한 조치였다.
크고 작은 수 십 차례 전투에서 언제나 사졸 앞에 섰고, 행군하여 지나갈
때마다 군사들이 털끝만큼도 범하는 일이 없기에 일본 사람들도 그의 사람
됨에 대하여 혀를 차며 칭찬하였다는 얘기는 그의 인품과 지도력이 어떠했
던가를 알 수 있다. 그가 전투현장에 직접 참여했던지 하지 않았던 지의 유
무를 불분하고, 일제 군경의 보고서에는 언제나 그의 이름이 앞자리에 차지
하고 있었다. 이것은 일제에 위협이 되는 주목할 만한 의병장이었고 한말

---

118) 조선주차군사령부, 『조선폭도토벌지』, 1913.
119) 김희곤 외, 『봉화의독립운동사』, 봉화군, 2007, 103 - 104.

의병을 대표하는 지도자였다.

변학기는 봉화지역 전투에 어떤 역할을 했을까. 일제 군경 보고서 자료에 의하면, 변학기가 서벽·내성전투에서 상당한 활동을 한 핵심 인물로 나타난다. 『고등경찰요사』에서도 서벽·내성 전투를 변학기가 지휘하였고, 그 수는 수천으로 18일 대거 내성을 습격했다고 하였다.[120] 변학기는 관동의진[121] 성익현과 호좌의진(湖左義陣) 이강년을 연결하는 중심축 역할을 한 것은 분명해 보인다. 성익현 의진에는 도총독이었고, 한편으로는 이강년 의진에 우군장이었기 때문이다. 변학기는 봉화 거촌 출신으로 안동 봉산(奉山)의 승려로 생활하다가 군대에 입대하여 1907년 군대해산 당시 하사였다. 그는 1907년 8월 군대해산 이후 격문을 돌리고 해산군인을 모아 창의하였다. 성익현 의진이 1907년 음력 7월 23일(양력 8.31) 울진에서 관동창의대장이라 칭하며 창의할 때 변학기가 도총독, 정경태가 도총장이었다. 변학기(邊鶴基)는 11월 10일에 4백여 명을 이끌고 삼척군에서 봉화 읍내를 내습하여 보조원 4명, 수비병 5명을 격퇴시켰다.[122] 11월 16일 성익현 의진 영좌도총 변학기는 군사 마흔 명을 이끌고 단양·영월에서 활동 중인 호좌의진 이강년을 만난다. 이강년의 호좌의진 우군장에 임명되고 관동의 여러 의진을 움직여서 오도록 하는 임무를 받게 된다.[123] 변학기는 이강년 의진에 오래 머무르지 않았다. 곧 남하하여 11월 26일 삼척 반

---

120) 『고등경찰요사』는 독립운동 당시의 사실을 알려주는 자료로 경상북도 경찰부에서 고등계 형사가 꼭 읽어야 할 자료를 정리하고 편찬하여 관내 부, 군 경찰서에 비치시킨 대외 극비기록이다. 류시중·김희곤 역, 『국역고등경찰요사』, 안동독립운동기념관, 1934, 2010, 39 - 40쪽.

121) 이강년은 '영좌도총(嶺左都總) 변학기'라 하여 성익현 의진을 영좌의진으로 보았다.; 구완회, 『국역 창의사실기』, 2014, 78쪽 참조.

122) 『폭도사편집자료』, 『독립운동사자료집』 3, 582쪽.

123) 구완회, 『국역 창의사실기』, 2014, 78쪽.

생야 전투를 치루고,[124] 다시 성익현 의진에 합류하여 12월 7일 정경태·정성진 등과 부하 400명을 거느리고 울진군 구만동, 계원동, 무월동에 주둔하였다.[125] 이로써 변학기는 성익현과 불가분의 관계를 맺고 의병 활동을 한 것으로 나타난다.

성익현은 휘하에 정경태·변학기·최종식(崔鍾植)·정성진(鄭聲振)·김성삼(金成三) 등을 거느리고 있었다. 연합의진 규모는 1907년 10월 18일 해산군인을 포함하여 울진경무분견소 공격 시 500여 명에서[126] 10월 31일 삼척미로면에서 삼척읍일본수비대 공격 시 700여 명에[127] 달하는 연합부대였다. 일군에게 타격을 준 주요 공격은 1907년 9월 2일에 평해읍을 공격, 10월 12일에 평해군아를 공격, 18일에 울진경무고문분견소 공격, 22일에 울진군아를 공격하였다.[128] 이로써 울진·평해·삼척지역에서 활동 중이었던 성익현이 봉화지역 서벽·내성전투를 계획한 것으로 보는 이유이기도 하다.

1908년 5월 봉화지역에 있었던 17일 서벽전투, 18일에서 19일 내성전투, 6월 4일 재산전투는 성익현의 관동의진 3개 부대와 이강년의 호좌의진 4개 부대가 봉화·안동·함창·예천·영천·예안 등지의 일본군경 합동토벌대와 싸웠던 전투이다.[129] 의병은 일제의 앞도적인 무력에 내성을 함락하지는 못하였으나, 여러 의병부대가 제휴하여 일제 제국주의에 맞서 싸웠다는 점에서 큰 의미가 있다 할 것이다. 의병은 국가의 명령을 기다리지 않고 자

---

124) 국가보훈처, 『독립유공자공훈록』 1권, 1986, 변학기 편.
125) 『폭도사편집자료』, 『독립운동사자료집』 3, 613쪽.
126) 『폭도사편집자료』, 『독립운동사자료집』 3, 612, 617쪽.
127) 『폭도사편집자료』, 『독립운동사자료집』 3, 616쪽.
128) 『폭도사편집자료』, 『독립운동사자료집』 3, 611 - 616쪽; 『조선폭도토벌지』, 『독립운동사자료집』 3, 756, 765쪽.
129) 이태룡, 「운강 이강년의 도체찰사제수와 순국과정연구」, 2018. 논문을 참고하여 재 작성하였다.

발적으로 일어난 민군이다. 의병부대는 필요에 따라 연대하기도 하였고 독립적으로도 활동하였다. 서벽·내성전투에서 총기를 휴대하지 않은 의병이 많았다. 유생과 농민은 비록 무기가 없을지라도 죽음을 무릅쓰고 충(忠)과 의(義)라는 민족적 의병정신으로 일어난 것이다. 무기도 변변치 않은 열악한 환경에서 많은 사상자를 내면서도 끝까지 일제 제국주의에 저항하였다. 봉화지역 전투에서 의병은 민족적 충의(忠義) 정신에 입각하여 일제 군경에 맞서 싸운 대한의 의병정신을 보여주었다. 이러한 민족적 의병정신은 해외 독립운동 기지건설과 의열투쟁의 초석이 되었고, 현대국가 발전에 근원이 되었다고 볼 수 있다.

1908년 5월 서벽전투와 내성전투에 관련된 울진군수의 보고이다. 성익현·정경태 의진이 결세항쟁지인 울진을 근거지로 하여 일군과 전투한 사실이다. 당시 울진군수 유한용이 『강원도 울진군 여지약론』을 편찬하였는데, '인민상태' 에 들어있는 내용이다.

　　본군 7면 내에 거주하는 인민이 작년이래로 악한 무리들의 소요(騷擾)에 선동한 바 되어 그 근거지를 잃고 떠난 자 많으며,(중략) 금년 5월 초순까지 비도의 발호가 　날리는 눈처럼 소문이 몰려와 읍 및 촌락 주민들이 당황하고 두려워 농공상업 등의 목적을 정하지 못한 자 많더니 5월 13일경에 괴수 신돌석 군(軍)과 이강년 4개비당이 서로 약속하여 군(郡)으로 오니 크게는 수백 명이요, 적게는 5, 60명이라 읍과의 거리가 20리 또는 4, 50리 지역에 진을 치고 통문을 전해오니 그 기세가 위급하였는데 다행히 영해 헌병분견소장 헌병중위 절전영조씨가 헌병 70명을 인솔하여 때 맞혀 본 읍에 당도해서 한편으로 인민을 안정시키며 한편으로 비도를 토벌하여 5월 17일에 읍 30리 거리의 상당원동에서 비도 성익현의 진과 정경태의 진을 쳐서 30명을 사살, 10여명 부상, 화승총 5자루와 약간의 노획품을 빼앗았고 나머지 도당들은 무너져 흩어지고 타향으로 도망하였다. 또 다른 진영에서도 소문을 듣고 달아났다. 경보소식에 의해 6월 초 1일에 삼척으로부터 육군소위 강구 좌차량씨가 군 25명을 인솔하여 읍으로 와서 수비하니 차후로 인민질 서가 점점 회복되어.(하략)130)

유한용, 『강원도 울진군 여지약론』, 1908. 8.

봉화지역 서벽·내성전투는 한 달 전부터 계획된 것으로 보인다. "금년 5월 초순까지 비도의 발호가 날리는 눈처럼 소문이 몰려와 읍 및 촌락 주민들이 당황하고 두려워 농공상업 등의 목적을 정하지 못한 자 많더니" 라 한 것은 내성전투가 최소한 한 달 전부터 계획되어 있음을 보여주는 대목이다.

1908년 5월 17일 성익현·정경태 의진은 울진군 상당원동에서 영해 헌병 분견소장 헌병중위 절전영조가 인솔하는 헌병 70명과 전투에서 30명이 전사, 10여 명이 부상하는 전력손실을 크게 입었다. 그러나 당시 울진군수 유한용의 전투기록에도 불구하고, 울진경찰분서장이 경무국장에게 보낸 보고서에 의하면 5월 14일부터 20일까지 울진에서는 소요사태가 없음을 보고하였다.131) 앞으로 연구가 필요한 부분이다.

일제는 성익현·정경태 부대의 진압을 위해 6월 초 1일에 삼척으로부터 육군소위 강구좌차량이 일군 25명을 인솔하여 울진읍으로 와서 수비하였다. 이보다 앞선 1908년 5월 9일 성익현·정경태 의진 80명은 울진군 북면 하당리에서 영해헌병분견소 장교 이하 15명과 교전으로 의병 3명이 전사하였다.132) 6월 5일 성익현·정경태 의진은 울진군 서면 왕피리에서 삼척수

---

130) 유한용 저, 윤대웅 역, 『2017 울진문화』 31, 울진문화원, 2017, 110쪽.
131) 蔚珍警察分署長 警部 久米正男 警務局長 松井茂 앞 '自 五月 十四日 至 同 二十日 騷擾損害週表에 記載할 事項이 없으므로 玆에 報告함.' ; 국사편찬위원회, 『한국독립운동사』 자료11, 의병편 IV, 1968.
132) 『조선폭도토벌지』, 『독립운동사자료집』 3, 765쪽.

군대해산이후 무장한 의병부대

비대 장교이하 28명과 울진수비대 강구좌차량이 인솔하는 일본군의 협공을 받아 의병 57명이 전사하였다.[133]

봉화 내성함락에 실패한 성익현은 다른 활로의 모색이 필요했다. 1908년 6월 7일 오전 11시 성익현은 부하 10명과 함께 평해군 원서면 상조금동에 출현하여 면의 사동(使童) 박수(朴秀)를 총살한 이후 국내에서 자취를 감추고 도만(渡滿) 하였다.[134] 성익현은 의병진을 떠나 북간도로 건너가 활동한 것으로 보인다. 1896년 을미의병 당시 민용호 의병부대가 북상하여 독립군 활동을 전개하고 있었던 점과 연결되었던 것이다.[135]

성익현은 1907년 음력 7월 23일(양력 8월 31일) 결세항쟁지인 울진군 서면 하원에서 창의하여 국내를 떠나기 직전까지 울진을 근거지로 하여 울진,

133) 『조선폭도토벌지』, 『독립운동사자료집』 3, 756쪽.
134) 『폭도사편집자료』, 『독립운동사자료집』 3, 1971, 614쪽.
135) 『독립운동사자료집』 별집1, 의병항쟁재판기록, 1974, 271쪽; 『울진군지』 상권, 2001, 423쪽.

평해, 삼척, 봉화 등지에서 의병 활동을 치열하게 전개하였다.

성익현 부대가 울진을 근거지로 활동하였다는 것은 『폭도사편집자료』[136) 『조선폭도토벌지』[137)에서도 나타난다. 1907년 7월부터 1908년 8월까지 울진·평해·삼척에서 출몰 횟수를 살펴볼 필요가 있다. 이 기간 동안 각 의병부대는 울진·평해·삼척에서 모두 97회 출몰하여 24회 교전이 있었다.[138)

그 중에서 성익현·정경태 부대는 울진·평해·삼척에서 53회 출몰, 12회 교전으로 다른 의병부대에 비해 활발하였다. 같은 기간 울진에서 23회 출몰하여 5회 교전이 있었고, 평해에서 12회 출몰하여 3회 교전, 삼척에서 18회 출몰하여 4회 교전함으로써, 성익현·정경태 부대가 울진에서 출몰빈도가 제일 많았다. 일군에게 타격을 준 주요 공격은 1907년 9월 2일에 평해읍을 공격, 10월 12일에 평해군아를 공격, 18일에 울진경무고문분견소 공격, 22일에 울진군아를 공격하였다. 그러나 31일에는 삼척수비대와 삼척 미로면에서 충돌로 40여명의 전사자를 내었다.[139)

---

136) 『폭도사편집자료』는 1908~9년간에 각지에서 일어난 의병들의 항쟁상황을 각도 관찰사와 3개도의 경찰부장(일본인)이 당시의 내부대신이었던 박제순(朴齊純)과 내부 경무국장인 송정무(松井茂)에게 보낸 보고서를 모은 것이다.

137) 『조선폭도토벌지』는 일제강점기에 소위 조선주차군사령부에서 1913년 3월 30일에 발간한 서적이다. 을사늑약 이듬해 1906년으로부터 경술국치 이듬해 1911년까지의 의병 활동을 적의 견지에서 쓴 것이므로, 사상자의 숫자에서도 우리 의병을 과대하게 적고 적은 얼마 되지 않는 숫자로 적는 등, 그대로 신빙키 어려운 기록임은 물론이다. 『독립운동사자료집』 3, 9 - 10쪽. 그러나 필자의 견해는 다르다. 당시의 전투상황을 날짜별로 시간대로 즉시 보고하고 기록하였다는 점, 전투 장소도 구체적이고 파악이 가능하다는 점에서 독립운동사 연구를 연구하는 데 있어 귀중한 자료임이 틀림없다.

138) 앞의 책, 『독립운동사자료집』 3, 611-616, 756, 765쪽.

139) 위의 책, 『독립운동사자료집』 3, 611-616, 756, 765쪽.

1907년 7월부터 1908년 8월까지 신돌석 부대는 울진·평해에서 20회 출몰하였다. 울진에서는 신돌석이 2회 출몰하여 1회 교전이 있었다. 평해에서 출몰 18회 중에서 9회에 걸쳐 민가에서 돈과 소와 말, 백미 등 식량을 구하는 것으로 나타나 군자금 확보가 주목적이었다. 평해에서 확보한 군자금은 돈 2,640원, 동금 204원, 소 11필(1필은 동민이 탈환), 말 2필로 나타났다. 의병이 여러 차례에 걸쳐 민가에서 식량을 구하는 것은 군량 확보조차 여의치 않는 한말 의병투쟁의 한계점을 보여주었다. 이 기간 중에 신돌석 부대가 울진에 많이 나타나지 않은 것은 성익현 부대가 울진을 근거지로 활동하고 있었기 때문인 것으로 보인다.[140]

이외에도 같은 기간 중에 이종소 부대가 울진에서 2회 출몰하여 1회 교전, 김정원 부대가 울진에서 2회 교전, 민긍호 부대가 울진경무분파소 습격으로 1회 교전, 이춘양·이성운·이고보 부대가 평해에 각 1회씩 출몰하였고, 이강년이 삼척에 10회 출몰하여 2회 교전, 금기철 부대가 삼척에 1회 출몰, 기타 울진에서 5회 교전이 있었다.[141]

성익현은 일찍이 무과에 급제하여 춘천 진어영 초관이었으나 1896년 1월 자신이 이끌던 군인 포군 등 400명과 함께 춘천부를 습격하여 단발한 초관 박진희를 붙잡아 처형하여 효수한 후 탐관오리 민두호의 생사당(生祠堂)을 불태웠다. 이소응의 춘천의병에 합류하여 솔병집사이자 도총대장을 맡은 성익현은 부임하러 오는 신임 춘천관찰사 겸 선유사 조인승의 목을 배어 가평관아 앞에 효수하였다. 1896년 2월 가평 벌업산전투에서 춘천의병이 패한 뒤 별동부대인 성익현은 500명을 거느리고 동진하여 고성군수 홍종헌(洪鍾憲)과 양양군수 양명학(楊命學)을 차례로 처단하고 민용호의 강릉의병

---

140) 위의 책, 『독립운동사자료집』 3, 611-616, 756, 765쪽.
141) 위의 책, 『독립운동사자료집』 3, 611-616, 718-719쪽. 이강년·성익현 의진은 분리하여 산정하였다.

에 합류하여 활동하였다. 그 뒤 북변 지역에서 활동하던 성익현은 관군 중 대장 김홍권의 집요한 공격으로 인하여 은거하며 지내다가 군대가 강제 해산되자 1907년 음력 7월 23일(양력 8.31) 울진 하원에서 다시 의병을 일으켜 울진·평해·삼척·봉화에서 활동하였다.

일제 군경보고서에는 성익현을 성 대장(成 大將)으로 기록하고 있는 것을 자주 발견할 수 있다. 그의 이름을 몰라서가 아니다. '성 대장' 이란 호칭은 관동 일대에서 의병을 이끄는 지휘자라는 뜻으로 모두가 그렇게 부르는 이름이었던 것 같다. 그는 관동창의대장으로서 때때로 말을 타고 때로는 가마를 타고 혹은 도보로서 선두에 서서 칼을 차고 이를 지휘하였다. 1907년 당시 54세이고 체격은 위대하며 백발을 길렀고, 인품은 매우 높았다고 일제는 기록하였다. 그런 그가 홀연히 사라졌다. 1910년 이후의 구체적인 행적은 알 길이 없다. 전사나 피체 기록이 없기 때문이다. 그러나 그를 추모하는 '춘천의병아리랑' 은 춘천의병아리랑보존회 회장 기연옥 명창에 의해 전승되고 있다.

춘천아 봉의산아 너 잘 있거라
신연강 배터가 하직일세
아리랑 아리랑 아라리로구나
아리랑 고개로 나를 넘겨주게

우리나 부모가 날 기르실 제
성 대장 주려고 날 기르셨나
아리랑 아리랑 아라리로구나
아리랑 고개로 나를 넘겨주게

구약통 납날개 양총을 매고

벌업산 대전에 승전을 했네

아리랑 아리랑 아라리로구나

아리랑 고개로 나를 넘겨주게

4. 정경태 부대 울진에서 창의명분 역설

성익현이 1908년 6월 북간도로 떠나자 뒤를 이어 정경태가 의병진을 이끌었다. 정경태는 강원도 춘천군 군내면 수림계 출신으로 농업에 종사하였는데,[142] 1907년 음력 7월 23일 성익현 부대에 참여하여 도총장 중군장을 맡아 활동하였다. 부대를 이끌면서 스스로 관동창의대장이라 칭하며 울진을 근거지로 하여 평해, 삼척, 봉화, 영양, 영주, 안동에서 의병 활동을 계속하였다.

1908년 8월 울진군의 일제군경 규모를 살펴보면, 울진경찰서에는 경부(警部) 구미정남, 이만희, 순사부장 영목학차랑 외 일본순사 6인, 한국순사 9인이 주재하였다. 수비대는 수비대장 육군소위 강구좌차랑, 통역은 군 주사 최윤석이 맡았다. 울진헌병분견소에는 소장, 임시대리 상등헌병 신옥초태랑 외 헌병 2명, 헌병보조원 8명, 죽변진 헌병분견소에는 소장 헌병조장 동조청차랑 외 헌병 4명, 헌병보조원 6명이 근무하고 있었다.[143] 죽변진에 헌병분견소가 주재한 것은 죽변 등대와 일본 어민들을 보호하기 위함이라고 본다.

대규모 의병부대가 사라지고 일본군의 의병진압도 더욱 강력해진 상황속에서 지속적인 의병 활동에는 많은 어려움이 있었다. 또한 귀순, 밀정활동 등 일반 민들의 반 의병 활동증가로 의병 활동이 더욱 힘들게 되었다.

---

142) 독립운동사편찬위원회, 『독립운동사자료집』 별집 1, 1974, 269쪽.

143) 유한용 저, 윤대웅 역, 『강원도 울진군 여지약론』, 1908; 『울진문화』 31, 울진문화원, 2017, 109쪽.

때문에 정경태는 반의병 활동에 앞장선 사람들을 징계하는 활동을 많이 전개하였다. 결세항쟁지 울진을 주 무대로 한 정경태의 의병 활동이 확인된다.

정경태는 1908년 6월 8일 평해군 원서면 중소태동의 동장 1명을 납치하였고,[144] 6월 27일에는 평해군 근북동 다천동의 동장을 납치하기도 했다.[145]1910년 2월 23일에 정경태는 부하 20명을 거느리고 울진 서면으로 행진하다가 울진헌병분견소 일본헌병과 교전하였다.[146] 정경태는 1908년 6월 8일 평해군 원서면 중소태동의 동장 1명을 납치하였고,[147] 6월 27일에는 평해군 근북동 다천동의 동장을 납치하기도 했다.[148] 1910년 2월 23일에 정경태는 부하 20명을 거느리고 울진 서면으로 행진하다가 울진헌병분견소 일본헌병과 교전하였다.[149] 4월 18일에 부하 50명을 거느리고 울진군 서면 후동에서 토벌군에게 의병의 정보를 제공한 면장 장두의를 정익서(丁益瑞)·김옥서(金玉瑞) 등을 시켜서 처형하고, 같은 날 밤 의병들의 요구사항을 거부한 서면 삼근동 노유민을 처형하였으며,[150] 5월 24일 의병 시체의 목을 벤 울진군 원북면 상원당동 홍찬옥(贊玉, 일명 洪淳鶴)을 부하 정익서로 하여금 처형시켰다.[151]

---

144) 『暴徒に關る編册』韓暴通, 제92호, 1908년 6월 10일; 『한국독립운동사』 자료 19, 48-49쪽.

145) 《대한매일신보》, 1910년 5월 3일.

146) 《대한매일신보》, 1910년 3월 9일.

147) 『暴徒に關る編册』韓暴通, 제92호, 1908년 6월 10일; 『한국독립운동사』 자료 19, 48 - 49쪽.

148) 《대한매일신보》, 1910년 5월 3일.

149) 《대한매일신보》, 1910년 3월 9일.

150) 《대한매일신보》, 1910년 5월 3일.

151) 『독립운동사자료집』 별집1, 의병항쟁재판기록, 269 - 271쪽.

어려운 상황 속에서도 정경태는 밀정이나 친일적인 동장을 응징하면서 회문(回文)과 전령을 경찰서장이나 각 동장에게 발송하여 창의의 명분을 역설하고, 나아가 의병에 참여하거나 군비를 납부하도록 호소하였다.[152]

생각건대 천지를 다하고 만고에 걸쳐 변할 수 없는 것은 임금이 임금답고, 신하가 신하답게 하는 상경이며, 오랑캐가 오랑캐 되고 중화가 중화되는 대의이다. 지금 저 일본은 일종의 오랑캐의 우두머리로 우리 국모를 시해하고 우리 군왕을 강제로 칼로 찔렀으니, 슬프다, 저 독이 있는 창과 흉악한 칼로 이르지 않는 것이 없는 지경이 되었다. 대저 우리 옳음을 잡고 있는 자가 누가 눈물을 삼키지 않으랴, 분한을 품고 피를 토하여 바다 하늘에 무지개를 만들었다. 만번 죽을 계책에서 나온 것이 지금의 거의(擧義)이니, 군사를 모으는 날에 부르지 않아도 오는 자는 마땅히 상을 주어야 하고, 불러도 오지 않는 자는 벌을 줄 것이다. 임금 덕에 먹고 입는 자가 오랑캐의 무리에 들어가 평일에 단발을 한 자는 그 죄를 가히 논할 것도 없다. 소위 수구하는 자가 강제로 머리를 잘리면서 의병에 들어오지 않는 자는 역시 평일에 단발한 자보다 뛰어나지 않으니 격문을 발한 지 10일 이내에 진소에 들지 않으면 마땅히 군율에 의거하여 시행할 것이다. 이것을 다 알지어다.

기유(己酉)윤이월(潤二月) 日
해남창의장 정(海南倡義將 鄭)
『한국독립운동사』 자료 14, 285-287쪽

이렇게 정경태는 창의의 명분을 제시하고 백성의 의병투신을 정당화했다. 그리고 창의대진행차소, 창의대장소, 창의대진소 등의 명의로 울진군 원북면 면장 장맹선 상하군(上下郡)의 각 면장에게 각각 전령을 보내 화약, 와철 등 군수품을 각 지역에 분배하여 거두어 낼 것을 요구하고, 그것을 지키지 않을 경우 해당 동리의 촌두를 군율에 따라 처단 할 것이라 했다.[153]

---

152) 국사편찬위원회, 〈江警秘收北 第高311호, 1909년 5월 13일, 폭도상황 보고의〉 건, 『한국독립운동사』 자료 14, 1985, 287쪽:

153) 『暴徒に關る編冊』 강경비 제311호, 1909.5.12; 『한국독립운동사』 자료 14,

한편 여기서 주목할 점은 정경태의 의병 활동이 결세항쟁지인 울진을 주무대로 하여 펼쳐지고 있다는 것이다. 1910년 2월 23일 울진군 서면에서 일본헌병과 교전, 또 의병에 비협조적인 울진군 서면 면장 장두의, 서면 노유민, 원북면 홍찬옥을 처형하였고, 회문(回文)과 전령을 울진경찰서장이나 울진군 각 동장에게 발송하고, 창의대진소 등의 명의로 울진군 원북면 면장 장맹선 상하군(上下郡)의 각 면장에게 각각 전령을 보내 화약, 와철 등 군수품을 각 지역에 분배하여 거두어 낼 것을 요구함으로써 울진을 근거지로한 정경태의 의병 활동이 확인된다.

정경태는 1909년 경북북부 지역에서 활동하던 김상태와 함께 영주, 순흥, 풍기, 안동, 봉화, 영월 등지에서 활동하였다. 정경태의 휘하에는 봉화출신 신대룡, 강찬호가 있었다. 1909년 6월 6일 부하 63명을 이끌고 영천군 오록동(현 봉화군 물야면 오록동)을 공격하는 등 활동을 전개하였다.[154]

일본군은 김상태, 정경태, 최성천, 윤국범, 등의 의병을 진압할 목적으로 1910년 11월 25일부터 동년 12월 30일에 걸쳐 토벌작전을 전개하였다.[155] 정경태는 김상태 등과 함께 토벌작전을 피해 지속적으로 대일 항전을 전개하였다. 1911년 6월 14일 김상태가 체포된 뒤 정경태도 곧 체포 된 것으로 보인다. 정경태는 1911년 울진군 서면 소광리에서 일본 헌병보조원 장(張)모에게 체포되었다.[156] 1911년 8월 10일 함흥지방재판소에서 교수형을 언도받고 11월 10일 고등법원에서 형이 화정되어 순국했다.[157] 정경태는 성익현과 1907년 군대해산 시 울진군 서면 하원에서 창의하여 1911년 6월경

285 - 287쪽.

154) 국사편찬위원회, 〈慶北高秘收 제379호, 1909년 6월 10일, 영천서장 보고〉,
      『한국독립운동사』 자료 14, 1985, 565쪽.
155) 한국독립운동사연구소, 『한말의병자료』 Ⅲ, 2002, 101쪽.
156) 『울진군지』, 1984, 494쪽.
157) 국가보훈처, 『독립운동사자료집』 별집.

체포될 때까지 4년간 결세항쟁지역인 울진을 근거지로 하여 의병 활동을 치열하게 전개한 대한의 의병전사였다.

이들이 의병부대를 유지하기 위해서는 자금이 필요할 것이다. 의병부대가 지역주민들과 접촉하는 기본적인 통로는 군수물자 조달과정이었다. 모든 전투부대가 그렇듯이 정경태 부대도 의병부대를 유지하기 위해 군수물자 조달이 필수적인 과제였을 것이다.

정경태는 1907년 9월에 평해군 주사 서도중(徐道重)으로부터 군자금 3천 냥을 받아왔고. 1908년 음 9월에 울진 갑부이며 근남 면장이던 유(劉)모에게 군자금을 청구하였으나 이에 불응할 뿐 아니라 의병의 동태를 일병에게 밀고한 것이 알게 되어 행곡(杏谷)리 자기 집에서 의병에게 총살당하였다는 기록이 있다.[158]

한말 의병운동 당시 병사층이 일정한 급료를 받았던 사실은 일반적 현상이었다. 전기의병기에 병사층은 정부가 도적방비를 위해 설치한 별포군보다 상당히 많은 급료를 받았다. 1894년 9월경 경무청 구식 포졸의 급료가 쌀 반가마였고, 12월경에 설치된 입직병정(入直兵丁)의 삭료가 1인당 9냥 이었고, 중앙군대인 제1훈련대의 급여가 1인당 9냥에 상백미(上白米) 6말이었다.[159] 또 1896년 3~6월경 각기 청도군수와 경주군수가 비도 방비를 위해 설치한 별포군들은 월 10냥 정도를 삭료로 지급받았다.[160]

이에 반해 을미의병 가운데 노응규의 진주의병의 경우 일반 포군은 1인당 월 27~28냥 정도를, 요해처를 방수하는 포군은 54냥 정도를 받았다.[161]

---

158) 『울진군지』, 1984, 491, 493쪽.
159) 『공문편안요약』 1, 서울대학교 규장각, 1999, 112, 119, 132쪽.
160) 『공문편안요약』 1, 416, 467쪽 ; 『공문편안요약』 2, 24, 250쪽.
161) 진주의병장 노응규는 보통 포군들에게 한 달에 엽전 2관문(20냥)과 쌀 6말을 급료로 지급했고, 또 요해처를 지키는 포군에게는 하루에 1냥 8전씩을 주었다. 「주한일본공사관기록」8, 국사편찬위원회, 1993, 249-250, 265쪽.

청송의병의 포군은 매일 1냥 5전을 받았다. 민용호의 강릉의병은 포군들에게 매일 쌀 2되와 엽전 30문을 지급하였다.[162] 유인석의 제천의병의 경우 민방위 부대인 민군이 일률적으로 10냥을 지급받은 것으로 보아 포군들은 민군보다 적어도 3배 이상의 높은 급료를 받았음에 틀림 없다.[163]

후기의병에서도 병사층은 무장활동의 대가로써 일정한 급료를 받았다. 호남의병장 가운데 최익현은 포수들에게 하루에 40전 즉 한 달에 12냥 정도를 급료로 지급하였고,[164] 전남 지역 일대에서 활약한 심남일 의병부대에서 1인에 대해 1일 엽전 100문(文) 즉 한 달에 30냥의 급료를 지급하고, 식사는 민가에서 제공한다. 이 돈은 지방의 부호로부터 공급한다는 기록이 있다.[165] 전해산도 도주한 군사들에게 "이미 지급한 돈만 전후로 40냥이다" 라 하였다. 또한 전남지역에서 활약한 전기홍 부대가 모병을 할 당시에 임전을 지급한 흔적도 볼 수 있다.[166]

한편 신돌석·성익현·정경태 의진의 의병 활동에 참여했다가 귀순한 사람들도 많았다. 의병 활동을 지속할 수 없는 상황변화로 인해 비록 귀순하였지만, 그들도 분명 항일정신에 입각해 항일투쟁을 전개했던 의병이었음은 분명하다. 먼저 『폭도에 관한 편책』이라는 일본군의 기록에 실려 있는 귀순자 가운데 울진 평해 지역의 사람들로서 그 활동상을 알 수 있다.

김재천(金在千)은 31세로 평해군 공리면 성저에 거주하였다. 그는 1907년 7월 29일(음) 울진군 범편리에 거주하는 박씨에 유인되어 성익현 의병진에

---

162) 민용호 저, 이태길·민원식 역,『국역 복재집』, 278-279쪽.
163) 오영섭,『고종황제와 한말의병』, 선인, 2007, 51쪽.
164) 홍영기,『대한제국기호남의병연구』, 일조각, 2004, 177쪽.
165) 국사편찬위원회,『한국독립 운동사자료』12, 1983, 663쪽.『暴徒에 關한 編 册』,「高堅元의 陳述要領」, 1908년 12월 4일.
166) 독립운동사편찬위원회,「전해산진중일기」,『독립운동사자료집』2, 1970, 503 쪽; 오영섭,『고종황제와 한말의병』, 선인, 2007, 52쪽.

들어가 삼척등지에 활동하다가 11월 2일 귀가하여 귀순하였다.[167]

이선이(李宣伊)는 43세로 평해군 근북면 상다천동에 살았다. 1907년 11월 16일(음) 읍에 사는 이흥보(李興甫)와 상제천에 사는 김양선(金陽善)에게 유인되어 지량리 황별감(黃別監) 집에 가서 조총 1자루를 빼앗아 무장하고, 20일 영양군 공덕동으로 이동하여 유숙하였다. 28일 신돌석 의병부대를 따라 영양읍에 들어갔다가 수비대의 공격을 받아 집으로 돌아와 잠복하였다. 12월 초 안동군 거주 이춘양(李春陽)이 무리를 이끌고 와 총을 빼앗아 간 후 귀순하였다.[168]

김상일(金相一)은 32세의 나이로 울진군 서면 삼근동에 거주하였으며 도포장의 경력이 있었다. 1907년 9월 10일 정경태의 부하가 되어 울진 삼척의 각 군을 도포장(都砲將)으로 횡행하여 관헌에게 항의하고 부호의 재산을 빼앗고 또 울진주재의 일인순사를 살해코자 하다가 이루지 못했다. 1908년 4월 25일 정경태의 지휘 하에 삼척군 오십천 등지에서 활동하다가 1908년 5월 25일 일본병사와 접전하여 패주하여 돌아왔다가 귀순하였다.[169]

5. 울진출신 인사들의 의병 활동

1) 전배근(田培根, 1876.06.02.~1938.07.20)

울진군 죽변면 봉평 출신이다.

---

167) 『한국독립운동사』 자료 9, 53쪽. 『暴徒に關る編册』 보고서 제5호, 1908년 2월 9일.

168) 『한국독립운동사』 자료 9, 55 - 56쪽. 『暴徒に關る編册』 보고서 제6호, 1908년 2월 12일.

169) 『暴徒に關る編册』 江警秘 제267호, 1908년 11월 12일; 『한국독립운동사』 자료 12, 447 - 448쪽.

1905년 12월 울진(蔚珍)에서 청송(靑松)의 이하현(李夏玄)과 거의(擧義)하고 이강년(李康秊) 의병장의 지명을 받은 김형규(金炯奎)가 1906년 6월에 울진(蔚珍)에 오자 의진(義陣)을 재편성하여 불영사(佛影寺)를 근거로 울진(蔚珍)·평해(平海) 등지에서 활동하였다.

특히 신돌석(申乭石) 의병진의 소모장(召募將)으로 1907년 8월 26일 참모 전세호(田世浩), 중군 최경호(崔慶鎬)와 함께 평해군수(平海郡守) 이명근(李明根)을 만나서 대의를 설득하였다. 그리하여 관포군 40명과 군자금 천냥을 받아 울진(蔚珍)으로 돌아와서 장석태(張錫泰)·장진수(張鎭守) 등과 같이 200여명을 인솔하고 울진(蔚珍) 및 평해군 내에서 의병 활동을 하였다.[170]

2) 전재호(田在浩·田世浩·田東培, 1883.04.20.~1967.08.25)

울진군 북면 화동 출신이다.

경북에서 활약하던 대표적인 평민의병장 신돌석(申乭石) 의병부대에 참여하여 분진(分陣)의 선봉장(先鋒將)으로 1907년부터 1908년에 걸쳐 활약한 바 있다.

1908년 의진이 쇠퇴하여 고향에 돌아온 후에는 매화만흥학교에서 측량학을 배우다가, 1910년 경술국치와 더불어 폐교되니 우울한 세월을 보냈다.[171]

3) 김용욱(金容旭, 1869.03.06.~1921.08.09)

울진군 근남면 노음리 출신이다.

1905년 을사늑약이 늑결되자 일찍이 19세의 어린 나이로 1896년 을미의병운동에 참여한 바 있던 신돌석(申乭石)이 다시 고향 영해(寧海)에서 의거

---

170) 공훈전자사료관, 전배근 공훈록(e-gonghun.mpva.go.kr).
171) 공훈전자사료관, 전재호 공훈록(e-gonghun.mpva.go.kr).

의 기치를 올려 용맹을 떨쳤다.

이때 김용욱은 의병장 신돌석의 명성을 듣고 입대하여 중군장(中軍將)에 임명되어 그 산하의 크고 작은 전투에 참여하여 많은 전과를 올렸다.

1907년에는 울진지방에서 왜적과 접전하였으며, 1908년에는 울진·삼척·안동·예천·순흥 등지에서 항일투쟁을 전개하였다.

1908년 11월 18일 의병장 신돌석이 반민족적 흉한의 손에 비참한 최후를 마치자, 1909년 이후 태백산맥을 무대로 항일투쟁을 지속적으로 전개하다가 작고하였다 한다.[172]

남태영 의병장 충의비 울진군 원남면 매화리 364

4) 남태영(南泰永, 1873.03.28.~1908.05.29)

울진군 서면 쌍전리 사람이다.

1905년 울진군 서면(西面)에서 의병을 모집하여 의병장으로 추대되어 장

---

172) 공훈전자사료관, 김용욱 공훈록(e-gonghun.mpva.go.kr).

비를 정비하고 1906년 서울을 향해 진격하던 중 봉화군(奉化郡) 소천면(小川面)에서 일군과 교전을 벌인 끝에 10여 명을 부상시키는 전과를 거두었다고 한다.

이듬해에는 봉화에서 권룡하(權龍夏)등과 의병 5백 명을 소모(召募), 역시 의병장으로 추대되어 영양(英陽)·청송(靑松)·영덕(盈德)·풍기(豊基) 등지를 전전하며 활발한 항전을 벌이다가 1907년 일군에게 피체되어 이듬해 순국하였다.[173]

5) 최경호(崔慶鎬, 생몰 미상)

최경호는 울진군 후정리 출생이다. 진위대 하사관출신으로 1905년 12월 7일 전배근 전세호 김용욱 장진수 전매정 주낙조 박병율 그리고 청송 이하현 등과 함께 흥부시장에 모여 의병을 일으키기로 논의 하였다. 1906년 2월 19일 김현규 이하현 전배근 전세호 김용욱 장진수 등과 울진불영사에서 창의하여 중군장으로 활동하다가 삼척 방면에서 생포되어 춘천감영에 구금되기도 하였다.

1907년 장석태 전배근 장진수 등과 함께 결세 1만 9천냥을 반환을 요구하였다. 그해 9월 7일 원주진위대 출신 민긍호 부대가 울진으로 들어오게 되자 이를 도왔다. 이 과정에서 일본군 순사부장 염원영태랑이 사살되고 순사 최석기는 관통상을 입었다. 이후, 일군에 항쟁하다 토벌대의 수색망이 좁혀지자 국치 직후에는 가족을 이끌고 만주에 들어가 독립군의 일원이 되어 러시아가 경영하는 동청(東淸) 철도를 수비하였는데, 왜병이 서백리아(西伯利亞)를 침공할 때 전사하였다.[174]

---

173) 공훈전자사료관, 남태영 공훈록(e-gonghun.mpva.go.kr).
174) 『울진군지』 상권, 415쪽, 하권, 145쪽. 2001.

6) 장진수(張鎭洙 혹은 張鎭守, 1878.12.06.~1907.12.06)

장진수는 울진군 북면 지장동 출신이다. 1906년 2월 19일 김현규 이하현 전배근 전세호 김용욱 장진수 등과 울진불영사에서 창의하여 의병 활동을 하였다.

1907년 장석태 전배근 등과 함께 결세 1만 9천 냥을 반환하라며 탁지부에 청원서를 제출하고, 1907년 8월 14일 밤에 의병 200명을 인솔하고 울진읍에 진입하여 세무주사를 체포하려하였다. 1907년 12월 6일 울진 근남 수곡(水谷) 한티재 교전에서 일병 소위 서촌정의(西村正義)에게 포살 당하였다.[175]

7) 이고포(李姑浦 또는 李考甫, 생몰 미상)

울진출신의 의병장이다. 1907년 12월 8일 부하 1백 28명을 거느리고 평해를 공격하는 등의 활동을 전개하였다.[176]

8) 박인화(朴仁和 또는 朴處士, 1860.10.14.~1908.05.04)

평해 후포출신의 박인화(朴仁和)는 향리에서는 처사라 불리었는데, 1905년 을사늑약이 체결되자 가족을 영양군 죽파로 이사시키고 사방에 격문을 돌려 의병 300명을 모집하여 영양, 진보, 안동, 의성 등지에서 활동하였다.

1907년 9월 대구경찰서에서 안동분서로 가는 일본인 순사일행을 납치 살해하였고, 1908년 1월 그의 부하 이화서(李和瑞)는 안동 편항에서 자위단원을 지칭하고 군자금을 강요하였으며, 그 후 예안·안동·의성·영양·청송 등지에서 활동하였다.

1908년 4월 28일 안동군 대곡리 부근에서 부하 20명과 함께 일본군 토벌

---

175)《황성신문》, 1907년 8월 29일; 『울진군지』 상권 2001, 415족.
176) 『폭도사편집자료』, 『독립운동사자료집』 3, 1971, 613쪽.

대에 타격을 받고 잠복하고 있던 중 1908년 5월 신돌석 부하를 자처하는 밀정에 의해 관통상을 입고 순국하였다.[177]

9) 박춘근(朴春根, 1865.08.09.~1935.08.14)

박춘근은 울진군 서면 봉정동 출신이다.

그는 정경태의 휘하에 들어가 1907년 8월의 울진군 읍내습격과 9월 2일 평해군 경무분파소 습격, 10월 18일 울진군 경무서 공격 등에 참여하여 활발하게 활동하였다.

또 같은 달 원남면 매화리에 침입하여 이사집(李士集)을 잡아 그 아내 김사동(金沙洞)에게 돈 40원을 군자금으로 모집하였다. 그 외 1911년 12월 19일 울진군 원북면 상원당동의 지인풍(池寅豊)으로부터 돈 19원, 백미 4두, 담배 2파, 건시 300개를 획득하고, 나아가 두천동에서도 어느 집에 들어가 주인 아내 임상녀로부터 서양목 1필, 광목 1필과 돈 20원을 지불한다는 증표1매를 받아내기도 했다. 이후 그는 1912년 2월 21일 경성공소원에서 징역 7년을 받아 옥고를 치렀다.[178]

10) 백수영(白琇瑛, 1873.11.03.~1912.10.14)

백수영은 울진군 서면 후곡동에서 농사를 지어온 농민이었는데, 일찍 정경태의 휘하에서 의병 활동을 한 것으로 보인다. 1911년 사상두 의진에 참여

---

177) 국사편찬위원회, 대비목 제 902호의 1, 융희 2년 5월 9일,『한국독립운동사』자료11, 1982, 48쪽;『울진군지』상권, 2001, 418쪽. 박인화의 출신지는 3가지 설이 있다. 울진 후포라는 것과 안동 대곡 또는 영양 수비가 그것이다. 독립유공자공훈록 1권(1986년 발간)에는 박인화 본적이 영양 首比 竹波로 되어있다. 추후 더 자세한 조사가 필요하다.
178)『독립운동사자료집』별집 1, 의병항쟁재판기록, 1974, 283-285쪽.

하여 강원도 울진, 삼척 등지에서 군자금을 모집하고 부일배를 처단하였다.

그는 1911년 5월 20일 사상두 의진의 남선봉(南先鋒), 천태화(千泰化), 김석순(金石順) 등과 총기, 곤봉 등을 휴대하고 삼척군 원덕면 권태정(權泰鼎)의 집에 침입하여, "의병장 정경태의 은혜를 잊고서 그 소재를 관헌에게 밀고하여 체포되게 하였다."는 이유로 처형하고 재물을 획득하였다. 그해 10월 7일 삼척군 상군면 대흥동 장석범(張錫範)의 집에 침입하여 지속적인 의병저항을 위해 "군자금으로 엽전 150냥을 내겠다."는 증표를 받았으며, 10월 20일에는 울진군 근남면 유홍종(劉洪鍾)에게 군자금을 요구하였으나 거절하므로 사살하였다.

사상두(史相斗), 김병일(金炳一)과 같이 울진 헌병대에 체포되었다. 1912년 7월 22일 경성복심법원에서 소위 강도 살인 방화죄로 사형을 받아 10월 14일 서대문감옥에서 순국하였다.[179]

11) 사문성(史文成, ?~1912.12.18)

사문성은 울진군 서면 후곡리 출신이다. 1911년 9월 경북 봉화 일대에서 김병일(金炳一) 등과 함께 군자금을 모집하는 등 의병 활동을 전개하다가 체포되었다. 1912년 11월 27일 경성복심법원에서 사형을 받아 12월 18일 순국하였다.[180]

12) 이경학(李敬學 · 李潤明 · 李東廈, 1884.04.14.~1909.12.30)

울진군 북면 주인리 출신이다. 포군 이경학은 1906년 신돌석 의진의 군량장으로 활동하였으며, 1909년 4월경부터 정경태의 휘하에서 의병 활동을

---

179) 『독립운동사자료집』 별집 1, 의병항쟁재판록, 283-285쪽.
180) 『독립운동사자료집』 별집1, 1974, 287-289쪽.

하였다. 특히 그는 정경태의 명을 받아 당시 친일적인 활동을 하던 인물들을 제거하는데 앞장섰다.

1909년 음력 5월 17일 4~5명의 동료와 더불어 정경태의 명에 따라 봉화군 소천면 승부리 권재룡의 집을 불태웠다. 5월 20일에는 같은 마을의 김형규 집에 들어가 양돈 1마리를 탈취하기도 하였다. 당시 포군으로 활약하던 이윤명은 적에게 체포되어 대구에서 사형, 순국하였다.[181]

13) 한영육(韓英育, 1878.07.16.~1935.11.01)

한영육은 울진군 온정면 소태리 출신이다. 1905년 11월 을사늑약 이후 신돌석 의진에 들어가 도선봉장이 되어 영양·영덕, 영해·평해·울진 등지에서 의병항쟁을 전개하였다. 1908년 11월 신돌석이 순국한 뒤 재기를 위해 활동하였다.

또 1919년 3월 18일 영덕군 영해읍 장날을 기하여 일어났던 독립만세에 참가하여 장터에 모인 수천 명의 시위군중과 함께 독립만세를 고창하고 주재소를 파괴하며 경찰제복·경찰제모 등을 빼앗고, 면사무소·학교 등에서 기물을 파괴하였다.[182]

14) 엄종수(嚴宗壽·嚴鍾守, 1865.09.08.~1936.03.13)

엄종수는 평해 출신으로 신돌석의 휘하에 들어가 울진, 평해, 영덕 등지에서 활동하였다. 엄종수는 신돌석이 피살된 후 울진, 영덕 일원에서 활동 중, 1910년 2월 10일 의병 노기촌과 함께 영덕경찰서 순사대에 의해 체포되었다. 대구지방법원에서 징역 7년을 받아 옥고를 치렀다.[183]

---

181) 『독립운동사자료집』 별집1, 의병항쟁재판기록, 289-290쪽.
182) 김희곤 외, 『울진의 독립운동사』 2011, 113쪽.

15) 박문술(朴文術, ?~1913.08.26)

박문술은 울진군 서면 소광리 출신이다. 그는 25세의 나이로 1911년 2월 경부터 십 수 명을 이끌며 강원도, 황해도 일원에서 끈질긴 투쟁을 전개하였다. 5월 삼척군 원덕면에 살고 있는 권태정을, 6월에는 봉화군 소천면 면장 김재락을 처단하기도 하였다. 또 1911년 11월에는 울진헌병분대 삼척분견소에 의해 체포되어 조사를 받던 중 삼엄한 경비를 뚫고 사라지기도 하였다.

하지만 박문술은 울진군 서면 법광천동 구정로(具正魯, 29세)와 함께 항일투쟁을 펼치다가, 1912년 끝내 울진헌병분대에 의해 체포되었다. 그는 함흥지방법원에서 사형을, 구정로는 징역 10년형을 받았다. 이후 박문술은 1913년 5월 20일 경성복심법원에서 사형을 선고받고 같은 해 8월 26일 서대문 감옥에서 순국하였다.[184]

6. 울진에서 의병 활동한 타지역출신 인사들

울진에서 을사늑약 이후에 의병 활동을 한 타지역 인사로는 신돌석·민긍호·성익현·정경태·이종소 등이 있었으나, 이들의 활동은 앞에서 전술하였다.

1) 금기철(琴基喆)

금기철(미상~1912)은 봉화군 상운면 문촌리 출신이다. 금기철은 1907년

---

183) 국사편찬위원회, 『한국독립운동사』 자료 17, 238-239쪽; 폭도에 관한 편책 (경무국)

184) 독립유공자공훈록(국가보훈처) 제14권, 312쪽; 『조선총독부관보』(1913, 8, 4); 《매일신보》(1912, 10, 15, 1913, 4, 10).

초 의진을 조직한 뒤, 4월 12일 한상열(韓相說) 김현국(金顯國) 등과 함께 강원도 횡성에 주둔한 일본군 수비대를 공격하여 적의 간담을 서늘하게 하였다. 8월 22일 부하 400명을 인솔하고 삼척읍내를 공격하였다. 이후 1910년 경술국치까지 50여명의 의병을 거느리고 울진·삼척·강릉·등지에서 대일항전을 계속하였다.

1912년 김상수(金相守)와 함께 군자금을 모집하다가 체포되어, 같은 해 6월 15일 대구복심법원에서 징역 15년을 받고, 이에 불복 상고하였다. 그러나 7월 15일 고등법원에서 기각됨에 따라 형이 확정되어 옥고를 치렀다.

2) 이춘양(李春陽)

이춘양(미상~1908.12)은 경북 봉화군 소천면 임기동 출신이다. 1905년 을사늑약에 반대하여 창의하였으며, 1907년 군대해산 후 다시 거의하여 경북 예안 안동 영양 봉화 울진 등지에서 부하 150명을 거느리고 활동하였다.

1908년 1월 20일경 평해에서 안동수비대의 공격을 받고 전사하였다.[185] 그 후 부장 박재관(朴在寬)은 스스로 이춘양이라 칭하고, 그 부대원들을 이끌고 일월산 부근에서 계속 활동하였다.[186]

1908년 4월 18일 울진군 원서면 남아하동에 부하 30명을 거느리고 울진 서면에서 군자금을 모집하였으나, 12월 평해에서 일본군 수비대에 의해 순국하였다.[187]

---

185) 국사편찬위원회, 『한국독립운동사』 자료 9, 1980, 18쪽.
186) 국사편찬위원회, 『한국독립운동사』 자료 9, 1980, 161쪽.
187) 『폭도사편집자료(1909)』 『독립운동사자료집』 3, 1971, 613쪽.

3) 김성운(金成雲)

김성운(1863~미상)은 영양군 수비면 심천동 출신이다. 1907년 9월경 권석규(權錫奎) 등과 함께 기병하여 영양군 일원에서 활동하였다.[188] 1907년 10월 권석규 등과 금전 곡식 및 기타물품 징발의 명령서를 만들어 영양군 일대에서 군자금 및 군수품을 수합하였다.

1906년 영해에서 창의한 신돌석이 1907년 12월말 수비면으로 들어와 활동하자 제휴하였다.[189] 1908년 2월 말 심천을 중심으로 일본군 토벌대의 토벌작전에 대응하여 투쟁하였다. 그러나 2월 19일 김성운 부대는 수비면 대곡동에서 일본군대의 공격을 받고 약 30명의 의병 중 9명을 잃는 큰 타격을 입게 되었다. 1908년 6월 김성운은 일본군의 토벌작전을 감당하지 못하고 울진방면으로 퇴각하지 않을 수 없었다.[190]

4) 신대룡(申大龍)

신대룡(1878~1910)은 봉화군 내성면 진당동 출신이다. 1909년경 정경태 휘하에서 소부대의 선봉으로 약 30여 명의 부하를 거느리고 울진 봉화 등지에서 활동하였다.

1909년 5월 신대룡은 정경태의 명으로 동료를 이간하고 당규를 위반한 김우갑(金又甲)과 같은 해 12월에는 의병들의 동정을 울진헌병대에 밀고한 부일협력자 진용(鎭鎔)을 처단하였다. 그리고 7월 5일 신대룡은 부하 11명과 함께 울진군 원남면 이보태(李輔台)로부터 엽전 100냥 등 군수품을 징발

---

188) 『독립운동사자료집』 별집1, 1974, 453쪽. 권석규(1884~)는 경북 순흥면 도강리 우곡리 출신으로 1908년 11월 대구지방재판소에서 종신징역을 선고받아 옥고를 치렀다.
189) 국사편찬위원회, 『한국독립운동사』 자료 8, 1979, 537쪽.
190) 국사편찬위원회, 『한국독립운동사』 자료 10, 1981, 53쪽.

하였고, 같은 해 10월 18일에는 원남면 금납동의 친일 면장 남재숙(南載淑)으로부터 군자금을 징수하였고, 10월 30일에는 하원동의 김존위(金尊位)로부터 군수품을 징수하였다. 또 12월 2일에는 평해군 원북면 잠산동에서 박수혁 등 동민들에게 군자금을 각출하기도 하였다. 이러한 활동을 전개하던 중 체포된 신태룡은 1910년 7월 7일 경성공소원에서 교수형을 받고 순국하였다.[191]

5) 강찬호(姜贊鎬)

강찬호는 봉화군 와단면 법전리 출신으로 1903년경 화적으로 활동하였다. 그 후 의병으로 전환하여 20~30명의 부대를 이끌고 활동하였다.[192] 1909년 6월 봉화군 상동면에서 정기철과 함께 부하 약 80명을 이끌고 일본 군경과 약 2시간의 전투를 벌이는 등 풍기 봉화등지에서 활동하였다. 1910년 정경태 부대와 충돌하여 그 세력이 약화됨에 따라 5월 11일 봉화헌병대에 귀순하였다.[193]

6) 변학기(邊鶴基)

변학기는 생몰 미상이다. 경상북도 봉화 거촌출신으로 안동 봉산(奉山)의 승려로 생활하다가 군대에 입대하여 1907년 군대해산 당시 하사였다. 1907년 8월 군대 해산 이후 격문을 돌리고 해산군인을 모아 창의하였다.

아! 우리 한국(韓國)이 단군 이래로 예의의 풍속과 공맹(孔孟)의 학문이 계

---

191) 독립운동사편찬위원회, 『독립운동사자료집』 별집1, 1974, 542쪽.
192) 권대웅, 「정미의병기 경북북부지역의 의병전쟁」, 지역문화연구소 6.
193) 국사편찬위원회, 『한국독립운동사』 자료14, 1985, 557쪽.

계승승하여 충의 와 효제(孝悌)가 천하에 으뜸하였다. 그런데 근일에 천도(天道)가 晦暝하고 국운이 쇠퇴하여 적신이 권력을 농간하고 군자는 초야에 물러 가게 되었다. 그러므로 최면암(崔勉菴)은 만리 해외에서 원통한 죽음을 당하였고 민충정은 한 칼 아래에 자결하였으며, 이 준은 해아만국회의(海牙萬國會議)에서 분사(憤死)하였으니 이는 모두 국(國)을 구제하려는 충성에서 나 온 것이다. 그러한데 어찌하여 교목세신(喬木世臣)들은 각기 당파를 세우고 외적을 맞아들여 해외에 망명한 역신을 귀국하게 하고 저 악독한 이등(伊藤)의 무리에게 국정을 맡겨 삼천리강토를 적국에 내어주고 이천만 생령(生靈)을 노예가 되게 하였으니 아! 천명인가, 운수인가 목이 메이는 바이다.… 하물며 우리나라는 예로부터 충효를 숭상하여 왔으니 일이 절박한 이 마당에 있어 수수방관하는 것은 신자(臣子)의 도리가 아닌 것이다. 이 격문을 초고한 후에 만약 전일과 같이 태만 할 때에는 마땅히 군법으로 시행할 것이니 뜻있는 동포들은 이 의거에 호응하여 대사를 이룩하게 하면 천만다행일 것이다

격문은 한국(韓國)이라는 표현으로 시작한다. 그리고 국가의 정통성은 단군과 공맹을 연결시키는 성리학적 세계관을 보여준다. 최익현과 민영환, 이준의 죽음을 국(國)을 구제하려는 충성으로 보았다. 충의와 효를 으뜸으로 두는 것은 왕조시대 충효관에 입각해있다. 그러나 유생의병장들이 소중화의 정통성, 인의(仁義) 및 교화(敎化)와 연결시키고 있는 점과는 차이를 보인다.

변학기는 영남창의대장에 추대되어 부장 홍병팔과 부장 박원도 등을 지휘하여 의병 300~400명을 이끌고 봉화, 울진, 삼척등지에서 활동하였다. 1907년 10월 18일 성익현·정경태 등과 부하 500명을 거느리고 울진읍내 경무분견소를 습격하여 오전 5시부터 여덟 시간에 걸친 전투 끝에 일본군을 격퇴하였으며, 같은 해 11월 26일에는 삼척군 반생야에서 일본군과 접전을 벌였다.[194] 1908년 3월 22일에는 봉화군 소천면 석개리에서 부장 홍병팔이 일본군에 의해 체포된 후 변학기는 부장 박원도와 함께 태백산 일원

---

194) 변학기 편, 『독립유공자공훈록』 1권, 국가보훈처, 1986.

의 천평리 · 영월 · 성양 · 울진 덕구 등지에서 활약하였다.

1908년 5월 이강년 부대가 강원도에서 경북 봉화로 진출하자 성익현 의진 도총독(都總督)이요 이강년 의진 우군장(右軍將)이었던 변학기는 성익현 · 이강년 의진과 연합하여 같은 해 5월 15일부터 전개된 서벽전투 내성전투 재산전투를 치루며 대일 항전을 수행하였다.[195]

한편 일본군은 명산(明山) 소백산에서 변학기 이외에 천여 명의 의병이 활동하고 있다는 정보를 탐지하고 10여개 지역의 수비대를 동원하여 엄밀한 경계망을 펴서 의병들에 대한 대토벌전을 전개하였다. 그럼에도 불구하고 교묘히 몸을 피신하여 체포되지 않고 계속 항일전을 전개할 수 있었다.

그러나 수비대의 지속적인 증원과 치밀한 토벌전에 걸려 마침내 체포되고 말았다.

7. 의병탄압의 실상

의병봉기가 일어날 때마다 정부는 우선적으로 선유사를 파견했다. 1896년 당시 정부는 강원도에 내부협판 유세남을 파견한 것을 필두로 신기선과 이도재를 남로선유사(南路宣諭使)와 동로선유사(東路宣諭使)로 임명하여 각 지역에 파견하였다. 또한 1905년 전후 중기의병이 봉기했을 때도 각 지방 관들로 하여금 선유활동을 담당하게 하였다.

1907년에는 8월 군대해산으로 의병봉기가 전국적으로 확산되자 정인흥을 경기 선유사로, 김중환을 경북 선유사로, 홍우석을 강원도 선유사로, 이순하를 충청 남북도 선유사로 임명 하여 의병들을 효유하여 해산시키도록 조

---

195) 독립운동사편찬위원회, 『독립운동사자료집』 별집 1, 269 - 271쪽; 『폭도사편집자료』, 『독립운동사자료집』 3, 582 - 583쪽.

처했다.196) 하지만 각도 선유사가 일본군사 30명씩을 인솔한 점이 여론의 비판대상이 되기도 하였으며, 의병의 활동은 전혀 위축되지 않았다. 이에 같은 해 9월 정부에서는 의병해산을 권하는 선유조칙을 내리며 각 도에 선유사를 재차 파견했다.

1907년 말부터는 선유사를 선유위원이라는 이름으로 변경하여 각 지역에 파견하였다. 이들 역시 일본인 순사나 헌병의 호위를 받으면서 선유활동에 종사하였고, 이 사항을 내각과 내부, 헌병대 등에 보고하였다. 선유활동은 1909년 후반기까지 지속되었다.

선유활동 이외에도 의병의 귀순을 장려하는 자위단을 만들기도 했다. 자위단은 일제의 의병진압책 가운데 하나로서, 의병전쟁이 가장 거세었던 시기인 1907년 11월부터 그 이듬해 2월까지 전국에 걸쳐 조직되었다. 그리하여 자위단은 일제군경의 감시와 지휘아래 지방행정기관의 주도로 전국에 걸쳐 조직되었다.

자위단이 조직된 계기는 의병이 일어난 후 정부가 시행한 선유대책이 실패했기 때문이었다. 이런 상황에서 일진회가 의병진압책을 선제적으로 제시했고 내각총리대신 이완용을 거쳐 통감 이토 히로부미가 자위단 개설 여부를 결정하는 회의를 열었다. 그 결과 일진회의 방안이 채택되었다. 결국 1907년 11월 9일 자위단 규칙이 발표되었다.197)

이 규칙은 총 3개조로 구성되어 있고 조직의 구성 목적과 방법, 담당 임무에 대해서 설명하고 있다. 자위단 은 지방의 안녕을 위하여 지역주민들이 조직하되, 경찰과 헌병, 군대의 지휘와 절제를 받는 것으로 규정되었으며, 호구조사, 개인이 가지고 있는 무기의 회수, 순라 경계, 의병 정찰, 궁민구휼 등의 업무를 담당했다. 이후 「자위단규칙실시심득(自衛團規則實施心得)에

196) 『純宗實錄』 권 1, 1907년(순종 즉위년) 8월 26일 기사.
197) 《皇城新聞》, 1907년 11월 13일, 雜報 「自衛團規則及注意」.

관한 사(事)」가 공포되었는데, 여기서 자위단 설치 취지를 '폭도와 양민의 구별을 명백히하고 폭도의 진압에 자뢰(資賴)하기 위함'이라 고 하여 자위단 의 설치 목적이 의병진압이라는 것을 밝히고 있다.

자위단 규칙 공포 직후에 내부 경무국에서 1907년 11월 11일자로 각 도 에 자위단 조직에 관한 지시를 내렸고 따라서 자위단 조직의 주체는 내부 경무국이었고 경무국장은 일본인 마쓰이 시게루(松井茂)였다. 고종 퇴위 이 후 대한제국의 통치기구는 사실상 통감부에 의해 장악되어 있었기 때문에 형식상으로는 대한제국의 외피를 두르고 있었지만 실질적으로 일제 식민권 력에 의해 움직이고 있었다.[198]

그리고 자위단을 조직하는 과정에서 자위단원호회라는 별도 조직을 창립하 여 이 조직이 각 지역의 자위단설립을 지원하는 활동에 대해서 후원하였다.[199]

이후 일진회는 회원 200여명과 자위단원호회 발기인 120명 등을 모아서 1907년 11월 19일에 발기인회를 가졌으며, 원호회 회장에 한성부윤 장헌식을 추천하였다.[200] 자위단원호회 위원들은 각 군을 순회하며 일제의 군경과 군 수의 도움을 받아 원호회의 취지를 설명하는 등 본격적인 활동을 행하였다.

자위단의 편제는 면방사(面坊社) 단위로 독립적인 단(團)을 설치하고, 이 를 군단(郡團)에서 총괄하는 것이었다. 단 아래 동(洞)에는 분단(分團), 리 (里)에는 리단(里團)을 설치하였으며, 100명마다 부장(部長), 10명마다 什長 을 두거나 구장(區長)을 두었다. 물론 이것은 지역 마다 약간씩 변동을 주는 식의 차이는 있었다. 당시 행정체계상 지역의 편차가 있었기 때문이다. 이

---

198) 도면회, 「일제 식민통치기구의 초기 형성과정 - 1905~1910년을 중심으로 -」, 한국정신문화연구원 편, 『일제식민통치연구』 1, 1905~1919, 백산서당, 1999; 김헌주, 앞의 논문, 2017, 84쪽.

199) 『元韓國一進會歷史』 권 5, 1907년 12월 27일.

200) 《皇城新聞》, 1907년 11월 19일 雜報, 「自衛團援助會」.

러한 자위단 조직의 수는 1908년 2월 기준 1,990개로써 전국의 면단위에 1 개씩 조직한 것과 거의 맞먹는 숫자였다.[201]

자위단의 주요 임무는 경계활동이었으며, 자위단의 활동으로 의병의 위축과 치안불안의 해소라는 결과가 나타나기도 하였으나, 지속적인 의병의 공격과 자위단을 운영하던 일진회의 행패 등으로 인하여 그 효력이 크지 않아 1908년 말에는 대체로 활동이 중단되었다. 일진회가 간행한 자료에는 1907년 9월부터 1년 동안 살해당한 회원이 966명이라 되어있다.[202] 1908년 5월에 악행을 저지른 자위단장이 체포되었고[203], 10월에는 자위단장이 피살되었다. 지방소요를 진정시키기 위하여 자위단을 조직 시행하였으나 효력이 없었음을 의미한다.[204]

하지만 일부지역의 경우 자위단활동은 1909년 8월경에도 존속하고 있는 것으로 보인다.[205] 경기도 양근군 분원마을[206]의 사례에서도 확인된다. 하재일기(荷齋日記)의 기록자인 지규식의 본관은 충주 지씨, 호는 하재(荷齋)이며 신분은 중인(中人)이나 상한(常漢)으로 생각된다. 스스로를 양반계층과

---

201) 김현주, 앞의 논문, 2017, 86쪽.

202)『한국일진회지』,『조선통치사료』4, 746쪽.

203)《대한매일신보》, 1908년 8월 12일.

204)《황성신문》, 1909년 4월 30일. 홍영기, 앞의 책, 443쪽.

205)『荷齋日記』, 1909년 7월 6일(양 8.21); 김현주, 앞의 논문, 87쪽.

206) 서울특별시사편찬위원회,『서울인구사』, 2005, 266쪽 참조; 김현주, 앞의 논문, 107쪽. 광주분원마을은 도자기를 제조하는 마을로 현재 경기도 광주시 초월면·실촌면·퇴촌면 등지가 해당된다. 18세기에 들어와 분원은 경기도 양근군 우천강변으로 자리를 옮겨 정착하였다. 경기도 양근군 남종면 분원 3리에 속했으며, 분원마을은 1~8里까지 나뉘어져 있었다. 각 리에는 里會와 里任을 두었고, 8리 전체를 관장하는 大洞會와 洞任이 전 마을에 관련된 일을 관장했다. '窯戶 三千口'라는 구절이 있는 것으로 보아 주민은 3천여 명에 달했던 것으로 보인다. 조선후기 가구당 평균 인구가 4.2명이었던 점을 감안하면, 분원리는 700~750호에 달하는 대단위 마을이었다.

"존비가 다르다"고 한 점을 보면 조선 사회 전체에서 신분적으로 낮은 위치에 있었던 것으로 보인다. 직업은 분원의 상위 기구인 사옹원 소속 원역(員役)이었으나, 분원의 운영권이 민간의 이양될 때 공인(貢人)으로 전환했다.

그는 우천평과 퇴촌면 등지에 상당한 규모의 논밭을 소유했으며, 1897년 번자회사를 설립할 때도 15,000냥의 출자금을 투자할 여력을 지니고 있었다. 지규식은 비록 양반은 아니었지만 고전에 대한 지식과 유교적 소양을 갖추고 있었다. 그는 분원마을 일대에서 지식인층으로 마을의 여론을 주도하고 영향력을 행사했다. 이는 후기의병과 일본군이 분원마을을 휩쓸고 가는 전란의 와중에 지규식은 '온 마을 사람들의 추천'에 의해 동임으로 선출된 것에서도 마을에서 그의 지위를 알 수 있는 대목이다.207)

고종의 강제퇴위와 군대해산을 계기로 일어난 의병운동은 분원마을이 있는 경기도 양근 지역으로 확대되었다. 분원마을이 있는 양근(楊根)과 저평(砥平) 등을 중심으로 의병이 일어난 것은 1907년 8월경이었다. 이 지역에서는 양근읍 출신 조인환(曺仁煥)과 권득수(權得洙) 등이 중심이 되어 의병을 일으키고 지평군의 권화경(權化京) 부대와 연합하여 500명 전후의 대부대를 형성하였다.208)

1907년 7월 17일 일기에서 지규식은 "각처에서 의병이 창궐하여 일본병과 교전한 곳에는 사상자가 셀 수 없고, 불을 지름이 더욱 심하여 인심이 대단히 흉흉하다"고 기록하였다.209) 지규식이 의병운동의 파장에 대해서 우려하던 즈음 경기지역 의병이 분원마을로 들어왔다. 마을에서는 총과 군

---

207) 『荷齋日記』, 1907년 9월 16일(양 10.22); 『荷齋日記』는 김헌주의 논문에서 참조하여 정리하였다.

208) 김순덕, 「京畿地方 義兵運動 硏究(1904~1911)」, 한양대학교 사학과 박사학위논문, 2002, 38쪽.

209) 『荷齋日記』, 1907년 7월 17일(양 8.25).

수전(軍需錢)을 마련하여 주었다.[210) 그리고 마을로 일본군이 들어왔다. 1907년 음력 8월 3일 (양력 9월 10일)의 일기에는 전날 밤 일본군 6명이 우천에서 분원마을로 들어와서 위협을 가했고, 우천 마을 역시 집집마다 갑자기 들이닥쳐서 집물을 무수히 가져가 온 동네가 도피해야만 했던 내용이 적혀 있다.[211)

1907년 8월 5일에 의병소에서 화약 100근을 남종면에 배정하였고, 9일에도 의병 400명이 군수전을 요구하였다.[212) 12일에는 본군 창의소에서 "원중 군수전을 빠짐없이 거두어 모아서 즉시 상납하라"는 전령에 따라 1만 냥을 거두어서 창의소에 보냈다.[213)고 하였다.

8월 13일의 일기에는 군수전이 마감되었다는 소식과 일본병이 광주 부윤에게 이번 분원 전투에서 분원마을을 모두 불태워버리려고 했으나 분원마을의 대접이 정성스러웠기 때문에 너그럽게 용서했다는 이야기도 기록되어 있었다.[214)

하지만 8월 14일에 일본 병선 몇 척이 용산에서 올라와서 15일에 우천에 하륙하여 19일까지 머무르면서 우천 마을은 다시금 며칠간 시끄러웠다.[215) 20일에는 인편을 통해서 "의병이 일본병과 사천 장터에서 교전하여 의병이 패하여 달아났다. 일본병은 고읍동으로 들어가 불을 놓아 20호를 모두 태우고, 동민 4명이 총탄에 맞아 죽었다. 본군으로 쫓아 들어가 총을 쏘고 불을 놓아 한 고을이 모두 타고 해를 입은 자가 또한 많다"는 소식을 들었

---

210) 『荷齋日記』, 1907년 7월 18일(양 8.26).
211) 『荷齋日記』, 1907년 8월 3일(양 9.10).
212) 『荷齋日記』, 1907년 8월 5, 7, 9일(양 9.12, 14, 16).
213) 『荷齋日記』, 1907년 8월 12일(양 9.19).
214) 『荷齋日記』, 1907년 8월 13일(양 9.20).
215) 『荷齋日記』, 1907년 8월 14, 15, 16, 17, 18, 19일(양 9.21, 22, 23, 24, 25, 26).

고,216) 이천 의병이 귀천으로 갔고 김장련과 귀천의 김행원이 의병에 붙잡혀갔다는 내용이다.217) 다음 날에는 돌아온 김장련과 의병 우익장 임모가 서로 더불어 군수(軍需)를 논했고 의병 임모는 능력에 따라 마련하라는 이야기를 전한다.218)

9월 20일에 이르면 광주 수비대 일본군이 들어와서 "이 동에는 폭도들이 많이 있어서 상부의 훈령에 따라 일동(一洞) 가옥을 모두 불태워서 영구히 폐허로 만들겠다."고 마을 사람들을 협박했다. 지규식의 설득으로 그들을 진정시켰지만 의병들이 들어와서 가옥 1채가 불타는 사건이 일어나고 이에 일본군이 마을 사람들을 심문하는 사태가 벌어졌다. 이 상황도 지규식의 설득으로 무사히 해결되고 일본군은 다음 날 남한산성으 로 떠났다.219) 9월 29일에 다시 일본군이 마을로 들어왔다는 소식이 들려 온 마을이 소란스러웠고, 9월 30일과 10월 1일에 일본군이 의병의 유무를 탐문하였다. 지규식은 음식과 기호품을 주는 한편, 술을 대접하고 숙소를 마련해주며 그들을 회유했다.220)

10월 7일에 양수두221)에 있는 일본 병참 수비대장이 마을 동임들을 부른 뒤, "선언서를 포고한다고 하였다. 각동 폭도들이 자수하여 기계를 바치게 하면 죄를 용서하고, 만일 그렇지 않으면 각 해동(該洞)은 모두 불을 질러 없앨 것이다. 또 각 동에서 엄히 파수하여 만약 폭도가 오면 성화같이 병참소로 달려와 보고하라"고 지시하였다.222)

---

216) 『荷齋日記』, 1907년 8월 20일(양 9.27).
217) 『荷齋日記』, 1907년 9월 4일(양 10.10).
218) 『荷齋日記』, 1907년 9월 5일(양 10.11).
219) 『荷齋日記』, 1907년 9월 20, 21일(양 10.26, 27).
220) 『荷齋日記』, 1907년 9월 30일(양 11.5), 10월 1일(양 11.6).
221) 현재의 경기도 양평군 양수리이다
222) 『荷齋日記』, 1907년 10월 7일(양 11.12).

이어서 이 지역에 자위단 설치에 관한 지시가 내려온 것은 같은 해 11월 19일이었다. 그날 일기에는 고랑리 헌병대장이 병사 5명을 거느리고 이른 아침에 내방하여 학교로 맞아들였다. 안부 인사를 나눈 뒤에 "동중에 의병의 유무를 반드시 사실대로 직고하라. 그렇게 해야 무사할 수 있다. 만일 숨기면 당연히 조사하여 처벌을 받게 될 것이다. 도자위단을 설립하였으니 동중에서 호구수를 사실대로 조사하여 십가작통(十家作統)하라. 그리고 그 속에서 단장을 착정(差定)하고 6개월마다 교체하라. 동중 사무와 진중 거행을 상의하여 시행하고, 반드시 의병을 귀화시켜라"고 운운하였다. 나는 새벽에 귀천에 가서 김 국장과 면장을 뵙고 자위단 설립 연유를 말씀드리고 해가 저물어서 돌아왔다고 기록하였다.[223]

자위단 설치에 관한 지시가 있었던 바로 다음 날인 11월 20일에 동회에서 자위단 단장을 선정했고,[224] 21일에는 동의 호구조사 성책(成冊)을 수정하는 등 자위단 조직을 위한 여러 활동들이 시작되었다. 또한 분원 8리에 각각 단장(團長)을 두고 8개 단장이 모여서 사무를 보게 되었다.[225]

헌병소는 지속적으로 의병에 참여했던 4인을 잡아서 보내라는 명을 내렸고 분원8리의 자위단은 이들의 귀순에 노력했다.[226] 결국 12월 5일 분원8리 자위단장들은 모여서 의병에 참여했던 한보여와 장주연을 귀순시키고 귀순표도 발급해주었다.[227]

의병은 이듬해인 1908년 6월 11일의 일기에서 또 다시 나타난다. 지규식은 삼남 의병대장 전령이 "풍족한 집 10여 호의 성명을 나열하여 기록하고

---

223) 『荷齋日記』, 1907년 10월 14일(양 11.19).
224) 『荷齋日記』, 1907년 10월 15일(양 11.20).
225) 『荷齋日記』, 1907년 10월 19일(양 11.24).
226) 『荷齋日記』, 1907년 10월 23일(양 11.28), 10월 26일(양 12.1).
227) 『荷齋日記』, 1907년 11월 1일(양 12.5).

힘을 내어 보조하게 하라"고 명령했던 것을 기록하고 있다.[228] 7월 26일에는 마을의 이원춘 집에 어떤 사람이 들어와서는 의병소 전령을 내어 보이면서 "지난번 분원 동중 18인에게 군수전을 마련해 바치라고 전령을 보낸 적이 있는데 아직 가부의 응답이 없으니 어 찌 된 일인가?"라는 독촉도 있었다. 지규식은 그때 분명히 돈을 걷어서 주었는데 또 거론하는 이유를 모르겠다고 기록한다.[229]

해를 넘겨 1909년 4월 4일에 의병 10여 명이 들어왔고,[230] 4월 21일에는 의병 20여 명이 학교로 들어와서 물건을 가져가고, 집강 이종락을 결박하여 구타하고 우천으로 쫓아낸 일이 벌어졌다. 지규식이 이종락의 집에 가서 그 이유를 물으니 군수전을 미납한 일 때문이라고 하였다. 의병들은 일본군과 교전 중 도망하여 분원마을로 들어왔고 이에 마을은 포연과 탄우로 뒤덮였다.[231] 이런 상황에서 지규식과 분원마을 주민들이 의병이 내세운 의(義) 구호를 받아들이긴 힘들었다.

8월 19일에는 군수불자 마련을 위해 돈 8천 냥을 마련하라는 의병소의 전령도 와서 분원마을에서는 당오전 1천 냥을 마련해 주었다.[232] 고안헌병소는 이런 분원마을의 행위를 의병과 내통한 것으로 의심했기 때문인지 마을의 파수꾼 2명을 잡아놓고 보내지 않았다.[233] 뿐만 아니라 동장과 단장까지 잡혀서 노형(努刑)을 받았다.

헌병소에서 형벌을 받은 분원마을의 동장과 자위단장이 마을로 돌아와

---

228) 『荷齋日記』, 1908년 6월 11일(양 7.20).
229) 『荷齋日記』, 1908년 7월 26일(양 8. 22).
230) 『荷齋日記』, 1909년 4월 4일(양 5. 22).
231) 『荷齋日記』, 1909년 4월 21일(양 6. 8).
232) 『荷齋日記』, 1909년 7월 4일(양 8. 19).
233) 『荷齋日記』, 1909년 7월 5일(양 8. 20).

"존망이 달린 절박한 시기를 당해 만일 단합하지 않으면 반드시 망하고 말 것"이라고 말하면서 마을의 단결을 촉구하고 있다. 자위단이 일제에 의해 설치되었고 동장은 자동적으로 단장이 되는 현실 앞에서 자위단장직을 수행하고 의병을 귀순시키기도 했던 마을의 지도부들이 일제 권력에 저항하는 양상을 보여주고 있다. 또한 지속적인 의병의 군수물자 징발에 관해서도 비판적이었다.

이렇듯 분원마을의 주민들은 자신들의 생활터전을 지키기 위해 민족적 거의에 동참하지도 않았고 외세에 적극적으로 협력하지도 않았다. 그들은 의병부대와 일본군 사이에서 적극적으로 생존을 도모하는 전략을 취했다. 이것이 이 지역주민들이 선택한 생존방식이었다. 이러한 분원마을의 자위단 활동은 1909년까지도 이어지고 있었다.

또 1909년 8월 26일《대한매일신보》는 "지금 의병은 삼남 및 황해도 일부가 치열한대 재령(載寧)과 은율(殷栗) 두 금광에서는 이를 방어하기 위하여 자위단을 조직하고 이미 군대의 승인과 무기의 대여를 받았다더라."라고 하면서 황해도 재령과 은율 등 금광 지역에서 의병에 맞서기 위해 자위단이 1909년 8월 시점에 조직되었다고 보도했다.[234]

귀순법도 의병항쟁을 위축시키는 큰 요인으로 작용하였다. 일제는 1907년 12월 귀순자면죄조칙(歸順者免罪詔勅)을 공포하였다. 이전에도 귀순을 유도하는 조치가 있긴 하였으나, 이때부터는 귀순표 명칭을 면죄문빙(免罪文憑)으로 바꾸었다. 귀순자에게는 아예 죄를 면제시키는 면죄부 증서를 준 것이다. 증서를 쉽게 발급할 수 있도록 발급자 범위도 확대시켰다. 경찰과 헌병에게만 있었던 발급 권한을 선유위원과 각 부윤, 군수에게도 부여한 것이다. 동장을 통해 귀순의사를 전달하면 군수가 면죄문빙을 발급하였다.

---

234)《大韓每日申報》, 1909년 8월 26일.

전남 목포에서 귀순을 권유하는 장면

　귀순정책의 결과는 비교적 성공적이었다. 함경도에서 주로 활동하던 차도선 같은 유명한 의병장이 귀순한 경우도 있었다. 일제 측 기록에는 차도선이 휘하 의병 537명 중 250명의 귀순을 타진하였고, 신풍리분견 대장 촌산철태랑(村山鐵太郎)은 남은 의병들까지 모두 귀순시키기 위해 537명 분량의 귀순증을 발급했다고 기록되어 있다235) 그러나 차도선의 귀순은 일시적이었다. 갑산헌병분견소에서 탈출하여 재차 의병을 규합하여 홍원군 일대에서 전과를 올리고 경술국치 후 만주로 망명하여 포수단을 조직하여 독립운동에 진력하였다.236)

---

235) 국사편찬위원회, 한국독립운동사자료 10, 1981, 113 - 117쪽. 暴徒에 關한 編冊, 「3. 北靑守備區司令官 報告」, 1908년 3월 13일.

일제는 이러한 정책으로 1908년 10월 31알까지 귀순한 의병은 8,728명으로 파악되었다.[237] 이를 다시 기관별로 살펴보면 경무국 3,972명, 관찰사 군수 및 선유 위원에게 귀순한 인원이 1,157명, 경시청 37명, 헌병대 및 수비대 3,562명이었다. 하지만 귀순제도가 폐지된 1908년 10월 말 이후에도 의병의 귀순이 계속되었다. 헌병대의 경우 그해 12월 말까지 500여 명을 추가로 귀순시킴으로써 헌병대에서 취급한 귀순의병이 총 4,077명에 달하였다.[238]

1909년 1월 7일자 《황성신문》에 따르면, 1908년 말까지 헌병대 및 수비대에 귀순한 총인원이 4,082명, 경무국·관찰사·군수·선유위원·경시청에 귀순한 인원은 9,249명으로 집계되고 있다. 이로써 일제의 군대와 경찰 기관이 가장 많은 귀순자를 처리하였음을 알 수 있다.

1908년 10월 말까지 경무국에 귀순한 의병 3,972명 중에서 각 지역별로 살펴보면, 경기도 494명, 충청북도 285명, 충청남도 184명, 전라북도 82명, 전라남도 65명, 경상남도 114명. 경상북도 104명, 강원도 1,748명, 함경남도 213명, 함경북도 118명, 평안북도 31명, 평안남도 40명, 황해도 494명이었다.[239]

이로써 강원도 귀순자가 1,748명으로 전체의 48%를 차지함으로써 의병 활동이 가장 치열했음을 알 수 있다. 1909년 4월 강원도 경찰부에서 파악한 강원도 귀순자는 2,000명이다. 이 중에서 춘천경찰서 589명, 금성경찰서 288명, 울진경찰서 153명, 원주경찰서 865명이었다.[240]

울진경찰서 관내 귀순자가 강원도 귀순자의 7.6%를 차지함으로써 울진·

236) 독립운동사 제1권 의병항쟁사, 차도선의 공훈록 참조.
237)『폭도에 관한 편책』44, 高秘發, 제48호(1908. 12. 24).
238)『한국독립운동사』12, 699-719쪽 참조.
239)국사편찬위원회, 한국독립운동사자료 12, 1983, 698-703쪽. 暴徒에 關한 編册, 「44. 高秘發 第四八號」, 1908년 12월 24일.
240)국사편찬 위원회, 한국독립운동사자료 14, 1985, 292쪽.『暴徒에 關한 編册』, 「16. 江警高秘 第一三號」, 1909년 5월 20일.

평해·삼척에서 의병 활동이 성한 지역임을 알 수 있다. 울진경찰서에는 평해분파소와 삼척분파소를 두고 있었다.

귀순자 조례에는 이들에 대한 감시기간이 4~6개월로 명시되어 있다. 경찰서에는 동장으로 하여금 매월 1회씩 감시하되 귀순자의 행동을 경찰관에게 보고케 하였다. 각 경찰서에서는 귀순자 상항을 도경찰부에 보고하고, 경찰부에서는 경찰서의 보고내용을 수합하여 경무국으로 다시 올렸다. 보고사항에는 현재 귀순자수와 6개월 전 수, 정업에 종사한자, 정업에 종사하지 않은 자, 도주한 자, 의병에 재가담한 자 등이 포함되었다.

1909년 4월 현재 강원도의 귀순자 수는 2,000명인데, 6개월 전에는 2,017명이었다. 정업에 종사하는 1972명을 제외한 43명 가운데 의병에 재가담한 자가 14명으로 파악되었다. 이로써 일제가 귀순자의 의병 재 투신을 막기 위해 엄중한 감시활동을 펼쳤으나 재가담자가 계속 발생하였음을 알 수 있다.[241]

신돌석 의진에서도 1907년 말부터 투항자가 나오기 시작하여, 1908년 9월에서 10월 약 한달 열흘 사이에 53명이나 투항하였다.[242] 신돌석 생포 작전으로 활동이 위축된 되다가 감시가 심해지면서 식량구하기도 힘들었을 것이다. 그런 상황에서 일제의 귀순법 시행으로 의병들은 점차 무너져 내렸다.

더욱이 의병은 정부로부터 철저히 외면당했다. 왕실과 위정자들은 이들을 지원하기는커녕 오히려 진압에 힘을 기울였다. 뿐만 아니라 정부는 의병 탄압의 주체인 일본 군경에 협조를 아끼지 않았다. 이러한 불리한 여건 속에서도 의병들은 죽음을 무릅쓰고 용감하게 싸웠다. 의병은 오로지 국가와 민족을 위해 싸운 의로운 사람들로써 세상에서 가장 씩씩한 운동가였다.

일제는 선유 및 귀순정책과 별개로 한편으로는 의병에 대한 강한 무력적

---

241) 국사편찬위원회, 『한국독립운동사자료』14, 1985, 292쪽. 暴徒에 關한 編册, 「16. 江警高秘 第一三號」, 1909년 5월 20일.
242) 강윤정, 앞의 책, 2016, 150-151쪽 참조.

탄압도 동시에 진행하였다. 또한 의병에 협조한 지역주민들에 대해서는 강력한 보복을 가했다. 이것은 당시 한국에서 의병 활동을 취재했던 영국인 종군기자 메켄지의 기록에도 보인다. "일본은 한국인을 회유하여 그들의 우정적 태도와 협조를 바라고 있다고 공언하고 있었다. 내가 본 적어도 한 지방에서는 방화 정책이 부유한 한 마을을 잿더미로 변하게 했으며, 반란군의 세력을 증가시켰으며, 씻어버리려면 몇 세대가 걸릴지도 모를 지독한 원한의 씨앗을 뿌려놓고 말았다." [243)

일본 군경은 한 마을 전체를 파괴하고 지역주민을 살해하고 방화 하는 방식의 폭력적인 보복을 가했다. 매켄지는 직접 의병에 가담하지 않은 마을 사람들에 대한 잔혹한 폭력이 원한의 씨앗을 뿌려 오히려 의병세력을 증가시키는 행위라고 인식하였다. 당시 언론에서도 의병과 관련되었다는 이유로 민가에 불을 지르는 행태에 대해서 보도하고 있었다.

소각 행위는 계속 지속되었고 1907년 8월부터 12월까지 5개월 동안에 일본군이 소각한 민가호수는 총 6,681호나 되었으며 경기도, 충청도, 경상도, 강원도 등 전국 단위에서 진행되었다[244)

이러한 일본군경의 방화는 의병이 주요 근거지로 삼았던 사찰에 대해서도 행해졌다. 이는 의병과 사찰의 협조체제를 단절시키기 위한 조치였다. 가장 먼저 확인된 사례는 1907년 8월 경 망월사와 옥정사 등 남한산성 내의 9개 사찰이 파괴된 것이다. 이후 8월에는 경기도 양평 용문산 내의 용문사 등이 소각되었다. 이후 1909년 7월 8일 대흥사가 소각되기까지 전국에 총 36개 사찰이 소실되었다.[245)

---

243) 독립운동사편찬위원회, 『독립운동사자료집』 3, 1971, 447쪽; F.A. 메켄지, 『한국의 비극』.

244) 김상기, 「한말 일제의 침략과 義兵 虐殺」, 2009, 109 - 110쪽.

245) 이승윤, 「후기의병기 일본군의 사찰 탄압」, 『한국근현대사연구』 70, 2014,

그러면서 점차 일본군의 토벌을 피해 요동지방이나 간도, 노령 연해주로 이동하는 의병부대가 늘어났다. 의병전쟁에서 무장 항쟁의 독립전쟁으로 형태전환이 일어났던 것이다. "지금 의병봉기의 묘는 지구전에 있고, 지구전을 하려면 근거지를 마련해야 한다."고 하면서 특히 백두산의 지리적 조건과 간도지방의 인적 물적, 인적인 조건, 그리고 주변의 노령, 함경도의 활발한 의병 활동이 주목되었다. 그리고 이런 독립에로의 전환은 당시 국외에서 일어나던 계몽운동계열의 독립군기지건설과 연결되는 것이기도 하였다. 특히 노령에서 전개된 '일본의 죄를 성토하고 우리를 원한을 밝힌다.'는 성명회나, 권업회는 유인석을 중심으로 한 의병계열과 헤이그 밀사 이후 이곳에서 교육, 산업 활동을 전개하던 이상성 등의 계몽운동 계열의 연합으로 나타났다. 1910년대 국외에서 전개되던 무장 항쟁은 바로 이런 발전의 결과였고, 한말의 의병전쟁이 가지던 자연발생적, 지역 고립적 한계가 일정하게 극복되고 있었다.[246]

울진지역에서 활동하던 의병부대도 다른 활로를 모색하기도 했다. 먼저 성익현은 1908년 6월경 의병진을 떠나 북간도로 건너가 활동한 것으로 보인다. 1896년 을미의병 당시 성익현이 참여했던 민용호 의병부대가 북상하여 독립군 활동을 전개하고 있었던 점과 연결되었던 것이다. 성익현은 1909년 음력 7월경 북간도의 보태산을 근거로 삼고 당시 청국 서간도 일대에서 활동하던 이범윤, 정해산, 이명선, 민영호, 문우오, 조태현, 조의경, 김국원, 정해일, 성명 미상의 청국인 2명 등과 회합하여 국권회복을 위한 방안모색에 참가하였다.[247]

결세항쟁주동자 최경호는 가족을 이끌고 만주 임강현에 이주하여 함경도

---

77 - 86쪽.
246) 『울진군지』 상권, 2001, 422 - 423쪽.
247) 독립운동사편찬위원회 『독립운동사자료집』 별집 1, 1974, 271쪽.

지역에서 의병 활동을 하였던 홍범도와 같이 독립군을 조직하여 활동하였다. 그 외에도 신돌석 부대에서 활동하던 기성면의 원세찬(元世燦), 원세우(元世遇), 원세명(元世明), 원세우(元世佑)의 집안 사촌형제들은 후에 서간도 망명하여 이시영 밑에서 독립운동에 종사하였으며 역시 신돌석의 부하였던 남충호(南忠鎬)도 북간도로 망명하여 독립군에서 활동하였다. 의병 활동을 하다가 체포되어 원산감옥에서 형을 복역했던 윤성렬도 출감 후 만주로 들어갔다.[248]

일본군경이 의병을 탄압한 것은 을사늑약 전후 일어난 중기의병을 진압하기 위해 대한제국 정부가 지방진위대 등 대한제국 정규군과 경찰, 일본 육군 예하의 한국주차군과 헌병대 등을 동원한 것이 계기가 되었다. 이후 1907년 8월에 후기의병이 일어나자 대한제국 경찰과 한국주차군 소속의 수비대, 헌병대가 주된 진압 병력으로 설정되었으며, 뒤에 기마대 병력이 일본으로부터 파견되었다.[249] 특히 한국주차군 예하 수비대가 주력이었다. 수비대가 토벌대를 편성하고 헌병이나 경찰은 보조역할을 맡았다.

1908년 5월 중순 이후에는 의병 진압기관의 통일을 위해 관련 사무 중 의병의 동정에 관한 것은 군사령부에서 종합하고 각지 토벌기관의 행동도 모두 군사령부의 통제를 받았다. 그 중에서 수비대 병력이 의병진압에서 중심적 역할을 맡았던 것은 사실이다. 1908년 12월 이전 의병 측 전사자 14,566명 중 12,538명이 일본군 수비대에 의해 전사하였는데 이는 희생자 중 86% 정도에 해당하는 수치이다.[250]

---

248) 『울진군지』 1984, 423쪽.
249) 홍순권, 「한말 일본군의 의병 학살」, 충남대학교 충청문화연구소 편, 제노사이드와 한국근대, 경인문화사, 2009, 85 - 86쪽.
250) 松田利彦 監修, 韓国「併合」期警察資料 第六卷, ゆまに書房, 2005, 345쪽; 김헌주, 앞의 논문, 195쪽.

호남지역 의병토벌에 나선 일본군

　수비대를 필두로 일본군은 대규모 토벌대를 편성하여 의병세력의 근거지
를 찾아 공격하는 방식으로 작전을 전개하였다. 이러한 대규모의 토벌작전
은 연대 단위로 이루어졌고, 대대 단위의 수비구로 나누어 전개하기도 하였
다. 특히 군대 해산 직후 연대본부의 작전계획에 따른 대토벌이 수차례 실
시되었는데 1907년 9월 실시된 남부수비대의 경상북도 지역 '대토벌'도 그
한 실례라고 할 수 있다. 이때 남부수비대는 제13사단으로부터 기병과 공
병 장교 등을 지원받았고 서부수비대로부터 보병 제47연대 제1대 본부 및
2중대를 지원받아 의병진압을 단행하였다.251)

---

251) 토지주택박물관, 陣中日誌 Ⅰ, 2010, 191쪽; 김헌주, 앞의 논문, 159쪽. 步
　　兵第14聯隊陣中日誌, 1907년 9월 7일자, 「右討伐隊命令」.

이러한 방식의 진압작전은 해산군인의 합류로 의병부대의 규모가 컸던 후기의병봉기 초기에 많이 있었다. 그러나 일본군의 강력한 공격에 직면한 의병들은 점차 규모를 줄여 소규모로 저항하는 유격전으로 태세를 전환하였다.

이런 변화에 따라 의병진압을 위한 토벌대 규모도 작아질 수밖에 없었다. 도 단위의 대규모 진압작전을 시행할 때도 10명에서 수십 명 규모에 불과했다.[252] 이밖에도 일제는 구 한국군을 중심으로 한국순사대를 편성하여 각 지역 수비대장의 지휘하에 의병의 검거와 정찰 업무를 맡겼다. 1907년 9월에 경찰관 정원 외에 한인 경시 4명, 순사 50명을 뽑아 한국 포병 참령 박두영을 대장으로 하는 순사대를 조직하였다. 순사대의 활동이 성과를 보이자 일제는 1908년 2월에 다시 구한국군인을 선발해서 경시 8명, 순사 100명을 임명하고 일본인 경부 2명, 순사 8명을 채용하여 제2·제3의 순사대를 조직하고 각 지방에 배치하였다. 그러나 일제는 경비 과다 지출을 이유로 협의를 통해 제1순사대는 1908년 9월, 제2·제3순사대는 1908년 12월에 해산하였다. 순사대 활동기간 동안 민긍호를 비롯한 10여 명의 의병장, 252명의 의병장을 살해했고 104명의 의병을 체포하였다.[253]

일본군의 의병진압은 초기에는 수비대 중심의 대규모 군사작전이었다. 하지만 일제는 헌병대와 병력 또한 꾸준히 확대하였다. 1906년 일본의 한국주차헌병대 병력은 1,162명으로 이들이 2,679명의 경찰을 보조하는 형식을 취했으나 1907년에는 헌병을 2,000명, 경찰 4,952명으로 늘렸다. 1908년에는 헌병을 6,608명까지 늘리고 경찰은 4,991명 정도였다. 이에 더하여 1908년 6

---

252) 홍순권, 「한말일본군의 의병진압과 친일세력의 역할」, 역사교육논집 58, 2016, 246쪽.

253) 松田利彦 監修, 韓国「併合」期警察資料 第二卷, ゆまに書房, 2005, 29-33쪽; 김현주, 앞의 논문, 195쪽.

남한대토벌작전에 체포된 의병장들 일제는 1909년 9월 1일부터 10월 10일까지 40일간에 걸쳐 전남지역을 휩쓰는 남한대토벌작전을 펼쳤다. 이때 끝까지 항전하다 체포된 의병장들이다.

월에 조선인 헌병보조원 4천여 명을 모집하면서까지 헌병대 병력을 강화했다. 헌병보조원의 대다수는 해산군인과 의병귀순자들로 채워졌다.[254]

　헌병 1명에 2~3명의 보조원이 활동하였는데, 현지 사정을 잘 아는 한국인이 주로 선발되었기 때문에 이들의 활동은 의병들에게 매우 위협적이었다. 헌병대 병력의 증가와 함께 진압작전 역시 밀집 수색 형식으로 변화했다. 이는 일제의 의병진압 체제가 '토벌' 중심의 전시체제에서 헌병과 경찰 중심의 일상적 감시체제로 전환해 나가는 과정과도 맞닿아 있다. 이러한 과정 속에서 일본군은 '남한대토벌작전' 직전인 1909년 5월 4일에 '임시한국파견대' 제도를 확정하고 임시한국파견대 2개 연대 약 3,442명을 파견하였다. 임시한국파견대사령부는 대구지역에 위치했다.[255]

---

254) 홍순권, 「한말 일본군의 의병진압과 친일세력의 역할」, 『역사교육논집』 58, 2016, 242 - 243쪽.
255) 홍순권, 「한말일본군의 의병학살」, 『제노사이드연구』 3, 2008, 140쪽.

대규모 진압작전을 위한 준비가 완료되자 본격적으로 당시 강성하던 호남지역 의병을 진압하기 위한 '남한대토벌작전'이 시작되었다. 1909년 9월 1일부터 약 2개월에 걸쳐 실시되었으며, 한국임시파견대 사령부의 작전계획에 따라 전라남북도의 의병부대를 모두 박멸한다는 목표 아래 실시하였다.[256]

그동안 다양한 무력진압을 시도했음에도 의병세력은 여전히 강성했고 지역주민의 의병에 대한 협력 역시 완전히 차단하지 못했다. 이 작전의 주요한 특징은 지금까지의 의병진압 작전과 비교할 수 없을 정도로 대규모 병력을 동원하고 있었다. 임시한국파견대의 수비대 병력이 주력이 되었지만 동시에 경찰과 헌병대 병력까지 동원한 군경 합동작전이었다.

이 작전은 전라도라는 일정지역을 대상으로 해서 밀집 수색하는 이른바 교반적(攪拌的) 방법으로 실시하였다. 작전의 범위를 해안지역 및 해상으로까지 확대하였다는 점이다.[257] 토벌작전은 시기적으로 9월 1일~15일까지를 1기, 9월 16일~30일을 2기, 10월 1일~10일을 3기로 구분하여 진행하였다.[258]

이렇게 작전을 위한 사전준비가 완비되자 임시파견대 보명 제1연대, 제2연대는 9월 1일부터 행동을 개시하였다. 제1차 토벌계획이었다. 이 기간 동안 토벌군은 각 부대의 병력을 5명 내지 10명씩 묶어서 지역의 촌락과 산간지대를 막론하고 의병을 색출하기 위해 노력했다. 1909년 8월 26일부터 9월 12일까지의 상황을 보면 의병의 사망이 73명, 부상 3명, 포로 68명이며 일본군의 피해는 사망 1명이었다.[259] 1차 작전 중에서 특히 '교반적 방법'의 특징은 의병부대를 내부로부터 무력화시킬 뿐 아니라 지역주민과의 연결고

---

256) 홍순권, 『한말 호남지역 의병운동사 연구』, 서울대학교 출판부, 1994, 149쪽; 『폭도사편집자료』, 『독립운동사자료집』 3, 611 - 616쪽.
257) 홍순권, 위의 책, 1994, 154쪽.
258) 김헌주, 앞의 논문, 196쪽.
259) 국사편찬위원회, 『한국독립운동사자료』 15, 1986, 505 - 508쪽. 暴徒에 關한 編册, 「暴徒 大討伐 成績表」, 1909년 9월 16일.

리까지 차단했기 때문이었다.

　지역주민과 의병의 협조체제를 사전에 차단하기 위해 토벌군을 세분화하여 전후좌우로 왕복을 계속하고, 기병적 수단으로 신속성을 기했고, 해상의 수뢰정과 경비선을 통해 연안도서로 대피하는 의병부대에 대비했다. 이런 치밀한 작전을 통해 의병과 지역사회가 협력 및 사전 대비할 수 있는 여력을 봉쇄해버렸고, '토민 역시 일제히 우리 은위(恩威)에 굴복하여 거의 평정 상태 로 회복' 하였다고 기록하였다.

　곧이어 제2기 작전이 시행되었지만 여전히 주요의병장 검거에 실패하자 임시파견대 사령부는 일정을 변경하여 9월 25일 각 연대장 및 대대장을 영산포로 소집하여 제2차 토벌계획을 수립하였다. 제2차 토벌에서는 교반적 방법을 한층 강화하고 수색 및 검거를 더욱 엄밀하게 실시하였다.[260]

　이 과정에서 지역주민들의 피해도 무척 컸다. 사방을 그물치듯 하고 순사를 파견하여 촌락을 수색하고 집집마다 뒤져서 조금이라도 혐의가 있으면 죽였다. 그래서 행인의 발길이 끊기고 이웃과의 연락이 두절되었다. 의병들은 삼삼오오 도망하여 흩어졌으나 몸을 감출 곳이 없어 강자는 돌출하여 싸우다가 죽었고 약자는 도망치다가 칼을 맞았다"[261] 라고 기록하였다.

　일제측 기록에서도 "토벌대 가운데는 폭도인지 양민인지를 충분히 확인하거나 구별하지 않고 폭도라고 칭하여 난타, 부상시키고 혹은 양민인줄 알면서 체포하는 등 거칠고 포악한 행동을 감행하는 자가 있다" 는 점을 지적하고 있다.[262]

　이러한 '대토벌' 작전은 결국 1909년 10월 30일에 종료되었다. 이 작전의

---

260) 김헌주, 앞의 논문, 198쪽.
261) 『梅泉野錄』 권6, 1909년 8월.
262) 국사편찬위원회, 1986, 『한국독립운동사자료』 15, 530 - 531쪽; 김헌주, 앞의 논문, 199쪽. 暴徒에 關한 編冊, 1909년 9월 25일.

결과에 대해서는 전남경찰서와 임시한국파견대사령부의 보고를 통해 유추할 수 있다. 우선 전남경찰서는 1909년 8월 25일부터 10월 21일까지 사망자는 420명이며, 체포 또는 자수자는 1,687명이며 이 중 자수자는 약 850명이었다.

폭도 토벌 피아 손상 유별표

구분 / 시기	사망	사망	체포
1907년	3,627	1,492	139
1908년	11,572	1,727	1,417
1909년	2,374	435	329
1910년	116	54	48
1911년	9	6	61
계	17,698	3,648	1,964

전거: 朝鮮暴徒討伐誌, 「폭도 토벌 피아 손상 유별표」(독립운동사편찬위원회, 1971, 『독립운동사자료집』 3, 823-827쪽).

임시한국파견대사령부는 1909년 9월 1일부터 10월 30일까지 의병장 61명을 체포했고 23명을 살해했으며, 19명이 자수했다고 한다. 이 의병장들 휘하의 총병력 규모는 4,138명으로 평가되고 있다.[263] 이 작전으로 인하여 호남지역의 의병장들이 체포되거나 살해되고 또한 의병조직과 관련된 많은 사람들이 일제의 수색에 의해 제거됨으로써 가장 왕성했던 호남지역 의진(義陳)은 거의 파괴되었다고 볼 수 있다. 위의 통계는 남한대토벌 작전 이후 의병세력의 쇠퇴과정을 잘 보여준다.[264] 위 통계를 통해서 1907~1909년에 집중적으로 의병 진압작전이 행해졌고 1910년을 기점으로 의병운동이 퇴조

---

263) 金正明 編, 『日韓外交資料集成』 8, 1964, 100-105쪽.
264) 김헌주, 앞의 논문, 199쪽.

하는 것을 확인할 수 있다.

이 작전으로 인하여 호남지역의 의병장들이 체포되거나 살해되고 또한 의병조직과 관련된 많은 사람들이 일제 수색에 의해 제거됨으로써 가장 왕성했던 호남지역 의진은 거의 파괴되었다고 볼 수 있다. 그 중심지도 황해도, 경북, 강원도 등의 산간지역으로 옮겨갔다. 전국적으로 의병 활동도 크게 위축되면서 울진 산간지를 근거로 한 정경태 부대가 남아 1910년 강점 이후까지 활동하였다. 그러나 일제는 지속적인 무력진압을 계속하였고 의병투쟁은 사실상 1910년을 기점으로 퇴조국면에 접어들었고 1911년 즈음에는 의병부대를 찾아보기 힘든 수준이 되었다.

울진은 일제 군경의 의병 탄압으로 많은 피해를 입었다. 당시 울진군수 유한용이 편찬한 『강원도 울진군 여지약론』에 나타나 있다. 1908년 8월 30일까지 울진에서 소요사태 이후로 불에 탄 가옥이 74호라 하였고, 보고에 무단 누락된 18호는 거주인이 달아났다고 하였다. 이는 일제의 탄압을 피해 거주지를 옮긴 의병으로 보인다. "본군 7면내에 거주하는 인민이 작년이래로 악한 무리들의 소요(騷擾)에 선동 한 바 되어 그 근거지를 잃고 떠난 자 많으며," 에서 보는 바와 같이 많은 의병들이 고향을 떠났음을 의미한다. 또 죽임을 당한 자는 78명이라 하였다. 그중 장석인은 당시 본군 서기로서 양곡수매 차 근남면 성산리에 먼저 갔다가 갑병(일군)에게 참해를 입었으며, 이용주, 조경순, 최인숙 3인도 비도로 오인되어 해를 입었고, 그 외 남응철, 전좌근, 산포수 3인은 비도에게 강제입당을 따르지 않아 참해를 입은 자들이었다.[265]

의병투쟁의 종합전과를 알려주는 우리나라 측 기록은 찾아볼 수 없다. 일제의 조선폭도토벌지에 나타난 기록을 보면, 1906년 3월부터 1911년 6월

---

265) 유한용, 윤대웅 옮김, 『강원도 울진군 여지약론』, 1908.

까지 토벌대(수비헌병 및 경관) 사상자는 모두 413명으로 사망 136명, 부상 277명으로 토벌행동에 기인하는 병사자도 적지 않았다고 하였다. 의병은 사상자 21,485명으로 사망 17,779명, 부상 3,706명, 그리고 체포 2,139명이라 기록하였다. 일본인이 의병에 의해 죽은 자가 토벌대 사망자의 수배가 달한다 하였고 그 손해를 일제는 헤아릴 수 없을 정도라고 기록하고 있다.[266]

일 군경에 비해 의병 사상자가 월등하게 많은 것은 정규 훈련을 받고 최신식 무기를 자랑하는 일제에 비하면, 훈련도 제대로 받지 못하고 재래식 무기를 사용한 의병의 희생이 많았다고 볼 수 있다.

8. 의병부대의 사회적 고립

남한대토벌 작전과 같은 일제의 강경진압에 의해 의병부대의 역량은 크게 약화되었다. 1910년 2월 1일에 경무국에서 파악한 전국 의병장은 139명, 예하 인원은 2,912명 정도였다. 이는 수백 명 단위의 부대로 운영되던 의병부대 역시 대토벌작전 이후 소규모로 축소되면서 전력이 약해진 것뿐만 아니라 주요의병장들이 모두 체포당하고 의병부대의 연합전선도 거의 무너짐에 따라 산발적인 저항을 하는 방식으로 변해가고 있었다. 일본 군경이 파악한 1910년의 의병 진압 상황을 살펴본다.

오직 경상북도 소백산 지방과 황해도 평산군·해주군 지방에도 아직도 수명 내지 20~30명의 집단을 이룬 賊이 때때로 출몰하여 약탈을 일삼아 민심은 아직도 편안하지 못하였다. 그리고 소백산 지방은 전년 10월에 토벌을 실시하였으나 아직 평정되지 못하여, 본년 재차 그 지방에 소탕작전을 벌여 약간의 수

---

266) 『朝鮮暴徒討伐誌』, 『독립운동사자료집』 3, 673쪽.

괴를 생포하고, 또 관헌과 지방 주민 사이에 의사가 소통되었으므로 폭도들의
기세는 점차 쇠하여지게 되었다.(중략) 본년 제국정부는 한국의 정황 을 참작
하여 일한합병의 廟議를 결하자 주차 군사령관은 병합 결행에 즈음하여 다소
의 소요를 예기하고 6월 중순부터 지방 폭도 토벌을 실시하고, 또 수비대 배치
를 변경하여 만일의 사태에 응하여 취하여야 할 처치에 관하여 만반의 준비를
하였다. 8월 22일 병합조약은 무사히 조인을 끝내어 29일 그 조약을 공중에게
발표하였으나 조금도 민심의 동요를 일으키지 않고 평온하게 경과하였다.[267]

1910년의 상황은 '남한대토벌' 작전으로 인하여 호남지방을 비롯한 대다
수지역의 의병운동이 소강상태에 접어들었지만, 경상북도 소백산 지방과
황해도 평산군 등에서 소수의 의병부대가 활동하고 있었다. 일제는 6월 중
순부터 다시 의병진압 작전을 실시하였고 그 결과 '한국병합' 과정에서의
저항은 무마되었다.[268]

우선 경상북도와 황해도의 상황이다. 1910년 초두에 경상북도 소백산 부
근의 의병은 조선주차군의 진압작전에 의해 기세가 꺾였지만 최성천(崔聖
天)·한명만(韓明萬)·김상태(金相泰)·정경태(鄭敬泰)·윤국범(尹國範) 등이
지휘하는 의병부대는 10명 내지 20명 단위의 소규모로 활동하였다. 최성천
과 한명선은 체포되었고 나머지 의병부대를 진압하기 위해 11월 25일~12월
20일에 걸쳐 임시파견 보병 제1연대 제3대와 헌병, 경찰이 안동·예천·영
춘·봉화의 다각형 지역으로 연합작전을 실시하였다. 그 결과 윤국범과 문
성조가 체포된다. 이러한 진압작전의 결과 의병에 대한 밀고와 자수자가 증
가하였으며, 이런 구조 하에서 의병의 잠복 또한 순조롭게 이루어지지 않게
되었다.[269]

---

267) 독립운동사편찬위원회, 『독립운동사자료집』 3, 1971, 813 - 814쪽.
268) 김헌주, 앞의 논문, 203쪽.
269) 독립운동사편찬위원회, 『독립운동사자료집』 3, 1971, 814 - 815쪽. 『朝鮮暴
    徒討伐誌』, 「경상북도에 있어서의 토벌」.

무고한 양민을 공개 처형하는 장면

황해도는 1910년에도 의병이 활발하게 활동했다. 이진용(李鎭用)·김정안 (金貞安)·한정만(韓貞滿) 등이 의병부대를 이끌었다. 조선주차군 제2사단은 1910년 11월 하순부터 1911년 4월 중순에 이르는 기간 동안 해당 지방에 진압작전 을 실시하였다. 개성·남천점 서쪽, 서흥·재령·해주·탁영대· 연안 및 배천의 다각형 내 지역으로 진압작전을 실시하였고 그 결과 의병 190명이 체포되었으며, "지방 민심에 절대적인 호영향을 주게 되었다" 는 기 록으로 보아 일본 군경의 압박에 의해 지역주민들이 일본군경에 협조하게 되었음을 짐작 하게 한다.[270]

전라남도의 경우는 '남한대토벌 작전' 의 여파로 의병세력이 거의 소멸되 었다.

---

270) 독립운동사편찬위원회, 『독립운동사자료집』 3, 1971, 815쪽; 김헌주, 앞의 논
문, 203쪽. 朝鮮暴徒討伐誌, 「황해도에 있어서의 토벌」.

메이지 41년(1908) 이래 폭도의 땅으로 지목된 전라남도도 이제야 거의 (폭도의) 그림자도 인정하지 않고 인민이 안도하고 그 업에 힘을 쓰게 되어 일본인 가운 데 내지에 침입하는 자가 점점 그 수를 증가하여 어떤 지역이라고 하더라도 홀로 여행하는데 위험을 느끼지 않는다고 한다. 대개 작년 9월부터의 대토벌은 효과가 있어서 헌병 경찰도 또한 시의 적절하게 행동에 숙달하여 폭도의 수괴를 모두 체포하고 일시 폭도가 된 지방 유랑의 무리도 대부분 체포 검거하고 또는 자수하고 무기도 거의 압수하였으므로 벌써 집단적 폭도로 지목할 자가 없기에 이르렀다. 다만 장성(長城)과 담양(潭陽) 방면에 20명 이하의 화적일단(火賊 一團)만이 교묘히 토벌대 의 포위망을 피해 출몰하고 있다고 한다.[271]

이 내용은 1910년 1월의 기록이다. 일제가 '폭도의 땅' 이라고 부를 정도로 의병이 강성했던 호남지역이 대토벌작전 이후 일본인이 자유롭게 왕래할 수 있을 정도로 변한 상황을 보여주고 있다. 그리고 20명 이하의 비정규화 된 소수 의병부대가 출몰하고 있다고 설명하고 있다. 이러한 현상은 같은 해 3월 평안남도와 함경북도 등 서북지역에서의 보고에서도 알 수 있다.

평양서장 보고에 의하면 헌병대와 신문지의 소위 폭도는, 종래 진남포와 성천 및 평양서 관내를 배회한 10명 내외의 화적이 그 횡행의 범위를 확장하여 최근 순산 부근까지 수차례 출몰하였음에 불과하고 …[272]

일본 군경에서는 현재의 이 시기 잔여의병 세력을 화적이나 초적으로 해석하고 있다. 의병을 가칭한 화적집단도 있을 것이나, 의병부대의 이러한 소수화는 필연적으로 군율을 담보하기 힘들었고 일반인민의 배척을 받았다

---

271) 국사편찬위원회, 『한국독립운동사자료』 17, 1988, 74 - 75쪽. 暴徒에 關한 編冊, 「暴徒에 關한 件」, 1910년 1월 31일.
272) 국사편찬위원회, 『한국독립운동사자료』 17, 1988, 559쪽. 暴徒에 關한 編冊, 「內部警務局長 松井茂 앞」, 1910년 3월 14일.

는 내용으로 보아 지역사회 정서와도 점점 멀어지게 되었다.

그러나 모든 의병이 지역주민들에게 외면당한 것은 아니었다. 1910년 1월 10일 김천분견소의 보고에 의하면 이 당시까지도 의병장 문태수에 관한 지역주민의 신뢰는 대단했다.

문태수가 어느 한 지역에 숙박하자 그 지역 동민을 요소에 감시시켜두고 깊은 밤 한 두 명의 부하를 인솔하고 다른 동에 가서 숙박하여 일신의 안전을 도모하므로 헌병수비대장이 와서 습격하여도 그의 모습을 찾을 길이 없다. 동민은 문태수를 신과 같이 공경하고 믿었다. 또 토벌대가 문태수를 습격하여 그 땅에 이르자 그는 우리 부대에게 면식이 없음을 다행으로 여기고 스스로 토벌대 앞에서 동민을 가장하고 군대 숙영을 위하여 급식에 필요한 노고를 하면서 부대의 동정을 엿보아두어 즉시 부하를 전도(前途)에 잠복시켜 토벌대를 저격하고 혹은 행동을 방해한 일이 여러 번이었다. 전라도 무주지방의 한 부락민은 그를 신과 같이 믿고 부녀는 아궁이에서부터 밥을 궤짝에 옮길 때 초수(初穗)를 바쳐 문태수의 성공을 기원하고 있었다.[273]

지역주민이 그를 신과 같이 믿고 따랐다는 점으로 보아 지역사회에서 신망을 쌓은 의병장들은 지역주민의 신뢰를 받고 있었음을 알 수 있다. 그러나 오랜 시간에 걸친 일본군경과 의병의 싸움은 지역주민들을 지치게 했고 의병에 대한 신뢰 역시 조금씩 무너지고 있었다.

원래 의병을 비호하는 경향이 있었던 지역주민들이 거의 2년간에 걸친 교전에 의하여 의병과 토벌대로부터 입은 손해가 많았다. 명분론적으로 의병에 동조하던 호남지역 주민들도 결국 현실적 피해를 견디지 못하고 일본군에 협조하는 방식으로 변화하여 갔다.

---

273) 暴徒에 關한 編册, 「賊魁 文泰洙와 其部長 申蘭波의 行動(一月十日 金泉分遣所長報 告)」, 1910년 1월 13일(국사편찬위원회, 『한국독립운동사자료』 17, 1988, 43-44쪽); 김헌주, 앞의 논문, 205쪽.

울진에서도 면장의 죽음을 애도하는 분위기였다. 1910년 4월 18일에 정경태는 부하 십 수 명을 거느리고 강원도 울진군 서면 후동에 이르러 세를 거두던 면장 장두의와 종자 노유민 2명을 살해한 후 영양군 북초면 오동리에 이르러 권상익·김중삼·박후·박준·김원일·박병호·박영주·고성옥 등의 집에 방화하고 권봉익씨를 살해하였다.[274]

서면 면장 장두의 죽음에 대하여 1910년 5월 3일자 황성신문에서는 울진군 서면 면장 장두의가 지난 4월 의병장 정경태에게 피살되었는데 울진군에 내외 관리들은 장두의가 죄 없이 화를 당한 것에 마음이 아프고 쓰라려 그의 빈소에 의연한 금액이 답지하였음을 알리고, 황성신문은 정경태의 활동을 '강도행위'로 보도하였다.

하지만 대한매일신보는 다르게 보도하였다. "의병장 정경태씨가 부하 50명을 영솔하고 울진군 서면 후동에 들어가서 그 면 면장 장두의씨와 그 하인 1명을 잡아놓고 말하기를 너희는 우리 의병진의 행동을 일본 병에 고하는 자라하고 즉시 죽였다"고 하면서 '정탐꾼 피살'이라고 보도하였다. 같은 사건을 두고 황성신문은 '강도행위'로 보았고, 대한매일신보는 '정탐꾼 피살'이라 하여 의병 활동으로 보았다.

《대한매일신보》의 핵심 인물은 배설과 양기탁이었다. 《대한매일신보》는 의병론(義兵論)을 주창하면서 의병에 대한 우호적인 여론을 형성했다. 논조는 실력양성과 자강이 바탕이었다. 창간 초기부터 일본의 보호국화가 진행되고 있었던 시점이기 때문에 동양주의에 대해 비판적인 입장을 취하고 있었다. 이는 1905년 11월 17일 강제 체결된 을사늑약과 보호국화에 대한 강한 비판에서도 드러난다.[275] 그리고 보호국화를 극복하기 위해서는 실력양

274) 《皇城新聞》, 1910년 5월 3일.
275) 《大韓每日申報》, 1905년 11월 18일, 論說 「保護是義」; 1905년 11월 22일, 論說 「危哉韓日」; 김헌주, 앞의 논문, 127쪽.

성과 자강운동이 필요하다고 강조하였다.[276] 그리고 실력양성의 원칙은 자력에 의한 것이어야 했다. "대한의 독립은 대한인의 자력으로 보수하여야 완전한 독립이 될 것이라"[277]라는 주장에서도 나타난다.

대한매일신보는 분명 의병에 우호적인 논조를 보이면서도 양민(良民)에 대한 보호를 우선하고 있는 논조를 보인다. 1907년 10월 10일 논설에서도 지역주민에 대한 피해를 최소화하고 양민이 의병에 관련이 있어도 용서해 줘야 소요가 그친다고 언급하고 있다.

> 우리가 이 논설의 대요를 게재하고 반복함이 있으니 묻건대 지금 행동을 고집 하여 의병이 머물거나 혹 숙박하고 지나간 촌리의 인가를 찾아가서 방화하며 옥석을 가리지 않고 무죄인민을 무참히 살인을 자행하는 것이 비단 친리의 인정하지 않는 것이라. 의병을 침식케 하는 만책이 되지 못할 지라. …… 폐일 언하고 한편에 생로를 개방하여 무고한 양민(良民)은 추호도 해를 끼침이 없고 설혹 의병에 관련이 있는 자라도 생로로써 대우하여 서약을 신명하고 위혜가 교제한 연후에야 이 소요를 그치게 할 방책이 되리라 하노라.[278]

황성신문은 폭도론(暴徒論)을 통해 의병에 비판적인 보도를 하였다. 주된 필진이었던 장지연과 박은식은 을사늑약 이후인 1906년에도 동양주의 입장에서 일한동맹론을 지지하였다.[279] 이와 같은 인식론적 기반에서 일본의 보호국화에 대해서는 비판적인 입장을 가지고 있었지만 보호국화의 책임은 대한제국 내부로 돌렸다. 장지연은 국권 침탈의 근본 원인을 당파의 고질, 의뢰심, 무국가사상 등에서 찾았다.[280]

---

276) 《大韓每日申報》, 1910년 1월 13일, 論說 「기회와 실력」.

277) 《大韓每日申報》, 1907년 8월 21일, 論說.

278) 《大韓每日申報》, 1907년 10월 10일, 論說 「騷亂을 止息홀 方策」.

279) 《皇城新聞》, 1906년 2월 27일, 論說 「感謝大垣君高義」.

280) 장지연, 「團體然後民族可保」, 《대한자강회월보》 5, 1-7쪽.

따라서 이 시대는 생존경쟁의 시대이며 '우승열패(優勝劣敗)'는 '천연 공례 (天然 公例)'로 인정했으며, 보호국에서 벗어나는 길은 교육과 식산흥업에 달려있다고 보았던 것이다.[281] 그래서 의병은 "나라에 화를 가져오는 요사스러운 마귀이며 백성에게 해로운 독병"으로 정의되고 "이 시대를 구제하는 도(道)는 무(武)가 아니라 문(文)이 마땅하며 급한 것은 불가하고 느린 것이 마땅할 것"이라 고 인식했다.[282]

황성신문은 일본군이나 대한제국 정부에 호의적인 것도 아니었지만, 양민론(良民論)의 맥락은 반의병 기조와 궤를 같이 한다. 1907년 8월 12일 '경고 각지방가의소취지도(警告各地方假義嘯聚之徒)'란 논설에서 의병에 대한 비판적 태도를 전파하고 있다.

> 지금 무릇 창의(倡義)의 본래 주제는 너희가 본디 말하길 외적을 배척하는 것이라 하며 말하길 국권을 회복하는 것이라 하여 … 무익할 뿐이라. 첫째 동포의 생명재산에 해를 끼칠 뿐이며, 둘째 국가의 권리를 손실할 뿐이며 셋째, 외인의 비웃음을 받을 뿐이며 넷째 국민의 지기를 막을 뿐이며 나섯째 너희 부모처자로 하여금 마을 어귀에서 통곡하게 할 뿐이며 … 곧 그 일어날 초기에도 반드시 양민(良民)을 위협하여 무리를 얻는 것이오. 사람들의 재산을 약탈하여 양식과 자본으로 삼을 뿐이므로 이르는 곳마다 촌락이 고요하며 주군이 소요하여 농경이 때를 잃고 상인 무리가 실업하고 약간의 협호잔민의 생활할 계획도 유리하여 와해시켰으니 오호라! 의(義)여! 어찌 백성을 다치게 하고 죽이는 것을 의(義)라고 하며 나라를 그릇되게 하고 나라에 해를 끼치는 것을 의(義)라고 하는 것이오.[283]

의병은 동포의 생명재산을 약탈하고, 양민을 위협하여 무리를 확장시킨

---

281) 《皇城新聞》, 1906년 11월 16, 17, 19일, 論說 「競爭時代」.
282) 김헌주, 앞의 논문, 129쪽. 《皇城新聞》, 1906년 5월 29일, 論說 「警告義兵之愚昧」.
283) 《皇城新聞》, 1907년 8월 12일, 論說 「警告各地方假義嘯聚之徒」.

다고 언급하면서 의(義)라는 구호를 내걸고 나선 명분에 맞지 않는다고 비판적으로 보도 하고 있다.

《대한매일신보》[284]와 《황성신문》[285]의 의병운동에 대한 인식은 상반된 것이었고 그것은 의병과 폭도라는 개념으로 담론화 하는 방식으로 귀결되었다. 황성신문의 폭도론은 의병에 대한 비판으로 정당성에 타격을 줄 수 있는 논리적 기반으로 작동할 수 있는 가능성을 내포하였다. 이러한 보도는 의병에 대한 부정적 여론을 만드는데 일조하였다.

1910년 2월에 일제 경무국이 파악한 의병에 대한 지역주민의 민심이 멀어지고 있음을 알 수 있다. 지역주민들이 의병과 협력했던 이유는 혈연적·민족적 유대감과 의병의 지역사회 영향력이 결합된 것이었다. 그러나 1910년에 들어서면서 의병의 위력은 무력화 되었다.

강원도는 이전과 그 취지를 달리하여 폭도에 대하여는 혐오의 마음을 가진 것 같다. 관헌에게 신뢰하는 마음이 최근 증가하는 상황에 있었다. 경상북도는 의병은 점차 감퇴하고 영천군에 출몰하는데 불과하다는 것이고. 일반 인민도 자못 증오의 마음을 가지고 있었다. 경기도는 의병이 5명 이상 집단으로 내습한다 하였고, 민심은 크게 증오의 마음을 가지고 경찰행동에

---

284) 김영희, 「대한매일신보 독자의 신문인식과 신문접촉 양상」, 한국언론사연구회 엮음, 대한매일신보연구, 커뮤니케이션북스, 2010, 343쪽. 《대한매일신보》는 당시 발간되던 신문 가운데 가장 많은 발행부수를 기록하였다. 1907년 4,000부, 한글판 발행 이후 1908년 5월 현재, 국한문판 8,143부, 한글판 4,650부, 영문판 463부로 도합 13,256부가 발행되었다. 《대한매일신보》는 1910년 8월 28일 일제의 한국 강제병합 이후로 《매일신보》라는 이름의 총독부 기관지로 전락하게 된다.

285) 채백, 「황성신문의 경영연구」, 『한국언론학보』 43(3), 371쪽. 《황성신문》은 창간 초기인 1898년 12월에는 2,000부의 발행부수를 기록했다. 1899년 12월에는 2,500부, 1908년경에는 3,300부를, 1900년 8월에는 3,100부를 기록하였다.

대하여는 편의를 주고 있다는 민심을 읽을 수 있었다. 충청북도는 의병이 소집단으로 밤을 틈타 민가에 침입하고 위협하여 금품을 약탈하는데 불과하고, 인민은 의병이 소위 국가적 행동이라는 외침에 대해서는 전혀 신뢰를 주는 자가 없고 불령의 무리인 것을 알고 크게 혐오의 감정을 가졌다고 하였다. 충청남도는 의병들이 금품을 얻거나 의식을 얻는데 급급하며 나라를 위하는 것이 아니라고 파악하고 일반인은 관헌의 힘에 의하여 보호를 숙망하고 또 부락단결의 함으로써 폭도 방어의 자력을 강구할 각오가 있는 분위기로 일변하였다. 전라북도는 대토벌 이래 현저히 쇠퇴하고 패한 의병이 삼삼오오 집단을 이루어 화적 적 행동을 이룬데 불과한 현상이다. 일반 인민에게 원망을 사고 인민은 옛날의 공포심을 떠나보내고 항쟁하여 체포하고자 하는 경향을 표시하였다. 전라남도는 전국 중에서 폭도의 소굴이었으나 대토벌의 효과로 의병은 종적을 감추고 이번 달 중 5명 이상의 집단으로 볼만한 내습 2회 일 뿐 따라서 일반 인민은 관헌에게 동정신뢰를 돈독히 하고 있었다. 평안남도는 의병 출몰이 이번 달 중 5명 이상의 집단으로 인정할 것이 3회였으나 크게 걱정할 것이 못된다면서 일반 인민의 태도는 의병에 대하여 증오함이 심하고 관헌에게 밀고하는 상황으로 바뀌고 있었다. 전체적으로 의병에 대한 민심이 돌아선 것임을 알 수 있다.[286]

1910년 2월의 시점에서 전국적인 민심이 어떠한가를 알 수 있는 대목이다. 이전까지 의병과 협조하고 일본군경을 배격하는 모습을 보여주었던 지역주민들이 전반적으로 의병에게 동정을 거두고 있는 모습이다. 전체적으로 의병이 고립되는 양상을 확인할 수 있다. 오랜 전란으로 의병부대의 질서가 무너지면서 의병부대는 점차 정당성을 잃어갔다. 이런 상황이 지속되면서 지역사회의 정서도 점점 의병으로부터 돌아서게 되어버렸다. 일 군경

---

286) 국사편찬위원회, 『한국독립운동사자료』 17, 1988, 342-346쪽. 暴徒에 關한 編冊, 「暴徒 偵察에 關한 諸般狀況 報告」, 1910년 2월 5일.

자료에서 1910년 이전에는 의병장을 지역주민이 신뢰하고 있다는 점에 대하여 서술하는 점을 감안 하면, 1910년 이후 기록의 논조변화는 주목할 필요가 있을 것이다. [287]

또한 정부에서도 의병을 체포한 사람에게 상금을 주거나, 혹은 의병에게 방화의 피해를 입은 민가에 구휼금을 주는 방식[288] 등으로 지역주민과 의병의 관계를 차단하기 위해 노력했다. 이런 상황이 지속되자 1911년에 들어서면 한반도 내의 의병의 활동은 사실상 종식을 고하게 되었다.

의병봉기가 결과적으로 실패하고 사회적 지지를 잃어버린 것은 을사늑약으로 한국은 외교권이 일본에 빼앗기고 통감부를 설치하여 내정을 간섭하는 상태에서 의병투쟁의 한계점은 존재하였던 것이고, 한반도를 강점하기 위한 일본의 제국주의 야망이라는 외적요인에 있다. 그렇게 된 데에는 조선이 일찍이 문호를 개방하여 서양과 교류하는 부국강병을 실현하지 못했기 때문이다. 일제는 월등한 국력과 군사력을 바탕으로 한 무력진압, 의병에 협력한 지역주민에 대한 보복 등을 통해 사회전반에 공포감 조성으로 의병은 지탱할 자리가 없어졌다.

---

287) 김현주, 앞의 논문, 209쪽.
288) 《皇城新聞》, 1910년 5월 31일, 雜報「第三期救恤」;《皇城新聞》, 1910년 7월 30일, 雜報「何異反風」.

Ⅵ

울진결세항쟁의 위상과 의미

조선은 개항이후 제국주의 열강의 침략 속에서 자주독립의 주권국가로 나가야 하는 과제를 안고 있었다. 이 시기에 있어서 한국사회의 근대화는 제국주의에 대항하면서 자주적 기능의 가능성과 그 좌절을 일제의 화폐정리와 의병전쟁 과정에서 확인할 수 있었다.

일제의 화폐정리과정에서 울진에서 일어난 결세항쟁은 그동안 학계의 주목을 받아오지 못하였다. 그러다가 이영호가 『1894~1910년 지세제도 연구』에서 화폐문제에서 비롯된 농민의 저항이 의병전쟁으로 전환한 사례를 경상도 울진의병에서 찾아볼 수 있었다고 하였으나, 이후에는 별다른 연구가 없었다.

본고에서는 크게 2가지 차원에서 검토하였다. 하나는 1907년 울진에서 일어난 결세항쟁의 주동자 활동이 농민운동인가, 아니면 의병 활동으로 볼 것인가. 또 한 가지는 남토전 1만 9천 냥의 반환을 요구하는 결세항쟁이 정미의병에 어떠한 영향을 미쳤는가를 살펴보았다.

울진결세항쟁 주동자의 활동은 의병 활동이었다. 결세항쟁주동자는 울진 불영사 을사의병부터 관련되어 있었다. 주동자는 장석태, 전배근, 장진수, 최경호이다. 울진결세항쟁은 1905년 울진불영사 을사의병으로부터 이어졌고 1907년 정미의병으로 이어지는 의병전쟁의 연장선상에 있었다. 전배근,

장진수, 최경호는 1906년 2월 울진불영사에서 김현규, 이하현, 전세호, 김용욱, 전매정, 주낙조, 박병률 등과 500여 의병으로 을사의병을 일으켰고, 결세항쟁 주동자는 1907년 8월 한국군 강제 해산이후에도 의병항쟁을 이어갔다.

울진결세항쟁은 일제의 불합리한 화폐정리에 대한 저항이었고, 주동자들은 결세항쟁을 의병 활동의 한 방편으로 활용하고 있었다. 울진은 엽전유통지역으로써 엽전과 백동화의 결가불균등에 의한 군민의 저항이 1907년 2월부터 있었다. 울진군민 3, 4십 명이 울진읍에 머물며 세금을 지화로 납입함이 편리하니 엽전 납입은 불가하다며 여론을 형성하였다. 1907년 3월 10일, 강릉재무관보 정언일이 오는 가을부터 울진의 결세를 인하기로로 고시하자 결세주동자는 이미 납부한 결세의 환급을 요구하였다. 1907년 4월 30일 통문을 각 면, 동에 발하며 수백 명의 농민을 읍에 모아 집회 하였다. 5월 들어 장석태, 전배근, 장진수는 남토전 결세 1만 9천여 냥 반환을 요구 하는 청원서를 탁지부대신에게 제출하는 한편, 주동자 장석태, 전배근, 장진수, 최경호는 울진관아에 출두하여 군수 윤영태에게 이미 납부한 세금은 곧 오는 가을에 내는 몫이니 덧붙여 낸 돈 22냥 2전 2푼과 매호 1냥씩 합한 금액 1만 9천여 냥을 되돌려 받아야 한다고 하였다. 7월 9일에서 11일에 걸쳐 세무분서를 파괴하고 주사를 살해한다고 위협하면서 결세의 반환을 요구하는 항쟁을 하였다.

울진결세항쟁 주동자들은 의병으로서 결세항쟁을 주도하였다. 주동자 장석태, 전배근, 장진수, 최경호가 항쟁한 것은 영호남의 균세운동과 다른 점이 있었다. 첫째, 남토전 1만 9천여 냥은 이미 선납했으므로 반환을 요구하는 것이었고, 둘째, 세무분서를 파괴하고 세무주사를 살해한다고 위협하면서 강제복종을 명령 한 점. 셋째, 지세수취담당자인 각 면, 면장을 위협하고 탁지부대신의 지령에도 항거하고 한결같이 불복하면서 민심을 소요한 점, 넷째, 세정을 방해하고 관청의 규율에 불복하면서 주동자들의 강압적인 선동이 있었다. 이것은 일제의 불합리한 화폐정리를 부정하는 것으로써, 국세를 의병 군자금으로 활용하려는 방안으로 볼 수 있다.

울진결세항쟁 주동자의 활동은 을사의병에서 정미의병으로 이어지는 의병 활동이었다. 전배근 장진수 최경호는 을사의병 시 1906년 울진불영사에서 의병을 일으키고 활동 중에 있는 사람들이었고, 이들의 활동은 1907년 군대강제해산 시 정미의병으로 이어짐으로써 울진결세항쟁은 농민운동이 아니라 의병항쟁이었다는 것이다. 또 일제는 군대강제해산을 전후하여 강원도 경무소 관할 하에 울진분서를 두고, 울진분서아래 삼척분파소, 평해분파소가 배치된 것은 울진에서 결세항쟁으로 인한 의병의 영향력이 컸던 것으로 보인다.

남토전 1만 9천냥의 반환요구는 의병전쟁을 활발하게 하는 조건이 되었다. 군대해산 이후 여러 의병부대가 울진에 집결하여 활동하였는데, 이는 울진에서 결세항쟁으로 인한 농민 수백 명의 결속으로 의병에 투신하는 조건이 갖추어져 있었기 때문이었다. 울진에서 활동한 타지역 출신 의병장은 신돌석, 성익현, 정경태, 변학기, 이상렬, 정성진, 김성운, 이종소 등이 있었다. 변학기는 봉화 거촌출신으로 1907년 8월 군대해산 당시 하사로 해산군인을 모아 울진에서 활약이 컸던 것으로 보인다. 이들 부대 중에서 신돌석, 성익현, 정경태 의진이 가장 활발하였다. 울진출신사람들은 이들 의병부대와 직·간접적인 관련 속에서 의병 활동을 전개하였다. 울진 출신이 격문을 발하고 의병직제를 갖추어 창의를 하였는가는 자료를 통해 확인할 수 없었다.

울진결세항쟁이 신돌석의 의병 활동에 대해서도 인적·물적 면에서 영향을 미친 것으로 나타나고 있었다. 다만, 여기서 주목할 점은 신돌석은 울진읍을 1906년 6월 초와 1907년 1월 3일, 두 번 공략하여 무기를 탈취하는 등 큰 성과를 올렸으나, 군대강제해산 이후에는 울진읍을 공략한 일은 없었다.

그것은 군대가 강제해산 되면서 춘천출신 성익현, 정경태가 결세항쟁지인 울진에 주둔하면서 근거지로 활동하였기 때문인 것으로 보인다. 일반적으로 신돌석이 울진에서 주로 의병 활동을 한 것으로 이해하고 있으나, 군대 강제해산 이후에는 울진에서 성익현과 정경태 부대의 의병 활동이 활발하였음을 확인할 수 있었다.

울진결세항쟁은 성익현·정경태 의진에게 인적·물적으로 직접적인 영향을 주었다. 춘천출신인 성익현·정경태는 군대해산이 되자 결세항쟁지역인 울진을 의병 활동 근거지로 선택하였다. 성익현은 1907년 음력 7월 23일(양력8.31) 울진군 서면 하원에서 창의하여 정경태를 도총장(都總將), 변학기를 도총독(都總督), 이상렬을 부장(部將)으로 삼고 관동창의대장이 되어 의병 활동을 하였다.

성익현 부대는 결세항쟁지 울진에 의병연락사무소를 두고 의병 활동을 하였다. 성익현의 창의지는 울진군 서면 하원이다. 하원에 위치한 울진 불영사를 활용했을 것이다. 본진은 서면 하원 두고, 의병연락사무소는 구만동에 두었다. 성익현 부대는 해산군인을 포함한 의병 500여 명으로 이루어진 연합부대의 형태로서 의병연락사무소가 필요했을 것이다. 성익현은 1907년 10월 18일 변학기, 정경태, 최종환, 정성진 등과 연합하여 500명을 거느리고 울진읍내를 공략하여 경무분견소, 군청, 우체소, 일본인 민가 36동 소각, 10월 22일 재차 울진읍내를 공격하여 일본 전초기지를 철저히 파괴하였다.

성익현·정경태 부대의 의병 활동 주무대는 결세항쟁지 울진이었다. 그 이유로는 첫째, 일제가 삼척 평해를 관할 하는 경무분서를 울진에 두고 성익현을 관내 중요한 수괴자로 지목한 것이 그러하다. 둘째 성익현 부대가 1908년 5월에 봉화지역 서벽전투 내성전투 시에 울진을 근거지로 전투한 사실이 당시 울진군수 유한용이 편찬한 『강원도울진군여지약론』에 기록되어 있다. 셋째, 성익현 부대가 울진을 근거지로 활동하였다는 것은 일제 군경 자료에서 출몰횟수가 삼척·평해보다는 울진에서 더 많이 나타났기 때문이다.

성익현 부대는 1908년 5월 17일 내성을 공격하러 가는 길에 봉화군 서벽리에서 일본군 정찰대를 발견하고 이를 공격하여 하사 1명과 순사 3명 및 통역 1명을 사살하는 전과를 올렸다. 그러나 봉화 내성함락에 실패한 성익현은 다른 활로의 모색이 필요했다.

성익현이 1908년 6월 북간도로 떠나자 뒤를 이어 정경태는 관동창의대장이라 칭하며 의병진을 이끌었다. 정경태는 밀정이나 친일적인 동장을 응징하면서 회문(回文)과 전령을 울진경찰서장이나 각 동장에게 발송하여 창의의 명분을 역설하고, 나아가 의병에 참여하거나 군비를 납부하도록 호소하였는데, 그의 의병 활동이 울진을 주무대로 하여 펼쳐지고 있었다.

이와 같이 성익현, 정경태 의병부대는 결세항쟁지역인 울진을 근거지로 하여 평해, 영해, 삼척, 봉화지역에서 의병전쟁이 활발하게 전개될 수 있었고, 이들의 의병부대가 항일투쟁을 벌일 수 있었던 것은 결세항쟁 주동자 장석태, 전배근, 장진수, 최경호의 활약에 힘입어 항일투쟁이 자생할 수 있는 인적 물적 양질의 토양이 울진에 마련되어 있었기 때문이었다.

울진결세항쟁을 논하지 않고서는 울진지역 정미의병을 논할 수는 없다. 울진 불영사 을사의병을 논하면서 일제의 불합리한 결세집행에 항거한 울진결세항쟁을 논하지 않을 수 없다. 울진결세항쟁은 울진 불영사 을사의병에서 항일로 일관하는 한 줄거리인 것이다. 이런 점에서 울진결세항쟁은 농민운동이 아니라 의병 활동이었다. 울진에서 일어난 결세항쟁은 의병전쟁과 결합하고 독립회복을 추구하는 항일투쟁이었다. 따라서 1907년 울진결세항쟁은 울진 불영사 을사의병을 이어받았고, 군대 강제해산 시 정미의병으로 이어지는 것으로서, 결세항쟁은 정미의병에 크게 영향을 끼친 울진의 병사에서 중요한 위치를 차지하고 있다 할 것이며, 울진결세항쟁과 성익현·정경태 의진에 대한 연구가 활발하게 이루어지기를 기대해 본다.

참고문헌

자료

『경북향교지』

경상북도경찰부, 『고등경찰요사』, 1934.

국사편찬위원회, 『폭도에 관한 편책』, 『한국독립운동사』, 8-14, 1968~1985.

『담양전씨대동보』 2015, 전20권 중 8권.

《대한매일신보》.

『독립운동사자료집』.

독립운동사편찬위원회, 『독립운동사자료집』 별집1, 1974.

독립운동사편찬위원회, 『조선폭도토벌지(1913)』, 『독립운동사자료집』 3, 1971.

독립운동사편찬위원회, 『폭도사편집자료(1909)』, 『독립운동사자료집』 3, 1971.

李康秊 저, 『雲岡集 全』, 茶堤文化硏究會, 2007.

『보고서철(報告書綴)』 제5책.

澁澤榮一, 『한국화폐정리보고서』, 제일은행, 1909.

「신돌석장군실기」

「신의장전」

「신장군실기」

『영덕군지』 상·하권.

운강 이강년의병대장 기념사업회, 『고종황제와 한말의병, 운강이강년』, 2018.

『운강선생창의일록』.

『울진군지』 상·중·하권, 2001.

『울진군지』, 1984.

『울진향교』.

『조선왕조실록』.

『조선폭도토벌지』, 국회도서관.

『中樞院來文』의정부 편.

『지령급보고』, 서울대학교 규장각.

『창의사실기』.

『폭도에 관한 편책』.

『한국근대법령자료집』, 국회도서관, 1972.

『한국재무경과보고』제5회.

《황성신문》.

단행본

강윤정, 『시대를 뛰어넘은 평민의병장 신돌석』, 2016,

高承濟, 『한국금융사연구』, 일호각, 1970.

구완회, 『국역 창의사실기』, 세명대학교 지역문화연구소, 2014.

──────, 『영원한 의병장 운강 이강년』, 지식산업사. 2015.

김상기, 『한말의병연구』, 일조각, 1997.

──────, 『한말 전기의병』, 독립운동기념관 한국독립운동사연구소, 2009.

金正明 編, 『日韓外交資料集成』8, 1964.

김희곤 외, 『울진의 독립운동사』, 2001.

김희곤, 『신돌석 백년만의 귀향』푸른역사, 2001.

류시중·김희곤 역, 『국역 고등경찰요사』, 안동독립운동기념관, 1934, 2010.

박민영, 『한말중기의병』,독립기념관한국독립운동사연구소, 2009.

배영순, 『한말 일제초기의 토지조사와 지세개정에 관한 연구』, 1988.

송상도, 『기려수필』, 국사편찬위원회, 1955.

심철기, 『근대전환기 지역사회와 의병운동연구』, 선인, 2019.

오영섭, 『고종황제와 한말의병』, 선인출판사, 2007.

유한용, 『강원도 울진군 여지약론』, 1908.

이광린, 『한국사강좌』, 일호각, 1981.

조동걸, 『일제하한국농민운동사』, 한길사, 1979.

홍순권, 「한말 일본군의 의병 학살」, 충남대학교 충청문화연구소 편, 『제노사이드와 한국근대』, 경인문화사, 2009.

홍영기, 『대한제국기 호남의병연구』, 2004.

_____, 『한말후기의병』, 독립기념관한국독립운동사연구소, 2009.

황현, 『매천야록』, 국사편찬위원회, 1955.

논문

구완회, 「韓末의 堤川義兵 -湖左義陣 硏究 -」, 집문당, 1997.

권영배, 「격문류를 통해 본 구한말의 의병항쟁의 성격」, 경북대학교 박사학위 논문, 1995.

권태억, 「한국 근현대사와 일제의 식민지 지배」, 『자본주의 세계체제와 한국 사회』, 한울, 1991.

김강수, 「한말 의병장 벽산 김도현의 의병 활동」, 『북악사론』 2, 국민대학교, 1990.

김상기, 「조선말 의병전쟁 연구의 현황과 문제」, 『의병전쟁연구』(상), 지식산 업사, 1990.

김선경, 「조선 후기의 조세수취와 면리운영」, 연세대학교 석사학위 논문, 1984.

金才淳, 「노일전쟁 직후 일제의 화폐금융정책과 조선 상인층의 대응」, 『한국 사연구』 69, 1990.

김주헌, 「후기의병의 사회적 성격에 관한 연구」, 2017.

金惠貞, 『구한말 일제의 엽전정리와 한국민의 저항』, 서강대학교 석사학위 논 문, 1987.

김혜정, 「구한말 일제의 엽전정리와 한국민의 균세운동」, 『동아연구』 17, 서 강대학교, 1989.

심철기, 「한말 원주의병의 발전과정과 운동방략」, 연세대학교 박사학위 논문,

2014.

염인호,『일제하 지방통치에 관한 연구』, 연세대학교 석사학위 논문, 1983.

李榮昊,『1894~1910년 지세제도 연구』, 서울대학교 박사학위논문, 1992.

이태룡,「중부지방 최후의 의병장 김상태」,『월간순국』 320, 2017.

이태룡,「춘천아리랑에 살아있는 성익현 의병장」,『월간순국』 324, 2018.

이한구,『개항후 근대적 화폐개혁의 전말과 역사적 성격』, 고려대학교 석사학
　　　위 논문, 1980.

정제우,「구한말 의병장 이강년 연구」, 인하대학교 박사학위 논문, 1992.

최영희,「을사늑약체결을 전후한 한국민의 항일 전쟁」, 1968.

부록

강원도 울진군 여지 약론(번역)[1]

(울진읍지)

1908년

1. 위치 및 경계

울진군은 강원도 동쪽 귀퉁이 아래 끝에 산을 등지고 바다를 안고 있는 (背山臨水) 군(郡)이니 동은 동해에 접하고, 남은 평해 및 영양경계에 접하고, 북은 삼척경계에 닿았고, 서는 영양 수비 및 안동경계에 접하며, 동서는 길어 110리(百十里)요 남북은 90리(九十里)이니 읍으로부터 서(西)으로 광비에 이르러서는 높고 높은 산악이 많아서 높은 봉우리와 고개(嶺)가 허공에 솟고, 들과 평원은 없으며 해안에 닿은 연안(沿岸)은 일직선으로 남으로부터 북에 이르기까지 평야와 전답(田畓)이 쭉 이어지나 넓이(폭)가 불과 10리 또는 15, 16리(十午六里)로서 극히 협소하여 대개 토지는 자갈땅으로 백성들의 생업인 농사일이 고생스럽고 생활은 검소하다.

2. 연혁

본 군(郡)은 고구려때에 우진목사(于珍牧使)라 하고 본조(本朝 / 조선)에 울진 현령(縣令)을 두어 다스리더니 개국(조선건국, 504년)을미(乙未, 1895년)에 주·부·군·현(州·府·郡·縣) 관제를 개칭할 때 울진현을 군(郡)으로

---

1) 울진문화원장 윤대웅이 『울진문화』 31(울진문화원, 2017)에 번역문을 개재하였다. 본 여지약론은 1908년 당시현령 유한용이 전해오던 읍지를 보완서술하고 책으로 엮은 것이다.

하고 1, 2, 3, 4등으로 계급해서 군수를 두고 그 외에 향임(鄕任)으로 향장(鄕長) 및 서기(書記)를 두어서 다스림을 돕게 하더니 광무 10년에 군수 외에 군 주사(主事) 1인을 별임(別任) 증원하고 향장은 없애고 서기는 2인을 두게 하였다.

3. 해안

본군 동족 끝은 일직선으로 해안이니 남쪽 망양정(望洋亭)으로부터 북쪽 고포진(姑浦津)에 이르러 연장 90리에 항만이 극히 적으나 그중에서는 읍으로부터 20리 북쪽해안에 죽변만(灣)이 있으니 만의 안(內)이 약 1,500m 내지 1,700m의 항만이며 수심이 깊어 20척(尺)이상인 고로 작은 톤수의 기선(함선)은 정박에 염려 없으며 포구 20개가 서로 인접하여서 사람소리, 닭 울음소리 서로 들린다. 그중에서 오천진, 초산진, 전반진, 흑포진, 곡해진, 죽변진, 봉수진, 염구포, 후구포 등 구포구는 가장 좋은 포구이니 고기잡이가 풍요하고, 소금·미역 등의 무역 상선이 정박하여 물화가 유통해서 인민의 생활이 산협사람들에 비하여 조금 여유 있으며 덕신, 초산, 비래봉, 곡해, 염구 7마을은 자염(煮鹽)이 편리한 고로 자염업자가 많다.

4. 지세

본군 지세는 산악이 많이 뻗쳐 있어 평야가 적은데 그중에서 근남면 북평(뒷들 : 구산1리)들과 장평(長坪 : 노음)들, 한평들(수산) 하군면 토일들과 지로들(말루), 상군면 구만들과 가원들(고성리), 무월들 원북면 흥부들과 내평들, 당가들 등 전답이 있고 기타에 원남면, 덕신역(驛) 땅과 근남면 수산역 땅과 원북면 흥부역 땅 등 3역의 땅이 있어서 주민이 이로써 큰 전답 땅이라 하여 경작하며 지질이 자갈인 고로 비료를 많이 쳐야하고 비가 고르게 내리면 풍작이 되며 그 외에는 산간계곡 답(논)과 화전(火田)이 많아 기장과 서숙 등의 경작이 많으며 대개 토지는 산악이 많은 고로 경작지가 주민에 비교하면 작아서 해안 거주민은 어업에 종사하고 그중 상업이 있어서 타향의 곡식을 수입함이 많다.

5. 산경(山經) "산줄기"

산세는 대게 태백산이 동으로 뻗어내린 맥(脈)으로 서(西)로부터 남동향하여 정서쪽에 광비령, 고초령을 짖고 평해 울진 접경에 주령(主嶺)을 짖고 강릉 백학령맥(脈)이 남으로 내려와 삼척을 거쳐 울진 접경에 강령재를 짖고, 서쪽으로부터 동해바다에 이르기까지 점점 구불구불 내려오면서 조금씩 낮아져 바다에 들어가니 그 사이에 평야는 10리(十里) 되는 넓이가 없다.

6. 수원(水源)

본군은 대개 산세에 의하여 자연적으로 하천이 갈라져 관개(灌漑)의 편리함이 있으나 수세(水勢)가 급류할뿐더러 가뭄에는 거의 말라 끊어지고 여름 장마때에는 큰 강 같으며 그중에서 남대천(현 수산 왕피천)은 연장 100여 리이니 한줄기는 영양 일월산으로부터 내려오며 한줄기는 삼척 느릅제(榆嶺)에서 발원하여 내려와 근남 수곡에서 합수하여 수산동 앞에 이르러서 갑자기 강을 이루어 망양정을 끼고돌아 곧바로 동해에 들어가며, 흥부천은 연장이 6, 7십리이니 한줄기는 삼척 금실계곡에서 발원되고, 한줄기는 서면 온천에서 발원하여 산간으로 굽이쳐 오다가 원북면 덕구동에서 합수하여 흥부역촌 밑 장터를 감아 돌아 염구포를 지나 동해에 들어가며, 읍천(邑川)은 연장이 5, 6십리이니 서면 냉수정에서 발원하여 각처의 작은 계곡류와 모여 가원동을 끼고 구만동 앞을 지나 읍 앞으로 지로동(旨老洞)을 지나서 동해에 들어가니 이상 3개천을 이용하여 관개(灌漑) 용수하여 농사지으니 봄과 겨울은 물이 말라 크게 심하다가, 여름, 가을은 홍수가 있어 연안의 답(畓)은 혹 수해가 있으나 동해는 조수의 차이가 없는 고로 큰 손해는 드물다.

7. 기후

기후는 온화하니 봄, 여름은 바닷물이 평온함으로 인해서 안온하며, 가을, 겨울은 점점 바람이 세어 사나운 일기가 많으니 대개 경성(서울)에 비하면 온난하다. 겨울은 눈이 많이 내려 최대한 눈은 4, 5척(四五尺)이오, 2척 내외 작은 눈은 항상 보되 해안 근방은 5일을 넘지 않아 잦아지고 산간은 좀 더 길며 겨울과 봄은 북풍, 서풍이 많고 가을은 북풍과 동북풍이 많으며 순 동풍이 불 때는 매양 비가 내린다.

8. 민족

대한 8도에 산재한 민족은 옛말에 이르는바 왕족 귀족 및 문반(文班) 호반(虎班)의 칭호와 노른, 소론, 남인, 북인의 이름난 가문이 있으나 본 군은 이와 같은 등위의 확실한 증거 할 양반이 없고 다만 향교에 출입하여 유림 장의, 도유사와 향임(鄕任)에 좌수, 별감을 구애없이 임명하니 이 등위 명단에 항상 많이 참가한 가문을 소위 향반(鄕班)이라 하니 그중 전(田), 주(朱), 남(南), 윤(尹), 최(崔), 장(張) 6성이 돌아가며 향임을 수임하니 이를 6대성이라 하며 간혹 서울 대부 가문에서 낙향해 온자 있으나 불과 2, 3대에 이르러 평범 저속한(常漢) 이름을 면치 못하니 대개 벼슬의 길은 멀고 혼인은 상민과 연관되는 연고이다.

아전은(吏 : 관아직원) 대개 장(張)씨 성 사람이니 옛 고려시대의 울진군(君) 후예이다. 우리 조선 임란시에 울진의 중심 군사였으나 패전하고 아전(吏)으로 떨어져 지금에 이르렀다.

원남면 매화리 및 근남면 삼리(三里)촌에 선비학자 많고 해안변 및 산곡에는 대개 어부, 포수 등 거칠은 자 많으며, 생활정도가 최저하며 부자라 불리는 자 불과 5, 6인이나 재산소유 겨우 수백 석을 넘는 자 없고 지로동(旨老洞)에 한 부자가 있으니 수십만 재산이라 하나 정확히 알지 못한다.

9. 습관

언어풍속은 강릉 이남, 삼척, 울진, 평해 3읍은 영남풍습을 항상 많이 숭상해서 언어는 순전한 영남어를 쓰며 의복제도 및 가옥 음식은 반 넘게 영남풍이요 그 외 혹 영서풍이 있는 자 있으니 극히 검소하고 질박하다.

10. 삼림(森林)

삼림은 원래 울창했는데 근년에 이르러 자염(煮鹽)에 제공됨이 많고 산림사업은 없는 고로 해안변은 거의가 붉은산을 이루고 서면 산곡으로 점점 들어가면 소나무, 떡갈나무가 빽빽하여 긴 대같은 재목이 많으나 도로가 험준하여 운반하기 힘들어 산중에서 그대로 썩는 것이 많다.

11. 관제

본 군(郡)은 7면 128통(洞)이며, 면(面)에 면장이 있고, 통에 통장이 있어 자치제를 이루고 현재 읍에 관사(官舍)와 관원을 두었는데 아래와 같다.

- 군청
   군수 : 유한용, 군주사 : 장병하, 지방위원 : 윤상요, 서기 : 장화국, 장덕균
- 경찰서
   경부(警部) : 구미정남, 이만희
   순사부장 : 영목학 차랑 외 일본순사 6인, 한국순사 9인

- 우편취급소

  취급소장 : 사마해편치, 사무원 : 굴영길

- 수비대

  수비대장 : 육군소위 강구좌차랑, 통역 : 군주사 최윤석

- 헌병 분견소

  소장, 임시대리 상등헌병 신옥초태랑 외 헌병 2명, 헌병보조원 8명

- 죽변진 헌병 분견소

  소장, 헌병조장 동조청차랑 외 헌병 4명, 헌병보조원 6명

12. 호수(戶)와 인구

7면 128동에 호수 3,194호

인구 15,021인, 남 8,208, 여 6,813

- 각 면 명 및 면장

  하군면 - 임유정, 상군면 - 남효영, 근북면 - 주경우, 원북면 - 장석원, 근
  남면 - 주진조, 원남면 - 윤행학, 서면 - 장두의

13. 인민상태

본 군(郡) 7면 내에 거주하는 인민이 작년이래로 악한 무리들의 소요(騷
擾)에 선동한 바 되어 그 근거지를 잃고 떠난 자 많으며, 원남면 매화리 시
장과 읍 시장과 원북면 흥부동 시장 이 삼개 시장에 서로 왕래하며 이익을
불리는 장사 무리는 소위 보부상이란 명목으로 접장이니 반수이니 공원이
니 해서 이러한 등위의 명목을 가진 자가 머리를 들고 눈을 굴리며 기개가
불 같으니 이는 다름 아닌 돈과 재물을 농락하여 빈민을 멸시하며 도당을
체결해서 관리를 억제하더니 요즘에 이르러는 이 무리들 풍기가 없으며, 유
림이라 하는 자는 대개 성질이 온화공검(恭儉)해서 지조를 지킴으로서 그

본령을 위함이나 개중 혹 불량한 성질이 있는 자는 실업에 힘쓰지 않고 악당을 걸연하여 소송대행도 하며 혹 상경 취업한다 칭하고 관청에 소관한 일을 모략해서 어리석은 백성을 종용해 재산을 사기로 편취하는 자 있으니 이로써 혹 일이 뜻과 달리 계책으로 의병(義兵)인 것처럼 하여 도당을 많이 모아서 깊은 산속으로 들어간다. 방자함이 독이 되어 마침내는 참혹한 죽음을 면치 못하니 이러함의 원인은 본군뿐 아니라 한국8도가 모두 다 그러한 자 비슷비슷하니 가히 아주 한탄스럽다. 금년 5월 초순까지 비도(匪徒)[1]의 발호가 헛날리는 눈(雪)처럼 소문이 몰려와 읍 및 촌락 주민들이 당황하고 두려워 농공상업 등의 목적을 정하지 못한 자 많더니 5월 13일경에 괴수 신돌석(申乭石) 군(軍)과 이강년(李康秊) 4개 비당(匪黨)이 서로 약속하여 군(郡)으로 오니 크게는 수백명이요, 적게는 5, 6십명이라 읍과의 거리가 20리 또는 4, 5십이 지역에 진을 치고 통문을 전해오니 그 기세가 위급하였는데 다행히 영해 헌병분견소장 헌병중위 절전영조씨가 헌병 70명을 인솔하여 때 맞혀 본읍에 당도해서 한편으로 인민을 안정시키며 한편으로 비도(匪徒)를 토벌하여 5월 17일에 읍 삼십리 거리의 상원당동에서 비도 성익현(成益賢)의 진(陣)과 정경태(鄭景泰) 진(陣)을 쳐서 30명을 사살, 10여명 부상, 화승총 5자루와 약간의 노획품을 빼앗았고 나머지 도당들은 무너져 흩어지고 타향으로 도망하였다. 또 다른 진영에서도 소문을 듣고 달아났다. 경보소식에 의해 6월 초1일에 삼척으로부터 육군소위 강구 좌차랑씨가 군 25명을 인솔하여 읍으로 와서 수비하니 차후로 인민질서가 점점 회복되어 그의 안온한 가운데 금년 보리농사 대풍되고 논농사 이앙이 양호하여 인심이 안도되었다. 6월 20일 이후 비가 계속 내려 7월 초순에 맑게 개었으나 그동안 해변, 하천의 논은 수해가 적지 않고 소맥과 각 심은 기장, 조 등의 수해 입

---

* 비도(匪徒) 우리나라 의병

은 자 많아서 일년농사의 결과가 좋지 않을까 염려 하였더니 7월 초순 후 일기가 적의하여 일년 농사는 대풍을 바라보게 되었다 하더니 바야흐로 지금 이삭 피는 계절에 장맛비가 많이 내리면 해(害)가 있을까 하나 제반 질서가 거의 회복된 양상이다.

14. 사법

본군이 원래 한쪽 치우친 구역이라 듣고 봄이 드물어 어릿할 뿐 시비를 하지 않아 민사 형사 등 소송사건이 드물고 혹 큰 관건의 송사가 있으면 본군에서 한번 경유한 후 즉시 춘천 및 서울로 보내어 판결을 기다린다. 작년 비도(匪徒) 이후로는 극한들이 보이지 않고 차여우 형사는 경찰서에 사건을 송치 처리를 기다린다. 초심 판결한 민사사건은 본군에서 전례에 비교하면 다음과 같다.

"생략" 5, 6, 7, 8월 현황

15. 전세(田稅)

"생략"

16. 농산물

농산물 1년간 소출 계산액이 아래와 같음

여름 보리, 밀이 1만 8천 4백석, 삼(麻) 1만 1천 5백만원, 가을벼 3만 3천 2백 2십석, 목화 6백근, 콩 8백 2십석, 무 1천 5백태(馱), 조 5천 4백석, 실과 : 감이 제일 많음. 기타 "이하 생략"

17. 직조물

생략 : 마포, 무명, 명주, 대자리, 초석, 부들자리 등

18. 해산물

해산물 1년간 소출계산액이 아래와 같음

기어(幾魚 멸치), 방어, 전복, 해삼 등 이하생략

소금 770석, 어선 140척, 상선 9척, 어민 864명,

일본어민 66명(죽변진)

19. 상업

시장 : 읍, 흥부, 매화에 상업인 56명, 일본상인 없음

　　　이하생략

20. 소요사태의 남은 재앙

　본군이 소요사태 이후로 불에 탄 가옥이 74호 내에 60호는 이미 조사 보고 되었고, 18호는 무단 누락되어 본도로부터 단 50호에 대해 상세히 조사하라는 지령되어 내려오니 그 나머지 6호는 처음부터 없는 보고로서 상세히 조사할 수 없고 그 다음 호수에 대해 상세히 조사한즉 본 거주인 및 동임(洞任)이 달아났다고 하여 군에 보고되지 않아 누락된 즉 이해하시기 바라옵고 또, 죽임을 당한 자는 78인데 그중 "장석인"은 당시 본군 서기로서 양곡수매차 근남면 성산리에 먼저 갔다가 갑병(兵)에게 참해를 입었으며, 이용주, 조경순, 최인숙 3인도 비도로 오인되어 해를 입었고, 그 외 남응철, 전좌근, 산포수 3인은 비도에게 강제입당을 따르지 않아 참해를 입은 자들이다.

21. 교육

본군 교육정도는 구태의연히 개인 서당에서 학구를 이어가며 동내 자제를 교육하니 교육과목은 논어, 맹자, 중용, 대학, 시전, 서전, 주역 등의 정자, 주자 학문이요 작문은 단, 시, 부, 고풍이라 7개면 각동마다 개인 서당이 있어 36곳에 학생의 수효는 421명이다. 대개 갑오갱장 이래로부터 한(韓) 8도에 공·사립학교가 갖춰진 곳이 없어 삼척, 울진, 평해 3군에 1개 학교를 설립되지 않았고, 지방관장(군수, 현령)의 교육 사무에 힘쓰지 않은 책임도 면하기 어려운 사항이라 하겠다.

해당 군(郡) 사림(士林)들도 신학을 힘쓰지 않으니 심히 개탄스럽다.

소요 겪으며 인심이 회복되지 않음과 학교설립비용도 충당하기 어려운 관계로 지금에 이르렀으며 근간에 본군 유지 신사로 개연히 생각하여 향교 명륜당을 겨우 학교로 하고 오는 음력 9월 초순에 실시하기로 하여 교명 및 임원조직이 아래와 같다.

교명 : 울흥보통학교(蔚興普通)

과정(科程) : 독서작문, 지지(지리), 역사, 산술, 일어

신학문 교사 임명권자 : 군수 유한용(유한용)

교장 : 남상규(전 향장)

한문교사 : 윤규병, 전문술

교감 : 주병철, 최익수, 임원화

서기 : 남식영, 장영전

교사 : 장병하(군 주사)

지방위원 : 윤상요

각 면장(7개면) : 주진조, 주경설, 임유정, 윤행학, 남효영, 장석원, 장두의

22. 도로 교량 및 통신

도로는 남으로부터 북에 이르기까지 자연적 생성된 길을 통행하고 들에는 제방을 통과하여 교량은 나무판자로 하니 입동에 설치하여 하지에 철거하고 춘추 우기에는 도로를 다듬어 말교자로 오는데는 애로가 없다. 읍으로부터 서면 광비령까지 700여리는 산골짜기 계곡으로 통하니 기구함을 형언할 수 없다. "중략"

서울까지 가는 데는 8~10일 혹은 12일 걸리며 금년 8월 13일에 본 읍과 경주사이 전화를 가설하고 8월 28일에 강릉간 전화를 개통하나 이는 경비용이므로 공중용은 없다.

23. 명승지

망양정은 근남 둔산진(津) 해안에 있으나 정자는 없고 단 옛터만 있다.

성류굴 "생략" 주천대와 천량함은 근남면 3리동에 있으니 그 밑에 하천이 흐르고 주천대 언덕에는 옛날 읍선생(현령) 비각(碑閣)이 있으며, 불영사 "중략" 도승이 없고, 단지 동양스님(중) 6, 7인이며, 온정은 원북면 덕구동에 있으니 피부병에 효험이 있다. 이상 기록한 외에 제반사항 많으나 추후에 다시 조사할 것이라 여겨 개요만 약술함.

융회 2년 8월 30일(1908년)
울진군수 유한용 저술

후기

　본 여지약론은 1908년 당시 현령 유한용이 전해오던 읍지를 보완서술하고 책으로 엮은 것이다. 기록에 나타난 보완 내역은 1713년 당시 현령 이상성(李相成)의 선생안 서문을 이월 편집하였고 1898년 현령 김상일까지의 선생안 기록이 있고, 1900년 당시 현령 이규목까지 선생안이 보완되고, 1901년 울진군지 지도 및 선생, 인물, 풍속, 소산(所産), 대사(大榭) 사찰 등 수정 성책(成冊)한 기록이 있다.(당시 현령 박병숙)

〈이월 성책된 기사 주요내용 요약〉
ㅇ 1713년 선생안(현령들의 설명 및 재임기간)의 서문
ㅇ 풍속, 농업에 힘쓰고 문무를 숭상하며 검소하고 남자는 농업에, 부녀는 용모 다듬기를 부끄러워하며 청순(貞精)함을 선호한다.
ㅇ 격암남사고
　• 천문지리 정통 … 중략 … 세칭 해동강절(海東康節) 주(朱) 효자(주경안)와 더불어 향현사 배향. 사당건물은 관사(官舍) 동쪽가에 세웠다가 서원폐지시에 절폐
ㅇ 호구
　• 총 2,111호(남 5,400명 여 4,460명 계 9,860명)
ㅇ 누대
　• 태고루는 2층으로서 관아 앞에 있다.
　• 망향(望鄕)대는 읍 뒤편 1리쯤 작은산 능선위에 있다.
ㅇ 망양정 편액
　• 숙종어제로써 "관동제일루" 라는 편액이다.

- 작은 편액 : 지락정(智樂亭)
- 행곡은 미고촌(米庫村), 말루는 지로동(旨老洞), 노음은 지음(旨音)으로 "마름/맛음" 매화는 매야(梅野)

○ 월출암
- 검산(劒山) 정상에 있다.

○ 현성(縣城)
- 옛 현성(읍치)은 해곡(海曲)이었다.

○ 안일왕산
- 신라 시에 안일왕이 피난 축성했다.

지령급보고

◆ 융희 원년 지령급보고 제16책(탁지부 편, 전18책, 규18018)

◆ 광무 11년 5월 강원도 울진민 장석태, 전배근, 장진수의 청원서 및 6월 5일 지령

◆ 광무11년 지령급보고 제6책(탁지부 편, 전18책, 규18018)

◆ 광무 11년 3월 2일 강릉세무 제4소 울진派駐세무주사 원경상의 제1호 원본 보고서 및 3월 26일 지령

◆ 광무11년 3월 2일 울진파주세무주사 원경상의 제1호 보고서 및 3월 28일 지령

◆ 광무11년 5월 31일 강원도 울진파주세무주사 제3호 보고서 및 6월 11일 지령

◆ 광무11년 6월 17일 강릉세무소세무관 육군 부위 황석 제41호 보고서 및 7월 2일 지령

◆ 광무11년 7월 10일 강릉세무울진분서 주사 원경상의 제6호 보고서 및 8월 1일 지령

◆ 융희 원년 8월 21일 울진세무분서 세무주사 원경상의 제7호 보고서 및 9월 9일 지령

◆ 융희 원년 9월 7일 울진세무분서 세무주사 원경상의 제1호 보고서 및 9월 19일 지령

◆ 광무11년 지령급보고 제14책(탁지부 편, 전18책, 규18018)

◆ 광무11년 2월 28일 강원도 평해군수 박제범의 제1호 보고서 및 3월 23일 지령

◆ 광무11년 7월 13일 강원도 울진군수 윤영태의 제8호 보고서 및 7월 31일 지령

請願書

江原道蔚珍郡上郡面城紙洞居

請願人　張錫泰

田培根

張鎭守等

年

伏以生等이僻在海隅殘邑하와以耕食資生이온바

本郡은左峽右海에凋殘艱乏이옵드니稅務主事

元敬常이가来到本郡하와督刷民間이오되加斂

錢이爲一萬九千餘兩之多이오니豈不冤抑乎잇

永原來稅務規程에 今年春等붓터始호야每結四十

四兩五戈式戶布每戶二兩式磨鍊訓飭이嚴切来到

이압거늘元敎常이가不遵令飭하고今年春秋兩等

稅을每結六十六兩六戈七分式杜囚督捧하고戶布

는每戶三兩式不日督捧이오니濫討錢은每

綜二十二兩一戈七分式戶布는每戶에一兩式春秋兩等合

錢一萬九千餘兩이오니伏望嚴訓于稅務所하시와

設濫討錢을一ㅣ推給于民間호시고永杜捄弊俾保

海隅殘氓之命을千萬泣祝

光武十一年五月 日

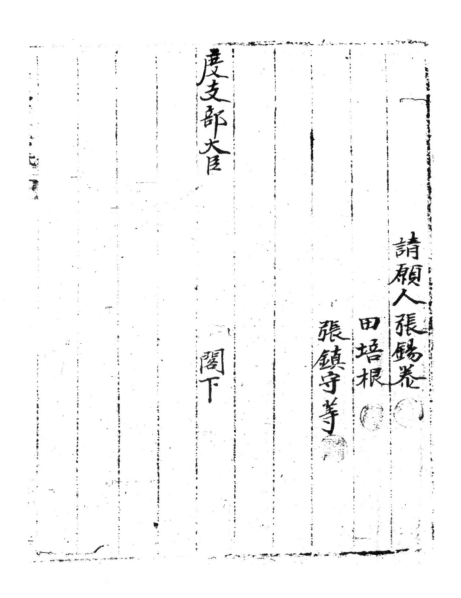

度支部大臣

閣下

請願人張錫禮

田培根

張鎮守等

指令　蔚珍民張錫泰等　趙寀正税課曉

光武十年六月 五日 　　　 司税局長代

六月　協辦 (印)

局長

本郡은用葉錢郡也라每結上舊貨六十六兩六戔七分이새新貨
園竜皇戶布則罕五戔也니汝矣調每結四十四兩五戔라戶
錢二兩之規程은涯何浮흠이새以其無擾之說로沮戲稅
官이是何誤習正狂涉無嚴이되特為參恕이나沮戲稅
煩退흠이라

광무11년 지령급보고 제6책(탁지부 편, 전18책, 규18018)

報告書第一號 原本

本官이 租稅徵收次로 二月二十日에 自蔚珍郡으로 前往乎
海郡去水 依稅則 飭諭各該面長則面長이 告內에
本邑丙午條結摠段은 尚未依伏支五日望稅務主事到
住이니 今幸来到이나 且로問其所由則曰本邑이去幸
乍戊戌에 酷被水災之民은 流離散亡支五無
所之結은 指徵無處支야 不得已徵收 蕆歲而挨歲이 隨七老
且徵於洞里而洞里가 將虞支니 一年二年도 猶不堪賣이名
況三年四年으로 乃至十餘年之久支니 邑何全完이며 民何
聊生五町以郡報民許至道로 郡州積成奏轉이로딕曲

지령급보고 249

未蒙蠲減之典李氏乃於今春一鄕大小民이齊會一處
玄氏相告相應すり今年又不蒙減이며我等之上京此行
이誓不還鄕이라 す고儒生等이果足上去 겻러니八月
분에何幸自度支部로爲定す야査宮肅川郡守尹榮免
李氏與本郡守로被災諸處를一一檢後에永陳結二百
二十餘結을修報于 度支部러니姑未承回 指令와
今不得作伏이다이온 고로取考査災官査檢支簿則幸
卿氏成川浦結이果爲二百二十三結十五負六束而就中限
年傳稅外永陳結名目은已悉於查官查報則余
必論列이놀다놀 其在徵稅之地에姑未蒙一分之稅願을

不可以突結擧議이오되旣有另査之 部割이오有瀆

之郡報호니民隱을亦不可不察이民外에本官自 錦珠으로

出往平海之日에路傍諸處을緊要着審이오 그所謂

오며至若邑前坪 玄水는其所廣濶이恰爲數百石落

大坪兒色은擧皆沙石之堆積이오無不陵谷之 愛易이

西以今所見으로水道縱橫에桑田景色이凶然則外村

各坪之浦落은不見是圖이나名所聞이與所見으로別

無多愛而稅務는不可一日遲延이옵기도突結二百二十三

結十五負大朿段은實諸一邊古音고以原簿七百

三十四結九十大負(東으로)依 郡作俠古水定期督刷고

오니 緣由를 爲先 修報于江陵稅務官 호엿더니 卽到揭令으

州民之隱冤이 果不可不察 則自玆駐所로 據實報

郡以請田指本府 亦詩四轉報事라 호고 叱州報告 호오니

實灾實情이 果係民隱故로 孟州報告 호오니

盡照 호신후 灾結 二百二十三結十五員 大束을 特

爲裁斷 호시와 使結簿整飭 호오며 실 五竇 惠下 冤川

호시을 望홈

光武十一年三月二日

度支部大臣　　閣下

江陵稅務第四所 蔚珍派駐稅務主事元敬常 ㊞

指令 蔚珍派駐主事 起案正稅課長

光武十一年 三月二十六日 主任司稅局長

大臣　　協辦　　局長

此等結弊 宜有稅務官之躬行湝查而舉實報喜

之不暇이거늘今此替報가事涉殊忽이라第俟該

稅官之實地更查而修成册報來後可以處辦望事

報告書第一號

平海至於蔚珍郵便取扱府程度가或至八九十里を고或至百有

餘里이은外徵收稅金을使任負으로各自納付取扱府州호은돈을葉

壹百兩十里運去駄費가五戔式亡有定例而自費駄價호외不可

納入蔚珍이라호외舉皆自退任負之名을外未由徵稅故로曉諭

安頓호음도每排日에收納金額中納入을紙貨外에葉錢은自此로

換紙貨納入케호얏合거니現接春川財政顧問部財務官山口通牒

内開에人民으로納入호는金錢은去益舊白銅貨及葉錢으로納入

케호와貨幣整理方針에從行홀事을等因告示於各面長及任

負호야結民來納호는紙貨는依規收捧이되葉錢으로民間에收捧

호水商人에게 換賣호는 弊는 一切嚴禁호고 任員이 依府捧直納

取扱府호랴 호수더니 大小民人이 私通各面호야 聚衆三四十名而逼

邏邑下호와 搆訴本郡호야 호읍卫來 賣本府日稅金을 紙貨로 納入호

호수民心이 搖撓故로 從民願

미使民便利호기 不可以葉錢納入이라 호수

收刷호오며 蘐에 擧實報告호오니

査照호시믈 望홈

光武十一年三月二日

蔚珍派駐稅務主事元敬常 [印]

度支部大臣　閤下

再

貨幣法을依ㅎ야葉錢十兩을一圜으로記載ㅎ아納入告知書

를外使之納付郵便官署이숌더니大小民人이聚首相顧호

되葉十兩을紙貨一圜五十戔價格이거놀統務所에納告

知書에一圜으로記入ㅎ얏쓰즉葉每十兩에五十戔武損失이

되여外호야滋生疑惑호와民論이紛擾호오니

眞照處辦호기를伏望

度支部公用信紙

指令 蔚珍派駐稅務主事　起案正稅課長 ㊞

光武十一年 三 月二十八日 主任司稅 局長代 ㊞

大臣 ㊞　協辦 ㊞　局長

紙業間濫捧生弊을 旣因郡報而洞悉이더니 今此報告호

苟且粧撰이 誠極駭歎이라 廳査報告事

城稅務官할事

報告書第三号

向伏承 指令內開예 紙葉間濫捧生獎를 旣因郡報

而洞悉이된과 今此報告는 苟且扮撰이 誠極駭歎이라

當有查實處辦之日읠 事와호이신바 租稅徵收之金

額이自有莫越之定式이옵거늘 紙葉間爲報有一毫濫

捧之獎于잇小此是平海郡報之措捏이오며 本主事等

因春川財務官通牒告示於平海郡之日예 該郡守朴弼

範이符同各面長호와 使之構訴自郡께호옵고 日本商

人에게 紙貨四千三百九十七円四十六戔을以五八計로買

來호야 使各面長으로 沒數先納於蔚珍兩捩짜호옵고

追後純業錢으로杖因督捧於民間호야取剩에顯호

는崇平兩郡之所共知則是乃使民을不便也오且無納

入告知書而收斂金錢來民을씃스오니此豈非不法

徵收予잇샤該郡守越權濫討가若是確實이올제

는以何不測之心으로反謂本主事之濫捧호야誣報

上部호옵고照會江陵稅務官與財務官호오니此非

賦反荷杖予잇샤構誣濫捧이事甚寃抑호와玆에

擧實報告호오니

査照호신後與該郡守로面質裁判호시와伸卽下

白케호시믈伏望

光武十一年五月卅一日

　　江原道蕭珠派駐稅務主事元敬常

度支部大臣

　　　閣下

度支部公用信紙

指令　蕭述抓驅主事　　趙案正抓課長

光武十年六月十二日　司抓局長

大臣

協辦　　　　　　　　局長

業行查報之訓이라待該署報來處辦이려거니와

無其實이면自可昭晰일事

報告書原本第四十一號

因蔚珍派駐稅務主事元敬常將報와平海郡守朴膺範照會호와查

究修報矣더니 指令內該主事之職務上不能注意가寧有是理리오平

海郡捧稅錢加計之濫討生寬이至登郡報호니此不可實之事常이니更

詳查報호야以爲處辦케호事等因이옵고結錢又到付 訓令內蔚珍郡派

駐稅務主事元敬常이該郡結錢을幷以葉錢強徵호야交換新貨而取

其差益事呈現有顧問支部報告이기另玆諭訓호니到即此事由를嚴査馳

報호야以爲懲罰케호며取剩條幾何를卽查覈數호야以雖攷入호되

輸納于取扱所이고指數報明이可查事等因이온바今番出張에抵到該

郡호와先探該主事加討濫討之裏由則大抵蔚珍平海俱是用柔之

地으로 該主事 赴任之初에 兩郡結稅中 時捧葉錢 一萬三千四百八兩이롯

六分을 即付於取扱之際에 該郡守이 因匪徒之作擾호야 避身無也故

로 未即納付롯더니 其後 新取扱郡守이 來到而 又即納付則 該主事言內

坐處未定호고 行橐無開호야 姑埃幾日云롯故로 過幾日後 納付則 該

該長이 賍數幾千兩더가 以其煩劇으로 還爲退却호고 願以紙付故로 該主

事가 勢不獲已호야 以紙交換則 剩餘錢이 爲七百二兩五戔六分이다이옵기依

訓辭 發給納入告知書이오나 聽民人之說호고 探其時形便則 匪徒揭揭之初

也오 民志不定之際也며 郡長之退棄오 由是之故也오 主事之換紙도 亦由是

也而 究其末이오면 該主事 元敦常이 自不欲覬其利益而然者이오되

也라 累朔之下에 染指之責을 烏得免乎잇가 悚惶萬萬이오나 玆에 報告호오니

査照 호시 邑 伏望

光武十一年六月十七日

度支部大臣   江陵稅務 所稅務官陸軍步兵副尉黃 浙

閣下

指令　江陵稅官

光武十一年七月二日主任司稅局長

大臣　協辦　局長

趙篆正稅課長㊞

換紙取剩이雖因事勢나爲遵其過리오談剩條七十

團二十五戈六重言卽爲納付于取扳이리고更無敢違規

獲戾之意로方飭談稅所望事

報告書 第六號

本年三月十日에 江陵財務官補 壽彦이 告示호되 菁珠平海

兩郡立刊葉錢通用地方人民에게 結稅一結에 葉錢六十

六兩六戔七分四戶稅 每戶에 葉錢三兩式 徵收호을 此諸

他舊白銅貨通用地方人民호민 果是重稅賦課之徵收也

曰來秋等見으 結稅一結에 葉錢四十四兩四戔五分四戶稅

每戶에 葉錢二兩式 實施刊호 大호온비 菁珠郡 無賴

輩張碩泰田培根張鎮守等이 謂以菁珠은 元來結稅을

明年條을 今年에 依例先納호니은 후兩午年微稅가

卽丁未條也니已納ᄒ고結稅每結頭에二十餘兩式

广州一兩式遷推於稅務主事라ᄒ고爛動無知愚氓ᄒ

外四月三十日에發通各面各洞ᄒ야聚衆數百名於邑下

故로與本郡守로由徃曉勸解散ᄒ고音工具由報告于

府에音더니指令內開州報辭閱悉이며民習之愚惷

이寧不愧歎이라ᄒ오當發訓於該郡ᄒ야以爲曉諭刑

호라ᄒ며以此認悉ᄒᆯ事라ᄒ온바本郡守가亦告示曉諭

矢더니張碩恭等三人이一直排金ᄒ야又爲發通에

本月九日會衆來到分署ᄒ야挾制詰辱이罔有其極之

際에 通其時江陵財務官補亭彦이出張本郡에이슬제

다 前後事狀을 二次調査後에 曉喩人民之誤解호야 使

之解散이오나 右三人等이 以本月十一日更會호야 二遷推

加納錢이되 稅務主事가 若不順從이면 打破本分署호고

理殺本主事之意로 民聲言民間則想必多數聚衆호야

將有紛亂之境이오니 不覺悚懼호얏더니 一自騷訊以後로

結稅을徵收末由호야 定限之莫重結稅을 勘簿者期호

오니 噫彼張碩燾等三人이 故知誤解而一向不服호

고 騷擾民心호오니 一則有妨害稅政之罪이各工一則有

挾制官司之律에 處지라 玆에 報告오니

查照오셔 張碩燦 等 三人을 懲律勘處오심을 伏望

와 以一勵百오시고 俾便擧行케오심을

光武十一年七月十日

江陵税務蕭씨分署主事元敎常

度支部大臣高永喜 閣下

指令　蔚珍稅務主事　　起案正稅課長

大臣　[인]次官　　局長

隆熙元年　月　日　主任司稅局長

稅率之低昂과 貨幣之標準이 事係甚重이라 實

非一區域一官人의 所可擅便이기 將向顧問部商

辨호려니와 甲條乙捧은 自有年例이거늘 張田等

之煽訛挾制가 誠極駭痛이라 捉囚嚴懲次로 措

飭於郡報之事

報告書第七號 原

蔚珍郡無賴輩張錫泰田培根張鎭守等이煽動無知愚

民호야妨害稅政事已旣有昨報이옵더니該三漢이全此授

入於匪徒호야本月十四日夜에引率二百餘名호옵五突

入蔚珍郡호야衝火民戶호옵고叫搜索本員호니欲爲提

去云이라호온바適其時出張平海郡이옵거니該徒가亦

爲追到欲害이옵으니禍色이迫在時刻이옵기勢不得已

호와緊要혼文簿吐若干束裝호옵五與蔚琢郵便取扱

所長으로登船浮海호와幸得避身호옵고現方滯留松庭

호야延日浦項而姑觀形便호와卽欲還署伏計호오니邑

雖出於不獲已之事이오나擅移區域內가極涉悚惶이

今기玆에綠由를報告ㅎ오니

査照ㅎ시믈伏望

隆熙元年八月廿一日

度支部大臣 · 閣下

蔚珍稅務分署稅務主事元敬常

再三陟蔚珍平海三郡이匪徒가日益猖獗故로郵便假
員이至于多日이숌立該各郡이時在日本巡查興取扱所人
員幸無所傷而現今退集扵寧海郡이오니

査照伏望

指令　蔚珍稅務主事　　　　起案正稅課長

隆熙元年九月九日　主任司稅局長

大臣（印）　次官　局長（印）

暴徒之宣諭解散은已下成命矣니第觀動靖호야即

爲還署視務홀事

융희 원년 9월 7일 울진세무분서 세무주사 원경상의 제1호 보고서 및 9월 19일 지령

報告書 第一號 蹄原

蔚珍郡民張錫恭等이丙午條納稅을謂以丁未秋等條라호
야煽動民心에將有紛亂호오니依律勘處報告狀　指令
内開에稅章之低昂과貨幣之標準이事係甚重이라實
非一區域一官人의所可擅便이기將向顧問部商辦호리니
와甲條乙捧은自有年例이거늘張田等之煽訛挾制가誠
極駭痛이라捉因嚴懲次로指飭於郡報호事라호이신바
蔚適為空官故로未即捉因該漢等이늘더니本月二日在
寧海時에蔚珍郡補助員白川이來言曰現自春川警務署로
貴主事을空巡檢不日押上호라고訓令이到付警務分注同호

니隨其時駐鎭ᄒᆞ니從當押去라ᄒᆞᆸ기問其裡曲則萬

民朱東兼가往訴於春川警務署ᄒᆞ니今年結戶兩稅ᄅᆞᆯ自

始ᄒᆞ니稅韋改ᄒᆞᆯ事로ᄒᆞ고旣有江陵財政顧問分署ᄒᆞ

與他迎興ᄒᆞ니自來로秋等結稅ᄅᆞᆯ春等先納則丙

丁未秋等條이거늘稅務主事가丙午條結戶兩稅ᄅᆞᆯ依前

例徵収ᄒᆞ엿스니結稅每結頭에二十餘兩과戶稅每戶에五꼈

式을濫捧乾没則其計錢一萬九千餘兩을使之還推尋이라ᄒᆞ

은바朱漢이與張漢으로連腸接肚ᄒᆞ니又此誣訴於他官

廳ᄒᆞ오니該漢等之愚蠢悖習을已無可論이옵고以春川

警務官文主復으로論之ᄒᆞ오면非但越權受訴이라初못

指令 肅訝稅務主事 、 起案正稅課長

隆熙元年 九 月 九 日 主任司稅局長

大臣 教官 局長

依報移照內部已乎

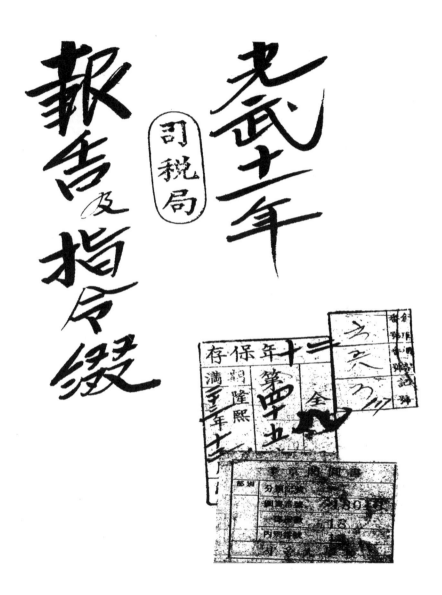

報告及指令綴

司稅局

光武十一年

報告書第一號 原本

補助貨幣州通用制限外紙幣與新貨를法化貨로流通章

事已有所 部道訓飭查촉工稅額徵收次로稅務主事

又爲派到故로飭諭各面面長호야稅納흠을自一期로至五期

定限호야督刷以給호눌터本郡則法貨가甚尠호야民

間稅納이純是葉錢이오紙幣來納者가間或有之而至第三期

호야各洞稅民이持錢來待히다가見稅務主事의如何호

告示一度이된지各其藏錢不納호고一齊來新官廳故로新

狀을接開호즉內開에今此稅納時稅務主事의領受票則業

錢一百兩州도金十圓이라호고紙貨十五圓州도金十圓이라

部訓令據觀察道訓辭中葉一千枚는貨幣流別依호야一圓이

니 政府稅納에는一圓五十麥에相當호미라호외싼즉假量紙貨

一圓이면一圓五十麥을一圓이라書호니貨幣流는雖是一圓이나通用호즉自有

麥이어늘一圓이라書호니貨幣流는雖是一圓而今에一圓五十

係例호야上自 政府로至有再次勵行之擧而今에一圓五十麥에相

當호야業一千枚外如干來納호나紙貨一圓五十麥을一圓金이라

領受宰써書給호외紙業을不分써簿書하亂호니愚民之持疑가盗

或無烘걸더러主事來到之初엘紙業秦白銅을無碍秦納호라고

示호외녯다가今焉紙貨을換納호는與가有호면戀其暴露써다시需者

示호니此豈非令不信者니오며且初二期所抹호니純業一

書給ᄒᆞ오니 民感이滋甚ᄒᆞ야 且今日主事의 告亦有開에

有日各任負이 以葉錢으로 抉捧於民間ᄒᆞ야 以紙貨로 抉

納ᄒᆞ는 獎外種種有之ᄒᆞ고 聽聞이 狼藉ᄒᆞ니 從玆以徒結

民等之來納稅錢을 若有如前幻弄之獎 딘ᄃᆡ 以懲其惡習이

ᄏᆞ오니 此實非民感滋甚處乎아 當初一期二期에 一萬五千

餘金納ᄒᆞ옛錢을 何不直納金庫ᄒᆞ고 領收負이納紙ᄏᆞ오

已抉納之條에 面長이納紙ᄏᆞ오 無妨也오 領牧負이納紙ᄏᆞ오

無妨也오 結民이 二三相合而納紙ᄏᆞ오 亦無妨이거을 何必

捨紙 取葉ᄒᆞ야 區區徒抉於一人乎아 此必有曲折也ᄏᆞ玆以等

訴ᄒᆞ오니 特爲論報 上部ᄒᆞ야 以破民感 等 因연바 向伏永

萬五千餘兩을 主事既已換紙取利 니 今民之換紙亦爲

就利이거늘 主事之領受票가混淆不明 고告示文이前後不

同 야民心이 此而沸騰 고稅納이以之而防礙에至有時

訴之擧故緣由報告 니

査照 오 紙貨一圜五十戔에一圜이라書給 어도無妨 고

且葉一千枚에一圜이라도無妨 지一圜五十戔에相當 지

論理示明 시外俾解民惑게 고使民自由 야紙葉을氣

碍通納게亞下 處分 시믄墊喜

光武十一年二月二十八日 　處分 시믄墊喜

江原道平海郡守朴齊範

度支部大臣　閣下

指令　平海郡守

趙秉正稅課長

光武十一年 三月 二十三日 主任司稅 局長代

大臣　　協辦　　局長

主事은 只義付告知書 領收員이오 該員을 依該証錢數

玄米直納取扱所이거늘 主事는 爲眞贋 호라 一豈有隨納

加減於其間호야 令此所報는 誠甚糢糊라 葉千枚紙

一圜五十戔이오 紙一圜五十戔則 全一圜五十戔이거늘 渾以圜

畫給云者 寧有是理일事

報告書第八號 原本

本郡結戶兩稅를自稅務所依章程直捧이온바本年三月日江

陵財務官補亭彦이告示本郡 葉錢通用地方人民의게結

稅一結葉錢六十六兩六戔七分식戶稅每戶葉錢三兩五戔식이라諸

他舊白銅貨通用地方人民 果是重稅之徵收也來秋是터

結稅一結에葉錢四十四兩四戔五分식戶稅每戶에葉錢二兩식實

施州하더니또이郡民張錫泰田培根張鎭守崔景鎬等

이乘此機會하야出頭設論에謂以已納稅은卽來秋條也니每

結頭二十二兩二戔三分과每戶一兩式合加條一萬九千餘兩을還

推抶稅務主事라호고 煽動愚民에게 齊會來訴 故郡守가 明言理

由而題飭退送矢더니 踵後張錫泰等이 代表民人에 徃訴于本

道檢事호야 發訓江陵警署에 轉飭本郡分訴所호야 至有尊

實之境이色以今月十日에 張錫泰等이 連次發通各洞호야 拾集

衆民邑底則適其時 江陵財務官補亭彦一이 出張本郡호 同

財務官補與郡守郡主事와 分訴所補助負及巡檢이 會座稅

署호야 對衆公辦則 張錫泰等四人等 所告內本郡今年已納稅은

卽丁未條也니 今秋旦터 三分減條一萬九千餘兩은 依財務官補

告示호야 還給民間이 校理當然이라호 各기로 不을無異訴호야 民間

尺文을一個個收取詳考則甲條乙納이自甲午更張後十三府同然

之事而十月開捧에翌年春畢納이年條가毫無差錯호고二年度

徵稅가更無可議之端이거늘愿彼勘民이不搞其本而齊其末

호나以甲移乙에咸曰姑舍汝에所學호고而從我라호나一向執迷에

衆口을難防이라財務官補을未凌而旋去江陵호者또曰詼民

等이如火復起호나稅務主事與各面長을威脅恐喝에擧措顚

妄故自分訛警署로一邊曉喻호고一邊驅逐이런다커盖此三分一

減稅云者은出校葉白銅加計利害을論而何嘗有稅科除減之

朝令서완디代表者은惹起民心에還推 國稅가是誠何事

이때 反對法規에 不分年條가 抑又何據오 由是而民情이 驛擾를

고 稅政이 紊亂하니 似此民習은 不可無懲而就利避害를 情

固然이나 其在守牧之地에 寧決不經之義라 臣代表者四人은 不卽

捉囚하고 姑爲商量하야 以觀來頭之意라 臣爲先據實報告하

옴니

査照하와 月年條甲乙之分과 稅額減不減을 指的發訓하시와 以

釋民疑州 無敢更開州하시옵 伏望

光武十一年七月十三日

江原道 蔚珍郡守 尹榮佖

度支部大臣

閣下

起案正稅課長

指令 蔚珍郡守

隆熙元年 七月 三十一日 主任司稅局長 ㊞ 局長

大臣 ㊞

税率之低昂과 貨幣之標準이 事係甚重이라 寶

氷一區域一官人의 邪可擅便이기 當向南顧問部辨

理を되이外 作俠於甲에捧納が乙て西北兩道以外各省

通行之規인되 以此推之에 今年捧을 鄭昨年條也에는 觀役

無知着 煽衆興訊を니 誠甚慨歎이라 更加曉諭両一軌

送州를 謹狀題を样捉因嚴懲を州永止馳報重事

저자 **전 세 중(田世重)**

경북 울진군 죽변면 봉평리 출생
한양대학교 행정대학원 졸업(행정학 석사)
2002년 공무원문예대전 시조부문 최우수상
2004년 농민신문 신춘문예 시조 당선
2007년 공무원문예대전 동시부문 최우수상
2019년 KBS 창작동요대회 우수상
한국문인협회, 솔바람동요문학회, 나라사랑문인협회, 한국동요음악협회,
한국가곡작사가협회, 아태문인협회, 송파문인협회, 한국음악저작권협회에서 활동.

논문은 '안전체험프로그램을 활용한 외국 관광객 유치 증대 방안' 외 다수,
저서는 동시집 『걸어오길 잘했어요』, 시조집은 『봄이 오는 소리』,
시집으로는 『민달팽이 자서전』, 『세계 최대의 신도시』,
수필집은 『아름다운 도전』, 『어느 소방관의 이야기』, 『인생 시간표』, 『지금, 이 시간이 중요하다』
여행기로는 『인도 여행』 등이 있다.

한말 울진결세항쟁과 정미의병

2019년 6월 21일 초판인쇄
2019년 6월 28일 초판발행

지은이 전 세 중
펴낸이 한 신 규
펴낸곳 **문현**출판
편 집 안 혜 숙
표 지 이 은 영
주 소 05827 서울특별시 송파구 동남로 11길 19(가락동)
전 화 Tel. 02-433-0211, Fax. 02-443-0212
E-mail mun2009@naver.com
등 록 2009년 2월 24일(제2009-000014호)

ISBN 979-11-87505-25-9 93910 **정가** 23,000원